本书的撰写和出版获得以下资助：

国家社会科学基金重大项目
"数字经济高质量发展的创新与治理协同互促机制研究"（22&ZD070）

研究阐释党的十九届六中全会精神国家社科基金重大项目
"数字经济推动经济发展质量变革、效率变革、动力变革研究"（22ZDA043）

国家社会科学基金重大项目
"数字经济与实体经济深度融合的机制与对策研究"（21ZDA032）

北京市社会科学基金一般项目
"北京'揭榜挂帅'科研团队评价机制与遴选对策研究"（22JCC079）

北京高校卓越青年科学家计划项目（BJJWZYJH01201910034034）

互联网经济学科创新引智基地（B20094）

北京市教育委员会共建项目专项经费

北京市哲学社会科学规划办公室经费

中央财经大学一流学科建设项目

北京市支持央属高校"双一流"建设项目

何毅 欧阳日辉 著

THE COORDINATED E-COMMERCE
DEVELOPMENT OF

# THE BEIJING-TIANJIN-HEBEI REGION

SYSTEM RECONSTRUCTION
AND MECHANISM INNOVATION

# 京津冀电子商务协同发展

## 体系重构
## 与机制创新

社会科学文献出版社
SOCIAL SCIENCES ACADEMIC PRESS (CHINA)

# 前　言

　　京津冀电子商务协同发展是京津冀协同发展的重要组成部分。经过 20 余年的发展，电子商务产业在京津冀协同发展战略和疏解北京非首都功能战略的背景下，已成为促进京津冀地区经济增长的重要力量。在京津冀电子商务发展过程中，各地政府因地制宜，探索出适合不同产业、不同区域、不同群体的电子商务协同发展模式，比如，电子商务产业园发展模式、"互联网+特色产业模式"、"全方位+多极化发展模式"、"自贸区+跨境电商模式"，这四种发展模式由点及面，构建京津冀电子商务协同发展的整体布局。

　　京津冀电子商务发展存在不平衡、不充分、不协调的问题。京津冀三地政治地位、经济发展状况、资源禀赋等方面也有差异，出现了发展不充分、渗透率不均衡、互动发展不够、协同水平不高、发展目标雷同等问题。

　　针对以上问题，本书借鉴共生理论、协同理论、价值网络理论、治理理论等，构建京津冀电子商务协同发展的分析框架，以问题为导向分析了三地电子商务协同发展的功能定位和产业布局，认为除了产业基础、资源禀赋和现实条件的原因外，京津冀电子商务在发展目标、功能布局、支撑体系、物流快递、体制机制等方面缺乏统筹协调，也制约了三地电子商务协同、高效发展。根据以上思路，本书着重研究了四个方面。

　　第一，京津冀电子商务协同发展的功能定位与产业布局。本书基于协同理论、分工理论、比较优势理论、产业空间结构理论，提出了京津冀电子商务发展的四个原则：产业集聚，创新发展；数据赋能，融合发展；优势互补，错位发展；共建共享，包容发展。本书建议，北京电子商务产业功能应定位在为津冀的电子商务产业提供高端服务，把与电子商务相关的运营、研发、数据服务、网络服务、人才服务以及金融服务环节向北京集中，引领和辐射京津冀电子商务创新发展；天津电子商务产业功能应定位在为中高端服务业、中高端制造业、现代物流业和外贸提供电子商务服务，为京津冀区域提供跨境电商、物流信息、制造业 B2B 贸易及其他增值服务；河北电子商务产业功能应定位在为农业、中低端制造业、中低端服务业和旅游业提供电子商务服务，形成现代商贸物流基地，充分利用北京和天津的人才和技术资源，大力发展电子商务，培育县域经济新动能。

基于京津冀三地电子商务的功能定位，本书提出京津冀三地电子商务发展的产业定位。电子商务是数字经济的重要组成部分，电子商务不仅是网络零售，其发展需要与产业融合，通过助力产业数字化转型，培育高品质数字生活。北京市电子商务的产业定位以高端服务业为核心，依托北京的高精尖产业，为三地电子商务发展提供人才、技术和资金支撑，推动三地电子商务的技术创新和模式创新；天津市电子商务的产业定位为推动电子商务与中高端服务业、中高端制造业、现代物流业和外贸融合，发展跨境电商、社区电商、电商物流、二手电子商务、直播电商等新业态新模式；河北省电子商务的产业定位为推动电子商务与三次产业深度融合，打造三地供应链协同发展基地，大力发展县域电商、网络协同制造、旅游电商、农产品电商等模式，探索电子商务成为县域经济高质量发展的关键力量。本书提出，京津冀三地电子商务既要促进基础设施、服务资源、项目资金一体化建设，又要分工协作、优势互补，形成以北京为核心，连接京津冀各城市、示范县、示范园区的轴带，扩展为多节点联动的协同模式。

第二，京津冀电子商务协同发展的要素支撑体系建设。京津冀电子商务协同发展需要数据、资本、人才、技术、产业载体等诸多要素共同支撑。本书从五个方面研究了京津冀电子商务协同发展的要素支撑体系。一是建立健全数据融合推动京津冀电子商务协同发展的机制，例如，京津冀电子商务的数据导入机制、数据流通机制、数据共享机制和数据管理机制，促进电商数据融合政务数据、工业数据、农业数据、社交数据，实现电商跨区域协同监管。二是通过京津冀三地政府资本合作机制、中央财政资金引导带动社会资本机制、政府和社会资本合作机制、"新三板"与京津冀电子商务协同发展合作机制等创新机制体系，充分发挥北京的资本市场优势，为电商发展提供资金支持。三是实施顶层设计机制、人才培养对接机制、多元一体合作机制和互惠互利机制，强化区域协同培养新理念，建立协同培养人才库，强化"产学研"联动培养，充分发挥北京的高校科研机构优势，协同培养技术型、商务型、管理型人才。四是创建政府间技术合作机制、技术联合创新和攻关机制、技术激励考核机制、技术转移合作机制，加强顶层设计，发挥企业技术的主体力量和北京技术高地的辐射作用，在云计算、人工智能、通信、5G 网络等技术上加强合作。五是创立产业载体融合发展机制、协同创新机制、跨区域流动机制和利益共享机制，探索飞地园区、虚拟产业园、合作共建园区等产业载体新模式，协同发展北京跨境电商产业园、天津电子商务产业园、共建电子商务产业园区等产业载体，推进三地电商产业集群发展。

第三，京津冀快递物流协同与电子商务创新发展。京津冀快递物流协同与电子商务创新发展有三层含义：首先三地快递物流产业一体化提升产业链协同水平，其次京津冀快递物流业与电子商务产业相互促进、协同发展推动产业链转型升级，最后京津冀快递物流业与电子商务的良性互动推动价值链跃升。从供应链角度，依托大数据、云计算、人工智能等数字技术，京津冀以电子商务平台为核心，涌现出直播电商、社区电商、跨境电商、生鲜电商等一批电商新业态、新模式，重塑传统供应链体系，逐渐打造以数据为核心要素的数字供应链新格局，带动中小企业深度融入供应链。从产业链角度，京津冀快递物流业与电子商务协同创新发展，显著推动数字技术与传统产业的深度融合，促进农业、制造业、服务业的数字化、网络化、智能化转型升级。从价值链角度，电子商务作为数字经济中重要的组成部分，不仅成为县域、农村经济增长的新动能，还有助于加快数字经济全域应用场景布局，建设数字乡村。随着数字产业化、产业数字化的推进，包括政府、平台、企业、用户在内的京津冀大数据生态圈逐渐形成。

第四，京津冀电子商务协同发展的体制机制创新。京津冀电子商务协同发展的体制机制创新问题，包括政务服务协同机制、数据共享机制、利益补偿机制、监管治理机制四个方面。本书提出，一是探索京津冀电子商务协同发展的政务服务协同机制，关键是要加快京津冀政务服务一体化进程，建立标准化体系和政务服务共享平台，促进三地政策相互对接、市场信息畅通，为京津冀电子商务协同发展营造宽松良好的营商环境。二是形成有利于京津冀电子商务协同发展的数据共享机制，既需要打破三地政府部门之间的行政壁垒，也需要探索京津冀政务数据与社会数据的共享模式和机制，实现京津冀政务数据和社会数据的有效对接、融合和共享，从而最大限度地发挥出数据要素的利用价值。三是从区域互助、产业转移税收共享、基础设施建设成本共担、土地跨地区配置、生态补偿的角度完善京津冀横向利益补偿机制，化解省际经济利益矛盾，缩小省际差距。四是创建适应京津冀电子商务协同发展的治理模式，实现三地的政府、平台、社会共治，创新治理手段，强化大数据、人工智能、区块链、物联网等数字技术在监管领域的应用，推进协同任务的具体实施。

本书的创新之处有四个方面。

一是构建理论分析框架，系统地研究了京津冀电子商务协同发展问题。本书基于京津冀协同发展的国家战略背景，从京津冀电子商务生态价值协同、产业协同、治理协同三个层次来构建京津冀电子商务协同发展分析框架。

二是针对电子商务跨区域协同发展进行了理论探讨。国家"十四五"电子商务发展规划提出，要"促进电子商务区域协同发展，引导电子商务服务区域重大战略"。本书从地区、产业、企业和监管治理四个维度来分析电子商务推动地区协同发展的机理，从宏观、中观、微观三个层面来阐述地区间电子商务协同发展的制约因素，从政策协同、产业协同、快递物流协同、要素协同四个层次来探讨地区间电子商务协同发展的路径，在理论分析上有一定的创新性。

三是提出京津冀电子商务协同发展的功能定位和产业布局建议。地区间电子商务协同发展是错位发展、优势互补、合作共赢，需要从顶层设计上统筹协调。本书借鉴协同理论，提出京津冀电子商务协同发展原则、功能定位、产业定位和空间布局的相关建议，有较强的可操作性。

四是深入研究要素支撑体系、快递物流协同、体制机制创新。本书从要素支撑、快递物流和体制机制三个方面分别分析跨区电商协同发展的要点，从数据、资本、人才、技术、产业载体等方面研究三地协同发展的要素支撑，从产业链、供应链和价值链等方面分析快递物流协同促进电子商务创新发展，从政务服务、数据共享、补偿协调、治理模式等方面探讨三地协同发展电子商务的体制机制创新，讨论了京津冀电子商务协同发展的路径。

综上，本书深入研究京津冀协同发展中电子商务协同发展问题，对于推动数字经济健康发展和促进电子商务协同发展，具有重要的理论意义和实践价值。本书构建理论分析框架，紧抓京津冀电子商务协同发展的关键问题，以问题为导向，提出政策建议，供决策部门参考。

# 目　录

# 第一章

# 京津冀电子商务协同发展的理论分析

京津冀电子商务协同发展是京津冀协同发展的重要环节和重要动力。本书沿着"机理分析—制约因素—路径选择—框架构建"的思路，首先从地区、产业、企业和监管治理四个层次来分析电子商务推动地区协同发展的机理；其次从宏观、中观、微观三个层面来阐述地区间电子商务协同发展的制约因素；再次从政策协同、产业协同、快递物流协同、要素协同四个层次来刻画地区间电子商务协同发展的路径；最后基于京津冀协同发展的国家战略背景，从京津冀电子商务生态价值协同、产业协同、治理协同三个角度来构建京津冀电子商务协同发展分析框架。

## 第一节 电子商务推动地区协同发展的机理

近年来，互联网和电子商务蓬勃发展，极大地推动了区域经济体协同发展，主要体现在地区、产业、企业和监管治理四个层面。在地区层面，电子商务经济基于共生理论和协同理论推动地区间协同共生。在产业层面，电子商务生态系统作为一个复合、开放的关系网络，推动系统内主体价值共创与产业协同发展。在企业层面，电子商务生态链作为一条信息链、产业链、价值链，推动链上企业主体互惠共生、协同发展。在监管治理层面，电子商务信用机制，以及电商平台、商家、消费者间基于收益的动态博弈，推动电子商务监管治理协同。

## 一　地区之间：共生理论和协同理论与电商协同机制

电子商务经济是一个共生体，内部三要素间相互联系、相互作用、相互影响，实现电子商务跨区域的互惠共生与协同发展。同时，电子商务经济也能通过动力机制、整合机制和利益保障机制推动区域经济体间协同发展。

### 1. 共生理论与协同理论的内涵

共生最早作为生物学的概念，是指不同生物种属由于某种特定的物质联系而生活在一起的自组织现象[①]。共生不仅是生物现象，也是一种社会现象，普遍存在于经济学各领域。袁纯清首次将共生理论应用于经济学分析，指出共生由共生单元、共生模式、共生环境三要素构成。其中，共生单元是共生体物质能量生产与交换的基础，共生模式是共生单元之间相互作用或结合的形式，共生环境是共生单元与共生模式存在的外部环境[②]。在此基础上，袁纯清系统阐述了共生理论完整的分析框架，揭示了共生的本质[③]。杨松令、刘亭立认为经济学中的共生理论表现为经济体系中要素间的关联性，主要以互惠共生这一常态模式存在[④]。冷志明、易夫认为，共生理论主要由三个要素相互影响、相互作用而构成，其中，共生单元是基础，共生模式是核心，共生环境是重要外部条件[⑤]。李灿认为共生体系中共生单元的均衡包括三层含义——共生界面均衡、共生模式均衡、共生单元与共生环境间均衡，其中对称性互惠共生模式是共生系统进化的根本动力[⑥]。刘荣增认为合作与竞争是共生理

---

[①]　袁纯清：《共生理论——兼论小型经济》，经济科学出版社，1998，第 2~4 页。

[②]　袁纯清：《共生理论及其对小型经济的应用研究（上）》，《改革》1998 年第 2 期。

[③]　袁纯清认为共生的本质包括 6 点：一是共生现象是一种自组织现象；二是共生过程是共生单元的共同进化过程，也是特定时空条件下的必然进化过程；三是共生反映了组织间的一种相互依存关系；四是共生关系反映了共生单元（组织体）之间的物质、信息和能量关系；五是共生关系不仅影响共生单元的存在和发展，而且影响环境中同类单元的存在和发展；六是共生关系的本质还表现在共生过程将产生共生能量。

[④]　杨松令、刘亭立：《基于共生理论的上市公司股东行为研究——一个研究框架及设想》，《会计研究》2009 年第 1 期。

[⑤]　冷志明、易夫：《基于共生理论的城市圈经济一体化机理》，《经济地理》2008 年第 3 期。

[⑥]　李灿：《利益相关者、社会责任与企业财务目标函数——基于共生理论的解释》，《当代财经》2010 年第 6 期。

论的本质特征之一，共生单元之间彼此激活、相互适应、共同发展①。

共生系统是指共生单元之间通过某种共生模式在共生环境中形成的物质与信息相互联系的关系网络，典型的共生模式为协同竞争和互惠共生。共生单元在不同共生系统中呈现为不同形态，可以是企业层次、产业层次，也可以是区域层次、国家层次②。区域经济系统作为一个开放系统，区域经济内部物质和信息相互交换、紧密联系，区域经济体之间相互作用、相互影响，存在互惠共生关系，属于典型的共生系统。共生理论能较好地适用于区域合作发展问题③，助力促进区域经济体协同发展④。

协同理论与共生理论存在诸多相似与联系，为解决区域发展不平衡问题提供了思路⑤。协同理论最初应用于自然科学领域，由于它主要研究自然系统中有序的、自组织的集体行为⑥，因此在社会、经济领域也具有良好的适用性。协同理论主要包括三个基本理论：协同效应原理、伺服原理和自组织原理⑦。其中，序参量是伺服原理的核心，自组织原理是协同理论的核心⑧。王旭、姬美光认为，协同理论是指在一个由众多子系统构成的复合系统中通过物质、信息、能量的相互传递与转换，子系统之间相互作用、彼此影响，形成相互依存、相互促进的协同共生关系⑨。郑巧、肖文涛认为，系统内子系统间通过相互作用和协同效应而具有自组织性，促进各要素间达到有序、

---

① 刘荣增：《共生理论及其在我国区域协调发展中的运用》，《工业技术经济》2006 年第 3 期。
② 胡晓鹏：《产业共生：理论界定及其内在机理》，《中国工业经济》2008 年第 9 期。
③ 冷志明、张合平：《基于共生理论的区域经济合作孔理》，《经济纵横》2007 年第 7 期。
④ 黄小勇：《区域经济共生发展的界定与解构》，《华东经济管理》2014 年第 1 期。
⑤ 王得新：《我国区域协同发展的协同学分析——兼论京津冀协同发展》，《河北经贸大学学报》2016 年第 3 期。
⑥ 赫尔曼·哈肯：《协同学——大自然构成的奥秘》，凌复华译，上海译文出版社，2005，第 9 页。
⑦ 协同效应原理指由于协同作用而产生的整体效应或集体效应；伺服原理，又称支配原理，是指序参量作为主导变量和慢变量，系统是否完成变化取决于慢变量；自组织原理指有序的结构能在系统内部组织起来，并通过各种信息控制和反馈来强化这一结构。
⑧ 熊光清、熊健坤：《多中心协同治理模式：一种具备操作性的治理方案》，《中国人民大学学报》2018 年第 3 期。
⑨ 王旭、姬美光：《基于协同理论的中小企业新三板上市促进机制研究》，《求是学刊》2017 年第 1 期。

和谐的均衡状态①。李汉卿指出，这一复合、开放的系统中不只是存在协同，还存在竞争②，即协同形成结构，竞争促进发展③。丁煌、汪霞认为，子系统间的协同和竞争关系是系统的关键动力，能使复合系统的状态和功能改变与优化④。

协同理论是指在复合、开放的系统中，各子系统间相互协同与竞争而形成的自组织结构和有序状态。因此，共生理论与协同理论是指导区域经济体协同共生发展的重要理论基础之一。

### 2. 电子商务与地区间协同共生

电子商务经济本身可被视为一个共生系统。共生单元具有多样性，从区域层面上看，一定条件下的区域经济体能构成共生系统，从产业集群和产业生态层面上看，电子商务经济作为一个复杂、开放的经济系统，也可被看作共生系统。因此，共生理论同样适用于电子商务经济。电子商务经济具有共生三要素：共生单元、共生环境和共生模式。其中，共生单元指电子商务主体企业，以及与企业发展相适应、相配套的服务体系和支撑要素；共生环境指与电子商务经济相关的一切社会、经济、自然条件；共生模式指电子商务经济主体在共生环境中形成的协同、合作、竞争等共生关系。

区域协同指通过合理有效的区域分工合作，充分利用各区域经济体的初始禀赋，充分发挥各区域经济体的比较优势，实现区域资源的最优配置和协作主体整体利益最大化，包括基础设施协同、产业协同、要素协同、城乡协同、生态协同等⑤。

电子商务经济作为一个共生系统，能促进区域经济体协同共生，主要包含动力机制、整合机制和利益保障机制⑥。动力机制是电子商务推动区域经

① 郑巧、肖文涛：《协同治理：服务型政府的治道逻辑》，《中国行政管理》2008 年第 7 期。
② 李汉卿：《协同治理理论探析》，《理论月刊》2014 年第 1 期。
③ 郭治安等：《协同学入门》，四川人民出版社，1988，第 24 页。
④ 丁煌、汪霞：《地方政府政策执行力的动力机制及其模型构建——以协同学理论为视角》，《中国行政管理》2014 年第 3 期。
⑤ 毛汉英：《京津冀协同发展的机制创新与区域政策研究》，《地理科学进展》2017 年第 1 期。
⑥ 王雪莹：《基于协同理论的京津冀协同发展机制研究》，首都经济贸易大学硕士学位论文，2016。

济体协同发展的主要机制，是协同发展的主要动力来源；整合机制和利益保障机制是区域经济体协同发展的重要保障。

（1）电子商务促进区域经济体协同共生

一是电子商务能促进交通基础设施协同和产业协同，推动区域协同发展。根据协同理论中的伺服原理，共生系统能否完成变化，区域经济体能否协同发展，这都取决于慢变量，即序参量①。在区域协同发展过程中，基础设施建设由政府主导，可以在相对较短时间内完成，交通基础设施一体化为快变量；产业结构优化与协同以市场调节为主、政府引导为辅，完成产业结构调整所需时间较长，产业结构协同一体化为慢变量，即序参量。一方面，电子商务能推动交通基础设施一体化建设。快递物流行业作为电子商务共生系统中的重要共生单元，其发展极度依赖于发达的交通运输网络。电子商务主体企业与快递物流行业属于互惠共生关系，交通基础设施是关键的共生要素，电子商务需要也有助于快递物流行业发展和交通基础设施完善。另一方面，电子商务能促进区域产业分工专业化和产业协同。电子商务依托互联网媒介和发达的物流系统，将生产、销售和购买行为拓展到全国甚至全球范围②，既减少了市场分割，促进了跨区域经济发展；也加速了区域产品市场整合，促进区域产业分工专业化，推动区域产业协同共生发展。

二是电子商务能促进区域价值共创，推动区域协同发展。根据协同理论中的自组织原理，系统具有自我组织、自我调整、自我发展的特性，即系统内各要素间存在反馈机制③。这一反馈机制在很大程度上取决于各主体获得的协同价值④，也就是区域经济体在协同发展过程中的收益与成本。电子商务平台能减少供需双方信息不对称，降低市场交易成本和销售成本，实现规

---

① 丁文剑、王建新、何淑贞：《协同理论视角下高职创新创业教育多元协作研究》，《教育与职业》2018 年第 23 期。

② 盛亚、徐璇、何东平：《电子商务环境下零售企业商业模式：基于价值创造逻辑》，《科研管理》2015 年第 10 期。

③ 白列湖：《协同论与管理协同理论》，《甘肃社会科学》2007 年第 5 期。

④ 苗成林、冯俊文、孙丽艳、马蕾：《基于协同理论和自组织理论的企业能力系统演化模型》，《南京理工大学学报》2013 年第 1 期。

模经济、范围经济和长尾效应①。因此，电子商务能促进区域经济体价值共创和协同价值最大化。

（2）电子商务促进区域经济体协同共生的整合机制和利益保障机制与动力机制相适应

首先，整合机制是指以市场为主、政府为辅将区域协同发展的关键要素集中整合，包括信息整合、基础设施整合、市场整合等②。电子商务的整合机制主要体现在三方面。一是电子商务有助于区域信息整合。数据和信息是电子商务发展的关键生产要素，电子商务基于完善的共生系统，依托互联网和电子商务平台，进行及时高效的信息获取、传播和反馈，有利于区域经济发展中的信息整合③。二是电子商务能促进交通基础设施一体化，有助于区域基础设施整合。三是电子商务能促进产业分工专业化和产业结构协同，有助于区域要素市场、产品市场整合。其次，利益保障机制是指在区域协同发展过程中，保证协同收益大于协同成本。电子商务的利益保障机制主要体现在两方面。一是电子商务突破时空的限制，能充分发挥各区域经济体的区域优势和产业优势，实现协同价值最大化。二是电子商务依托完善的共生系统，能促进区域间协同与竞争，不断推动区域经济体自我发展、自我完善，使协同收益远远大于协同成本。

## 二 产业之间：价值网络与电子商务生态系统

电子商务经济产业间的协同发展主要基于电子商务生态演化博弈和新型价值创造模式。电子商务生态系统是一个关系网络、价值网络，系统内部种群间互惠共生、种群内协同竞争，系统整体价值共创、价值协同，共同推动电子商务生态系统产业间协同发展。

---

① 孙浦阳、张靖佳、姜小雨：《电子商务、搜寻成本与消费价格变化》，《经济研究》2017 年第 7 期。

② 王雪莹：《基于协同理论的京津冀协同发展机制研究》，首都经济贸易大学硕士学位论文，2016。

③ 李翀晖：《电子商务类平台型企业生态系统的构建》，《产业与科技论坛》2017 年第 12 期。

## 1. 演化博弈与电子商务生态系统

电子商务生态系统，是商业生态系统在互联网络和数字经济时代的演变形式①，以虚拟互联网为媒介、以大平台和企业集合体为主要表现形式的价值网络和关系网络，系统内部始终处于动态的演化博弈过程，在协同竞争中实现局部均衡。

类似于共生理论，商业生态系统也属于将生物学的理论应用到经济学分析而催生的新概念。Moore 最早提出商业生态系统的概念，认为它是指由系统内成员通过信息共享和价值交换而形成的价值关系网，包括生产者、消费者、市场、产品或服务、利益相关者等多个维度②。Pierce 基于企业视角，认为商业生态系统是指企业间相互联系而形成的较稳定的经济联合体③。罗珉、赵亚蕊④，谭智佳等⑤认为，商业生态系统是介于市场交易和科层企业之间的交易组织，能有效降低交易成本减小外部风险冲击、提高价值创造效率。韩炜、邓渝认为商务生态系统包括两层含义，一是成员之间通过价值活动相互联系、相互影响，二是成员范围突破了单一行业的限制，属于利益共同体，呈现相互依赖、跨产业边界、非契约安排等特性⑥。

学者们对商业生态系统的理解不尽相同，将其视为一个企业集群、一个经济联合体、一种关系网络等。本书更倾向于将商业生态系统理解为以企业集群形式呈现的价值网络和关系网络。因此，商业生态系统是指在一定的时间和空间范围内，不同企业主体和利益相关者通过资源共享和价值共创而形成的价值关系网络。

---

① 周建良：《基于电子商务生态系统的中小企业发展策略研究》，《企业经济》2011 年第 9 期。

② Moore, J. F., "Predators and Prey: A New Ecology of Competition", *Harvard Business Review*, 1993, 71 (3): 75-83.

③ Pierce, L., "Big Losses in Ecosystem Niches: How Core Firm Decisions Drive Complementary Product Shakeouts", *Strategic Management Journal*, 2009, 30 (3): 323-347.

④ 罗珉、赵亚蕊：《组织间关系形成的内在动因：基于帕累托改进的视角》，《中国工业经济》2012 年第 4 期。

⑤ 谭智佳、魏炜、朱武祥：《商业生态系统的构建与价值创造——小米智能硬件生态链案例分析》，《管理评论》2019 年第 7 期。

⑥ 韩炜、邓渝：《商业生态系统研究述评与展望》，《南开管理评论》2020 年第 3 期。

电子商务生态系统是商业生态系统在网络时代和数字经济时代的新形式①。周静认为，电子商务以大数据、云计算、物联网等数字技术为基础，以平台经济为主要商业模式，以用户为价值链核心，实现电子商务生态的技术创新、运营模式创新和价值链创新②。胡岗岚等基于商业生态系统理论，认为电子商务生态系统是指企业和组织机构通过互联网媒介进行优势互补和资源共享，形成的价值网络和商业生态系统，生态成员主要包括领导种群、关键种群、支持种群和寄生种群③。李春发等认为电子商务生态系统主要包括三个主要种群博弈主体：领导种群（核心企业）、关键种群（产品或服务生产者、消费者）和支持种群（物流快递行业、信息基础设施行业等）④。胡岗岚等认为，电子商务生态系统是指企业和其他相关成员突破地理位置束缚形成相互交织、相互影响的物质、信息、能量交换的价值网络，通过关系、利益、信息和运作四大机制进行调节⑤。

电子商务生态系统是指企业组织和利益相关者基于互联网和电商平台实现信息流、资金流、物流自由流动和交互共享，推动各主体价值共创的价值关系网络。类似于自然生态系统，电子商务生态系统也包括个体、种群、群落和电商生态系统四个层次。个体指电子商务生态中的参与主体，如生产者、消费者、电商平台企业、快递物流行业、政府公共服务部门等。关于种群，学者们的研究较多，结论也比较一致，主要包括领导种群、关键种群、支持种群和寄生种群⑥。其中，领导种群一般指电商生态系统中的核心企

---

① 郭旭文：《电子商务生态系统的构成、特征及其演化路径》，《商业时代》2014 年第 10 期。
② 周静：《网络经济下电子商务新模式研究》，《经济问题探索》2015 年第 3 期。
③ 胡岗岚、卢向华、黄丽华：《电子商务生态系统及其演化路径》，《经济管理》2009 年第 6 期。
④ 李春发、冯立攀、韩芳旭、程云龙：《电子商务生态系统的动态演化博弈分析》，《系统科学学报》2015 年第 4 期。
⑤ 胡岗岚、卢向华、黄丽华：《电子商务生态系统及其协调机制研究——以阿里巴巴集团为例》，《软科学》2009 年第 9 期。
⑥ 张夏恒、郭海玲：《跨境电商与跨境物流协同：机理与路径》，《中国流通经济》2016 年第 11 期。

业；关键种群是电子商务中的所有交易主体①；支持种群是为电子商务提供技术支持和产品服务的企业或组织机构，如信息技术服务企业、快递物流企业等；寄生种群指依附于电子商务生态的企业或组织机构，如营销服务企业等②。群落是种群更高层次的集合体，指电子商务生态中个体与个体、个体与种群、种群与种群之间形成的相互作用、相互依赖的价值关系网络③。

高明等④，于涛、刘长玉⑤，张华⑥等学者均对演化博弈进行了阐述，核心观点可概括为生态中的行为主体只有做到有限理性，并始终处于相互学习、相互竞争的动态过程，才能最终达到均衡状态，保持系统局部稳定。

电子商务生态系统中各个主体间无法做到完全的信息共享与资源交换，使得信息不对称普遍存在。比如，电商生态系统中的核心平台企业掌握着核心技术和核心资源，造成与一般平台企业间的信息不对称；平台企业掌握的产品和服务信息远远多于消费者，造成与消费者主体间的信息不对称。同时，各交易主体也无法做到完全理性，平台商家不能制定完美的销售策略，消费者也不能做出完美的购买决策。这些原因都使得电子商务生态的各交易主体在一开始或者短时间内无法实现整体利益最大化来达到均衡状态。因此，各主体在不完全信息和有限理性的条件下，根据预期价值与实际价值、价值与成本的关系，不断进行重复博弈，及时动态调整行为策略，推动电子商务生态系统的局部稳定和不断发展。

### 2. 电子商务生态系统的内在协同

电子商务生态系统作为一个自组织、自适应的复合系统，内部个体或种群之间的关系表现为合作与竞争的辩证统一。一方面，互联网让跨时空的市

---

① 杨伟：《电子商务生态系统主体及发展环境分析》，《电子商务》2011 年第 2 期。
② 张夏恒：《京东：构建跨境电商生态系统》，《企业管理》2016 年第 11 期。
③ 高瑞泽：《电子商务生态群落内部演化和竞争机理研究》，北京交通大学硕士学位论文，2012。
④ 高明、郭施宏、夏玲玲：《大气污染府际间合作治理联盟的达成与稳定——基于演化博弈分析》，《中国管理科学》2016 年第 8 期。
⑤ 于涛、刘长玉：《政府与第三方在产品质量监管中的演化博弈分析及仿真研究》，《中国管理科学》2016 年第 6 期。
⑥ 张华：《协同创新、知识溢出的演化博弈机制研究》，《中国管理科学》2016 年第 2 期。

场交易成为可能，数字时代的电子商务经济具有显著的规模经济、范围经济特征和长尾效应，竞争的范围更广、深度更深；另一方面，电商平台生态化趋势愈发明显，企业面对日益激烈的市场竞争，资源共享、优势互补的合作关系变得更加重要。电子商务生态系统在竞争与合作的过程中实现内在协同发展。

电子商务生态种群内主体间相互合作、相互竞争，表现为垂直和水平两种关系[①]。垂直关系主要存在于种群内上下游企业之间，它们通过信息、资源、能量共享与交换来实现价值共创，是典型的合作关系。同时，由于存在信息不对称，处于垂直关系中的企业主体会做出自认为最优的决策，尽可能来增加收益、减少成本，因此，它们也会进行动态博弈，存在利益竞争。水平关系主要存在于种群内部同类型的竞争主体间、协同主体间，以及竞争主体与协同主体间[②]。一是竞争主体间的协同竞争。竞争主体主要指种群内提供同类型产品或服务的主体，如快递行业的圆通快递和韵达快递，它们之间存在明显的竞争关系；但为了未来长期内更多、更稳定的收益，竞争主体间会相互合作，比如，圆通快递和韵达快递加盟菜鸟驿站，促进快递行业市场整合。二是协同主体间的协同竞争。协同主体主要指种群内提供互补产品的主体，典型的如电商平台与入驻平台的商家，它们之间属于协同共生关系。一方面，电商平台规模大、发展好，能为入驻商家提供更多的流量和资源，创造更大的价值；另一方面，入驻商家能吸引更多消费者，电商平台所获得的收益越大，规模经济、范围经济特征越显著。三是竞争主体与协同主体间的协同竞争。竞争主体与协同主体间基于共同的电商平台，实现信息与资源共享，降低交易成本，形成密切的协同竞争关系。

电子商务生态系统种群内的协同竞争关系会随着环境、个体间关系等的变化而不断动态调整与优化。田培琪指出，种群内的相互协同一般普遍存在于生态系统建立初期，相互竞争普遍存在于信息传播阶段[③]。由于电子商务

---

① 杨瑶：《电子商务生态系统中资源流转机制研究》，《电子商务》2015年第12期。
② 高瑞泽：《电子商务生态群落内部演化和竞争机理研究》，北京交通大学硕士学位论文，2012。
③ 田培琪：《电子商务生态链协同竞争博弈模型构建》，《商业经济研究》2018年第20期。

生态系统中的个体始终处于相互学习、相互影响、发展进步的动态过程，因此，个体的协同竞争演化博弈过程没有最终的均衡点，始终在动态中持续发展完善，这也是电子商务生态系统自组织地实现内在协同的动力。

电子商务生态系统是一个共生系统，内部种群间相互作用、相互影响、互惠共生。根据共生理论与协同理论，种群是否选择互惠共生取决于协同收益与协同成本的大小，以及预期收益与实际收益的大小。一方面，种群间协同共生能拓宽个体组织边界，充分利用外部资源来动态响应个体需求①，抵御外部环境风险，降低交易成本和经营成本，增加核心技术与核心资源的获取能力；另一方面，种群间协同共生可能增加协同成本，减少协同收益②。种群间、种群内个体间存在信息不对称，可能会产生额外的运行成本，造成短期内收益减少。当种群内大部分个体的预期收益大于实际收益时，种群间会形成互惠共生的协作关系；当种群间的协同收益大于协同成本时，协同的正反馈机制会被触发，种群间选择协同的比例会越来越大，最终实现整体协同收益最大化。

种群间互惠共生有助于电子商务生态系统内在协同的演化博弈。种群间、种群内个体间基于协同收益与协同成本的相对大小，动态调整互惠共生策略，这反作用于电子商务生态系统在演化博弈中不断优化电商环境，为种群间协作创造良好的外部条件，助力协同收益大于协同成本，推动电子商务生态系统稳定和内在协同。

### 3. 电子商务生态推动新型价值网络形成

电子商务生态系统的价值创造以价值要素协同为基础，呈现综合性和动态性特征。在信息网络时代，企业与用户之间的距离被拉近，用户需求成为价值创造的核心，推动价值创造模式创新与发展，跨地域、跨产业、大众化、协同化的价值创造模式成为主流。

---

① 刘刚、熊立峰：《消费者需求动态响应、企业边界选择与商业生态系统构建——基于苹果公司的案例研究》，《中国工业经济》2013年第5期。
② 王向向：《基于演化博弈的电商生态系统内在协同机制研究》，天津科技大学硕士学位论文，2019。

电子商务生态系统能实现价值创造模式创新。电子商务的价值创造包括实体要素价值创造和虚拟要素价值创造①，需要电子商务管理协同、实体要素协同和虚拟信息要素协同②。首先，电子商务生态系统中的实体要素协同包括知识价值协同、结构价值协同和用户价值协同③。在价值创造过程中，电子商务生态系统以用户价值为根本出发点，以知识价值为核心驱动力，以结构价值为主要表现形式，实现电子商务实体要素协同。其次，数据和信息作为关键生产要素，虚拟信息要素协同能降低价值共创中的交易成本，增强信息的外部延展性，促进实体要素协同，推动价值创造模式创新。最后，电子商务作为虚拟网络和实体销售的有机结合，实体要素与虚拟信息要素的管理协同是电子商务价值创造的重要保障。

电子商务价值关系网络呈现分布式、社会化、协同化等特点。首先，工业时代自上而下垂直的价值网络逐步转变为分布式、社会化的价值网络。虚拟互联网作为电子商务的核心基础，具有强渗透性和普惠性特点，有助于跨越时空限制，建立区域经济体间的密切联系，推动不同产业的跨界融合，加速落后地区企业和个人融入价值网络，实现跨地域、跨产业、大众化的价值共创，充分凸显出电子商务生态系统中价值网络的分布式与社会化特点。其次，电子商务生态价值日趋协同化。电子商务生态系统中的核心企业以用户需要为中心，采用柔性化、定制化、个性化的生产方式，实现与用户价值共创④，推动价值创造过程中管理协同、实体要素协同、虚拟信息要素协同，促进电子商务生态价值协同。

### 三 企业之间：互利共生与电子商务生态链

电子商务企业间的协同发展主要基于电子商务生态链上主体间的互利共

---

① 许其彬、王耀德：《电子商务价值生态系统的协同发展研究》，《情报科学》2018 年第 4 期。
② 张世军：《电子商务价值生态系统的协同探讨》，《商业经济研究》2019 年第 12 期。
③ 王耀德、许其彬：《电子商务价值生态系统的构建》，《技术经济与管理研究》2018 年第 2 期。
④ 祁明、刘威：《从"独立系统"到"生态系统"再到"价值系统"——中国电子商务发展的新方向》，《科技管理研究》2016 年第 12 期。

生与协同竞争。电子商务生态链是一条信息链、产业链、供应链，更是一条价值链，链上企业间的互利共生关系围绕价值协同展开，在推动电子商务生态链内在协同的同时，助力企业间协同发展。

### 1. 电子商务生态链

电子商务生态链内涵存在狭义与广义之分。从狭义上理解，电子商务生态链是电子商务生态系统中，以电子商务产品供应商、服务商和消费者为主体形成的链式结构和稳定关系。彭非认为，电子商务生态链是由电子商务产品的生产者、传递者和消费者构成的链式关系[①]。张建威认为电子商务生态链是子系统间以价值创造、资源共享为基础形成的稳定关系[②]。从广义上理解，电子商务生态链是信息链、产业链、供应链、价值链。张海涛等认为，商务网络信息生态链是供应链、产业链和价值链[③]。许礼刚、刘立刚认为，电子商务生态链是指通过产品生产商、消费者、平台企业、政府的相互影响、共同协作，促进商流、信息流、物流和资金流的有机结合，最终实现资源共享与优势互补的关系网络[④]。

本书更侧重于电子商务生态链的广义理解，即电子商务生态链是指基于产品生产者、消费者、服务商等链式主体，实现的信息链、产业链、供应链和价值链的协同统一关系。

### 2. 电子商务生态链与企业间互利共生

企业间互利共生关系主要存在两种形式，即对称性互利共生关系和非对称性互利共生关系。肖丽平等认为，非对称性互利共生关系与对称性互利共生关系相比稳定性更差[⑤]。张赫楠、许正良以跨境电子商务生态为研究对

---

① 彭非：《电子商务生态链优化研究》，《北方经贸》2016年第5期。
② 张建威：《电子商务生态链互利共生机制分析》，《商场现代化》2015年第28期。
③ 张海涛、李题印、徐海玲、魏明珠：《商务网络信息生态链价值的研究展望》，《情报科学》2019年第8期。
④ 许礼刚、刘立刚：《基于生态链的有色金属企业电子商务研究》，《生态经济》（学术版）2011年第1期。
⑤ 肖丽平、娄策群、雷兵：《基于信息生态理论的县域电商共生利益关系研究》，《知识管理论坛》2020年第1期。

象，认为生态链的共生演化可划分为形成、扩展、领导和创新四个阶段。在领导阶段，虽然生态链各主体能实现优势互补和资源共享，但由于核心平台企业的存在，主体间主要表现为非对称性互利共生关系；在创新阶段，主体自组织、自适应地快速创新发展，信息流、物流、资金流充分流动与共享，主体间主要表现为对称性互利共生关系①。任亮等指出，链上主体间主体协同竞争和共生演化需要以信息为重要传递介质②，包括信息流转速度、信息流转质量和信息流转成本三个方面③。雷兵、钟镇认为，农村电子商务链上主体的共生关系沿着寄生、偏利共生、非对称性互利共生、对称性互利共生的路径演变④。娄策群等认为网络信息生态链的链间互利合作是围绕信息流转的跨链联合行动⑤。

电子商务生态链与链上企业相互影响、相互作用，助力企业协同发展。一方面，企业间互利共生需要以电子商务生态链为依托和基础。电子商务企业在电子商务生态链上以节点形式存在，节点间进行资源交换和能量转换需要以信息流动和共享为前提⑥，电子商务生态链提供了信息交换的良好渠道，有利于降低企业交易成本、运行成本和经营成本，实现节点间价值共创，形成基于信息链、资金链、产业链、供应链、价值链的互利共生关系，推动企业间协同共生发展⑦。另一方面，企业间互利共生促进电子商务生态链局部稳定和内在协同。电子商务生态链虽然是一条多样化的复合链，但企

---

① 张赫楠、许正良：《跨境电子商务生态系统构架及演进研究》，《社会科学》2020 年第 2 期。

② 任亮、张海涛、刘雅姝、李题印：《商务网络信息生态链价值流动的关键影响因素识别研究》，《情报学报》2019 年第 9 期。

③ 娄策群、杨小溪、曾丽：《网络信息生态链运行机制研究：价值增值机制》，《情报科学》2013 年第 9 期。

④ 雷兵、钟镇：《农村电子商务生态系统结构及其共生关系研究》，《科技和产业》2017 年第 11 期。

⑤ 娄策群、庞靓、叶磊：《网络信息生态链链间互利合作研究》，《情报科学》2016 年第 10 期。

⑥ 张海涛、许孝君、宋拓、张连峰：《商务网络信息生态链概念之内涵与外延解析》，《图书情报工作》2014 年第 16 期。

⑦ 张建威：《电子商务生态链互利共生机制分析》，《商场现代化》2015 年第 28 期。

业间的信息协同、资金协同、物流协同、供应链协同都围绕价值创造展开①。因此，企业间的互利共生关系归根到底是一种利益关系。电子商务生态链为企业间物质交换、资源共享提供良好渠道，企业间信息不对称程度低，协同收益大，则互利共生关系更牢固，也使得电子商务生态链更加稳定。

## 四 治理视角：信用机制理论与电商监管协同机制

电子商务监管与治理协同主要基于信用机制和电商主体动态博弈。信用机制能有效解决电子商务信用问题，电商主体动态博弈能促进电商监管内在协同，两者共同促进电商治理协同发展。

### 1. 电子商务监管信用

电子商务市场交易主体间通过互联网络连接，突破传统交易的时空限制，增强了交易可得性。但电子商务交易的复杂性、远程性、交易记录可更改性和虚拟性等，导致其面临着比实体交易市场更加突出的信用问题。

电子商务市场中的信用问题普遍存在，集中表现为受信息不对称、交易方式和技术风险的影响。韩月辉认为，在电子商务环境下，平台商家与消费者通过虚拟网络连接，并且消费者只能通过文字、图片或视频获得商品信息，无法直接接触到商品实体，因此买卖双方存在较严重的信息不对称②。除此之外，电子商务交易中也存在技术风险，如电商诈骗、钓鱼网站等。胡园认为，买卖双方钱货不同时，存在一定的时间差，这也属于电子商务交易方式中的信用问题③。王伟、龚畅认为，电子商务交易的忠诚度不够，因为商家失信的成本较低，而收益很高④。陈建红认为，电子商务市场中的信用问题还包括个人信息泄露、商家售后服务较差⑤。

---

① 张海涛、李题印、徐海玲、孙鸿飞：《商务网络信息生态链价值流动的 GERT 网络模型研究》，《情报理论与实践》2019 年第 9 期。
② 韩月辉：《电子商务环境下的信用机制研究》，《中国商论》2017 年第 7 期。
③ 胡园：《电子商务环境下的信用机制研究》，《中国战略新兴产业》2016 年第 28 期。
④ 王伟、龚畅：《电子商务环境下的信用机制分析》，《通讯世界》2016 年第 13 期。
⑤ 陈建红：《电子商务环境下的信用机制研究》，《电脑知识与技术》2016 年第 5 期。

解决电子商务市场中的信用问题，需构建合理有效的信用机制。刘铭卿认为电子商务信用的生成机制包括信用评价机制和非信用评价机制，其中，非信用评价机制又包括第三方支付、信用保证保险和惩罚性措施[1]。周娅认为应基于市场、政府、信用中介三个主体，从技术、法规、教育、信用中介四方面构建电子商务信用机制[2]。李蓓蕾[3]、古春杰[4]指出，应从技术、政府、信用中介三方面构建信用机制。王海指出需基于法律体系、信用评估体系和用户信心来构建信用机制[5]。应从政府、市场、信用中介、技术、消费者等五方面构建电子商务信用机制，其中，市场发展为主导，政府引导为辅助，技术为关键基础，信用中介和消费者为重要参与者。

### 2. 电商监管协同与信用机制协同

电商监管与信用机制间相适应、相影响，协同发展。电子商务信用机制的核心问题是保证交易顺利完成，且电商平台、企业与消费者均能获得预期收益。一方面，电子商务信用机制助力电商监管；另一方面，电商平台、商家、消费者间的动态博弈有助于电商监管。

电子商务信用机制有助于促进电商监管与治理。首先，信用机制在电子商务经济中发挥着重要作用。李新庚指出，信用机制具有流通职能和分配职能，在市场各经济主体活动中扮演着重要角色[6]。其次，信用机制能有效减缓信息不对称，降低交易成本，增加信任。李胜连等认为，信用机制建设能大大降低交易成本、提高经济效率[7]。李敬泉通过优化电子商务信用评价机

---

① 刘铭卿：《论电子商务信用法律机制之完善》，《东方法学》2019 年第 2 期。
② 周娅：《电子商务环境下的信用机制研究》，《郑州铁路职业技术学院学报》2014 年第 1 期。
③ 李蓓蕾：《电子商务环境下的信用机制研究》，《品牌》2014 年第 11 期。
④ 古春杰：《电子商务环境下的信用机制分析》，《决策探索》（下半月）2015 年第 10 期。
⑤ 王海：《电子商务环境下的信用机制研究》，《新经济》2016 年第 18 期。
⑥ 李新庚：《信用机制对于市场经济运行的意义》，《中南林业科技大学学报》（社会科学版）2008 年第 6 期。
⑦ 李胜连、曹少杰、杨兆廷：《信用机制重构与绿色金融支持雄安新区产业发展》，《金融理论与实践》2020 年第 8 期。

制，有效减缓了消费者因时空不同步和信息不对称造成的信任问题①。最后，信用机制促进电商监管治理。旷开萃、尤建新指出，交易行为的信用机制包括三种状态：完全无约束、成本约束和惩罚约束。因此，一方面，政府要加大监管惩罚力度；另一方面，消费者、中介机构等社会组织也要建立有效的监管机制②。周映伶、吴华安通过进行电子商务交易前、中、后期的信用机制设计，在一定程度上促进了电商监管协同③。

电商平台、商家、消费者演化博弈，实现电商监管协同。电商平台、商家、消费者在信用监管中相互作用、相互影响，商家信息真实度、电商平台监管力度、消费者信任程度之间密切相关④，且三者选择何种行动取决于收益与成本的相对大小。电子商务信用机制通过增加一种行为的潜在收益，或加大另一种行为的惩罚力度，来促进电子商务信用监管，这正是信用机制促进电商监管的核心原理所在⑤。比如，加大对电商平台消极监管、商家虚假营销的惩罚力度，电商平台为诚信商家提供更多用户流量等。电子商务信用机制，以及电商平台、商家、消费者间的动态博弈，共同推进电子商务生态链内部博弈均衡，促进电子商务监管治理协同。

## 第二节　地区之间电商协同发展的制约因素

电子商务能从区域、产业、企业等层面推动区域经济体协同发展，同时也面临着相应的制约因素。从宏观层面上看，地方政策、经济发展水平和科技水平是电子商务协同发展与创新的重要影响因素。从中观层面上看，产业

---

① 李敬泉：《网络零售市场信用机制优化研究》，《中国流通经济》2014 年第 5 期。
② 旷开萃、尤建新：《信用机制的博弈论及其应用》，《同济大学学报》（自然科学版）2004 年第 8 期。
③ 周映伶、吴华安：《关于互联网信用交易机制的现状与问题研究》，《电子政务》2016 年第 7 期。
④ 张丽、王向向、李佳鑫：《电商生态系统中核心种群间信用机制的动态演化博弈》，《运筹与管理》2020 年第 4 期。
⑤ 郭志光：《电子商务环境下的信用机制研究》，北京交通大学博士学位论文，2012。

关联度、分工专业度、配套基础设施完善度与区域电子商务发展密切相关。从微观层面上看，地区间电商协同发展较大程度上取决于企业人才密度和电商采纳强度。

## 一　区域层次：电商协同发展制约因素

在区域层面，电子商务协同需要合理有效的顶层设计、良好的经济基础和先进的科学技术。其中，协调的顶层设计是政策基础，相适应的经济发展水平是物质基础，较强的创新能力是技术基础。目前，区域经济体间行政体制分割普遍存在，与电子商务发展相匹配的政策法律体系未形成，地区经济发展水平和科技水平悬殊，成为制约电子商务协同发展的重要因素。

### 1. 政府政策

区域间电子商务协同发展需要统一规范的政策支撑。电子商务交易中的大部分流程都依托互联网进行，具有虚拟性、开放性、跨区域等特点，因此，全国性或跨区域的政府顶层设计很关键。但地区间各自为政的政府政策以及电子商务新业态带来的利益、权属纠纷，成为区域电子商务协同发展的主要制约因素。首先，区域行政体制分割，存在"一亩三分地"的思维定式[1]。地方政府在顶层设计上不合作、不协调，会造成区域经济体间严重的信息不对称和巨额的交易成本，是协同发展过程中最大的绊脚石。其次，电子商务政策环境不完善[2]，网络法规不健全[3]。电子商务基于互联网和数字技术快速发展，新业态、新模式不断涌现，与现有的法律法规不能有效匹配，在交易前、中、后期的规范性和合法性难以保障。电子商务的强渗透性和高融合性造成市场准入、业态监管和税收等方面的问题，强虚拟性使得个人隐私容易泄露、消费者权益较难得到保障，电子商务立法问题任重道远[4]。

---

① 车卉淳、阚娇阳、付旋：《京津冀协同发展背景下农产品流通模式研究》，《商业经济研究》2019年第3期。

② 李向阳：《促进跨境电子商务物流发展的路径》，《中国流通经济》2014年第10期。

③ 严敏：《电商时代农产品网络营销渠道发展模式及对策》，《商业经济研究》2019年第2期。

④ 淡梅华：《我国移动电子商务发展的制约因素及对策分析》，《现代商业》2020年第19期。

2.经济发展水平

经济发展水平是区域间电子商务协同发展的物质基础。经济越发达的地区，电子商务相配套的信息基础设施、物流基础设施、服务基础设施一般越完善，对电子商务模式创新、技术创新一般越支持。同时，区域经济水平高、技术基础设施完备时，居民能更快、更充分地融入电子商务交易中，增加电商用户规模和电商企业规模，推动当地电子商务发展。经济发展差距过大将阻碍区域电子商务协同发展。一方面，不同发达程度的区域经济体在电商普及率、电商成熟度和电商渗透度等方面可能存在较大差异，给区域协调、产业分工、企业利益分配带来极大阻碍；另一方面，电子商务协同发展需要支撑要素协同，但经济差距大的区域经济体在要素上可能无法进行合理高效对接，阻碍要素协同和一体化，阻碍电子商务协同与竞争。

3.科学技术水平

地区科技水平决定了电子商务创新能力，有助于区域电子商务协同。张娜娜、谢伟指出，电子商务企业在产品和组织结构方面逐渐趋同化，为了实现我国电子商务模式创新和良好发展，技术创新至关重要[1]，区域电子商务协同创新与发展和国家或地区的科学技术水平直接相关。地区科技水平取决于高素质技术人才，人才资源又与地区经济发展状况和政府的人才政策高度相关，因此，地区科技水平、经济发展状况、政府顶层设计相互作用、相互影响，存在反馈效应。一方面，信息化基础好、科学技术水平高的地区经济一般发展良好，新兴技术产业作为当地的核心产业，政府政策扶持力度大，吸引更多人才入驻，地区的创新能力更强，科技水平更高，经济发展更好。另一方面，以农业、传统制造业为主导产业的地区，由于缺乏技术创新基础，相配套的营商环境难以形成，导致人才及引力差、产业转型困难、经济增速慢。因此，地区科技水平、经济状况和政府顶层设计都是影响地区电子商务协同发展的重要因素。

---

① 张娜娜、谢伟：《中国电子商务模式创新的合法化机制——基于淘宝网的案例研究》，《科学学与科学技术管理》2014年第10期。

## 二 产业层次：电商协同发展制约因素

在产业层面，电子商务协同需要区域产业协同和完善的基础设施体系。产业协同与产业比较优势、产业关联度、产业分工息息相关，完善的电子商务基础设施包括信息基础设施、支付基础设施和物流基础设施等。现阶段，区域间产业关联不紧密、产业分工不明确，区域内电子商务基础设施不完善，成为电子商务协同发展的主要制约因素。

### 1. 区域产业分工

区域产业分工明确、资源优势互补是电子商务协同发展的重要前提。区域间、产业间的电子商务协同能否实现，除了区位空间方面的要求，还需要产业专业化程度高、差异度明显、供需匹配度较高，实现产业间错位发展①，构成完整的产业链、供应链和价值链，降低区域间、产业间协同的交易成本。首先，产业专业化程度决定了区域内的发展情况和区域间的交易规模；其次，产业差异化程度有利于建立区域间良好的分工机制，避免产业结构趋同，实现优势资源互补，这是跨区域产业合作的重要前提；最后，产业分工专业化有助于区域经济体在空间上耦合，推动要素和价值的跨区域流动②。但各区域经济体的产业要么严重趋同，要么差距较大，无法形成分工合理、功能互补的跨区域产业集群，这严重阻碍了跨区域产业协同和电子商务协同发展。

### 2. 电子商务基础设施

基础设施是电子商务协同发展的重要影响因素，主要包括网络基础设施和物流基础设施③。目前，电子商务的基础网络设施不完善，物流配送体系不健全、不规范，成为电子商务发展的基础制约因素④。首先，信息化基础

---

① 徐仕政：《基于比较优势的区域优势产业内涵探究》，《工业技术经济》2007 年第 2 期。
② 王德利、方创琳：《中国跨区域产业分工与联动特征》，《地理研究》2010 年第 8 期。
③ 成晨、丁冬：《"互联网+农业电子商务"：现代农业信息化的发展路径》，《情报科学》2016 年第 11 期。
④ 刁丽琳、张光辉：《广东省农业电子商务发展的对策研究》，《商业研究》2007 年第 10 期。

设施不完善。网络设施是电子商务发展的技术基础，但网络宽带普及率不足，网络传输速度不够快，电子支付安全性不高，电子交易平台标准不统一等问题仍然存在，严重影响电子商务发展进程。其次，物流配送基础设施不完善。物流作为电子商务交易中的重要环节，是产品或服务交予消费者的重要载体，深刻影响着电子商务协同发展程度。弭元英等基于对零售业电子商务的分析，发现交通基础设施和物流服务水平与电商发展存在显著正相关关系①。现阶段，海运、航运、陆运等的物流通道基础设施还不够完善②，导致部分物流成本偏高、配送速度较慢；与电子商务相配套、相适应的现代物流管理系统还不健全，物流管理水平较差，越来越多未经过专业培训、服务态度不友好的工作人员加入物流行业，导致存在物流商品损坏、消费者购物体验差等问题③。

### 三 平台企业层次：电商协同发展制约因素

在电商平台企业层面，电子商务协同发展需要创新人才和管理人才，需要较大的电子商务采纳强度。其中，人才是电子商务创新和协同发展的核心资源，企业电子商务采纳是电子商务发展进步的关键因素。现阶段，地区间、企业间人才资源差距明显，电子商务采纳情况普遍不高，成为影响电子商务协同发展的重要因素。

#### 1. 人力资源

电子商务人才缺乏是电子商务创新和协同发展的关键制约因素。卜质琼认为，人才是电子商务发展的重要制约因素，包括电子商务从业者和组织者、精通电子商务的公务人员等④。靳大伟、蒋斌认为，缺乏网络技术人

---

① 弭元英、李松、张爽、袁佳春：《零售业电子商务发展规模的影响因素研究》，《经济纵横》2016 年第 10 期。
② 韦斐琼：《"一带一路"战略红利下跨境电商发展对策》，《中国流通经济》2017 年第 3 期。
③ 唐钰怡：《中小外贸企业跨境电子商务发展障碍性因素及其对策研究》，《现代营销》（经营版）2020 年第 11 期。
④ 卜质琼：《"互联网+"形态下农村电子商务发展与创新创业活动的开展》，《农业经济》2019 年第 4 期。

才、复合型电商人才是制约电子商务发展的重要因素①。李黎炜认为，缺乏电子商务服务人才也是电子商务发展的制约因素②。虽然各大高校、科研院所有专门电子商务人才的培养机制，但跨区域、跨产业的电商复合型人才还较缺乏。电子商务的人力资源，既包括从事电子商务技术研发、企业生产经营、产品和服务销售、组织管理与顶层设计的专业性人才、技术性人才，也应该包括兼具技术、管理、业务、运营知识的复合型人才，企业只有具备了创新的高素质人才，才能突破电子商务企业协同发展的瓶颈。

2. 电子商务采纳情况

电子商务采纳是影响跨区域电商企业创新与发展的重要因素③。目前，企业电子商务采纳强度仍需进一步提高，众多学者对企业电子商务采纳的影响因素进行了研究。谭晓林等通过实证分析，得出企业间的合作与竞争、消费者、企业网站都是企业电子商务采纳的影响因素④。谭晓林、周建华认为，在企业层面，人力资源、技术、企业规模都是影响电子商务采纳的重要因素⑤。谢伟、李培馨⑥，何哲军等⑦认为，企业电子商务采纳的影响因素包括环境、企业和技术三个层面。企业电子商务采纳的影响因素也可以划分为区域、产业和企业三个层次，与电子商务协同发展的影响因素相对应，即存在宏观、中观、微观三个层次的因素影响企业电子商务采纳强度，进而影响电子商务协同发展，两者存在相关性。

① 靳大伟、蒋斌：《"互联网+农业"在农产品电子商务发展的制约因素与建议》，《农业经济》2018年第7期。
② 李黎炜：《新农村建设中电商发展的制约因素及发展路径研究》，《农业经济》2019年第12期。
③ 刘晋飞：《电子商务采纳与跨境电商企业成长——基于760家制造业跨境电商企业的实证研究》，《中国流通经济》2018年第1期。
④ 谭晓林、赵定涛、谢伟：《企业电子商务采纳的影响机制研究——以企业网站建设中介效应为例》，《中国软科学》2015年第8期。
⑤ 谭晓林、周建华：《影响企业电子商务采纳的关键因素研究》，《中国软科学》2013年第1期。
⑥ 谢伟、李培馨：《影响企业电子商务采纳的关键因素》，《经济管理》2012年第2期。
⑦ 何哲军、朱茂然、王洪伟：《企业电子商务采纳与应用关键影响因素实证研究》，《计算机工程与应用》2009年第2期。

## 第三节　地区间电商协同发展的路径选择

地区间电商发展需要通过宏观、中观、微观三个层面来实现协同。在宏观层面，电子商务要与地区政策协同发展；在中观层面，电子商务要与产业、快递物流协同发展；在微观层面，电子商务要与支撑要素协同发展。

### 一　电商与地区产业协同发展

电子商务通过加速产业结构升级、促进产业分工专业化，推动产业集聚，实现与产业集群协同发展。其中，产业结构升级是包含技术升级、制造升级、营销升级、服务升级的全方位智能化升级，产业分工专业化是产业集聚的前提。

#### 1. 推动产业结构升级

电子商务能与传统制造业深度融合，推动产业结构升级。这方面的研究还比较多。张艳辉等基于电商嵌入度的概念，认为电子商务与传统制造业融合能推动产业创新升级[1]。陈畴镛、杨文霞通过构建产业协同集聚指数指出，电子商务能显著促进制造业与物流业协同聚集[2]。杜卫华、黄炯华基于历史数据和理论模型，得出电子商务能促进现代服务业发展，并推动传统产业转型升级[3]。李建琴、孙薇认为，电子商务通过推动技术创新，精准动态匹配供需，促进要素自由流动和高效配置，来推动产业结构升级[4]。王超贤认为，电子商务与制造业深度融合，推动传统工业数字化转型[5]。乔哲、高

---

① 张艳辉、庄贞贞、李宗伟：《电子商务能否促进传统制造业的创新行为？》，《数量经济技术经济研究》2018 年第 12 期。

② 陈畴镛、杨文霞：《电子商务对制造业与物流业协同集聚的影响——基于浙江省设区市面板数据的实证》，《科技管理研究》2019 年第 11 期。

③ 杜卫华、黄炯华：《电子商务发展影响我国第三产业的机制及溢出效应分析》，《商业经济研究》2020 年第 10 期。

④ 李建琴、孙薇：《电子商务对产业结构升级的传导机制研究》，《产经评论》2020 年第 4 期。

⑤ 王超贤：《电子商务对中国经济的影响》，《中国流通经济》2016 年第 11 期。

文海基于我国 2005～2018 年面板数据，得出电子商务对第一产业存在阻碍作用，对第二产业促进作用较弱，对第三产业结构优化作用明显①。洪雨萍通过测算，发现电子商务能显著促进广东省制造业、服务业、旅游业和特色农业的发展②。万琳认为，电子商务能推动地方产业、实体经济和金融产业的结构升级③。学者们普遍认为，电子商务能显著推动传统制造业、工业和服务业的结构升级和数字化转型。

电子商务通过推动产业技术升级、制造升级、营销升级、服务升级，最终实现全方位的产业结构智能化升级。第一，电子商务推动产业技术升级。依托电子商务平台和数字技术，企业研发边界极大延展，开放、协同化的研发环境给予企业更多的研发资源和更大的研发动力，技术研发与技术引进相结合，推动产业技术升级。第二，电子商务推动产业制造升级。数字技术广泛应用于生产制造环节，生产成本降低，生产效率提升，以消费者需求为主导的定制化、个性化、柔性化生产成为大趋势，产品和服务不断优化。第三，电子商务推动产业营销升级。各类生产要素跨地域、跨产业流动与融合，企业基于大数据、云计算、人工智能等数字技术能及时挖掘和精准匹配用户需求，实现从让用户被动接受向用户主动参与的营销模式转变。第四，电子商务推动产业服务升级。电子商务交易前、中、后期都形成了完善的产业体系，为用户提供高质量、安全的消费体验。传统产业依托电子商务完整的产业链，能与电子商务深度融合，实现向"制造+服务""工业+服务"转变。

2. 促进产业聚集

电子商务能促进产业聚集，实现与产业集群联动发展。目前有关电子商务与产业聚集关系研究的总体结论为电子商业有利于产业聚集。陶安等通过对珠三角地区产业集群进行研究，发现电子商务有利于产业集群内企业合

---

① 乔哲、高文海：《电子商务对我国产业结构优化的影响》，《商业经济研究》2020 年第 2 期。
② 洪雨萍：《电子商务的产业联动及其增收效应测度》，《商业经济研究》2020 年第 2 期。
③ 万琳：《电子商务对我国产业升级的影响及推动效果研究》，《商业经济研究》2016 年第 8 期。

作①。余福茂、孙晓莉结合具体案例分析，得出电子商务通过促进信息协同、增强企业间信任、缩短市场响应时间、快速整合市场资源来促进产业间集聚与协同发展②。毛园芳通过案例研究发现，电子商务有助于提升产业集群内企业协作水平③。

电子商务通过产业分工专业化，促进产业聚集，实现与产业集群协同发展。首先，电子商务促进产业分工专业化。电子商务通过改变产业集群的生产、管理模式，突破地域锁定，使得产业布局更合理④，形成合理高效的区域产业分工。其次，电子商务有助于产业聚集。产业集群可分为政府主导型产业集群和高科技型产业集群⑤。电子商务作为数字技术与传统产业融合形成的新业态新模式，主要侧重于高科技型产业集群。在专业化产业分工的基础上，电子商务基于网络平台和信息技术，促进信息流、物流、资金流、技术流等在区域产业间自由流动，实现区域间、产业间资源共享和优势互补，突破时空限制，形成高效协同的产业集群，有助于优化交易环节，增强整体竞争力，为产业集群带来显著的经济效益⑥。最后，电子商务与产业集群协同发展。一方面，产业集群可以为电子商务发展提供坚实的用户基础，营造良好的交易环境和创新环境，构建完善的物流配送体系；另一方面，电子商务能增强产业集群的资源整合能力、市场拓展能力和融资能力，促进产业升级和产业聚集⑦，二者实现联动发展。

---

① 陶安、覃艳华、曹细玉：《电子商务环境下产业集群竞争优势影响因素研究——基于珠三角传统产业集群的实证研究》，《科技管理研究》2014 年第 14 期。

② 余福茂、孙晓莉：《电子商务驱动产业集群供应链协同机制案例研究》，《科技管理研究》2018 年第 2 期。

③ 毛园芳：《电子商务提升产业集群竞争优势机制案例研究》，《经济地理》2010 年第 10 期。

④ 李芳、杨丽华、梁含悦：《我国跨境电商与产业集群协同发展的机理与路径研究》，《国际贸易问题》2019 年第 2 期。

⑤ 杨金勇：《电子商务产业集群生态化系统结构分析》，《商业经济研究》2018 年第 9 期。

⑥ 董敏、倪卫红、胡汉辉：《产业集聚与供应链联盟——两种创新战略的比较研究及发展趋势分析》，《现代经济探讨》2003 年第 3 期。

⑦ 但斌、胡军、邵汉华、张旭梅：《电子商务与产业集群联动发展机理研究》，《情报杂志》2010 年第 6 期。

## 二 电商与支撑要素协同发展

地区间电子商务协同发展需要支撑要素协同发展。电子商务支撑要素的内涵丰富，主要概括为数据、资本、人才和技术四种类型。电商与支撑要素协同发展的机理主要包括模式创新和价值协同。

### 1. 支撑要素的内涵

电子商务的支撑要素包括数据、资本、人才和技术。其中，数据是基础支撑，资本是重要支撑，人才是创新支撑，技术是核心支撑。四种支撑要素相互联系、相互作用，共同推动电子商务协同发展。

#### （1）数据是电子商务发展的基础支撑要素

数字经济时代的到来使得数据成为新的生产要素[1]。相较于传统生产要素，数据具有的零边际成本、规模经济和范围经济显著等特点，能促进跨界融合竞争和长尾效应[2]。电子商务经济作为跨界融合的新业态新模式，数据在其中发挥着基础性支撑作用。主要体现在三方面。第一，电子商务的商业模式正在从以商家、平台为中心转向以消费者为中心，增强用户对电子商务的黏性。王茜、钱力指出，电子商务平台依托大数据，通过个性化推荐服务模式，将消费者被动接受变为主动参与，推动电子商务商业模式转变[3]。刘志超等认为，电商企业通过数字化运营、应用垂直整合、数据资产化来实现电子商务服务模式创新[4]。第二，电商平台和企业通过数据要素节约成本，提高收益。张振华、许柏鸣认为，基于数据挖掘与分析可以优化物流服务质

---

[1] 李政、周希禛:《数据作为生产要素参与分配的政治经济学分析》,《学习与探索》2020 年第 1 期。

[2] 于立、王建林:《生产要素理论新论——兼论数据要素的共性和特性》,《经济与管理研究》2020 年第 4 期。

[3] 王茜、钱力:《大数据环境下电子商务个性化推荐服务发展动向探析》,《商业研究》2014 年第 8 期。

[4] 刘志超、陈勇、姚志立:《大数据时代的电子商务服务模式革新》,《科技管理研究》2014 年第 1 期。

量，节约运营成本，提高消费者满意度，促进电子商务更好发展①。王胜利、樊悦认为，数据能够缩短生产和流通时间，减少生产和流通成本，提高劳动生产率，创造更多价值②。第三，大数据产业蓬勃发展，与电子商务产业相互促进③。一方面，电子商务产业作为我国经济高质量发展的重要驱动力，其蓬勃发展加速大数据产业的理论创新、技术研发和应用落地；另一方面，大数据产业为电子商务产业提供了数据存储、数据挖掘、数据分析的场景与技术，推动电子商务模式创新。

（2）资本是电子商务发展的重要支撑要素

金融资本能为电子商务发展与创新提供重要支撑。金融资本作为用于资金融通的资本④，主要形式包括政府补贴、银行信贷、风险投资和资本市场等⑤。金融资本对电子商务发展支撑作用体现在三方面。一是为电子商务平台企业提供融资需求，加速电商平台成长⑥。二是有助于电子商务模式创新。首先，电子商务模式创新的基础是技术创新，金融资本有助于促进资本积累，提高技术创新效率⑦，促进产业结构优化和生产力提升，推动技术进步⑧。其次，金融资本在电子商务模式创新过程中作用明显。在电子商务模式创新初期，政府投资与补贴具有示范效应，一定程度上能引导电子商务模式创新发展，降低资本投资盲从程度⑨；在电子商务模式创新成熟期，

① 张振华、许柏鸣：《基于网络口碑数据挖掘的电子商务物流服务质量问题》，《中国流通经济》2019 年第 1 期。
② 王胜利、樊悦：《论数据生产要素对经济增长的贡献》，《上海经济研究》2020 年第 7 期。
③ 郭皓月、樊重俊、李君昌、王来、吴海春、杨云鹏：《考虑内外因素的电子商务产业与大数据产业协同演化研究》，《运筹与管理》2019 年第 3 期。
④ 许又丹：《金融资本、金融虚拟化和虚拟资本之辨》，《西南林业大学学报》（社会科学版）2017 年第 4 期。
⑤ 杜传忠、曹艳乔：《金融资本与新兴产业发展》，《南开学报》（哲学社会科学版）2017 年第 1 期。
⑥ 翟敏：《杭州跨境电子商务发展的金融支持研究》，《浙江金融》2015 年第 12 期。
⑦ 张恩众、张守桢：《金融资本、金融结构与区域创新能力》，《山东大学学报》（哲学社会科学版）2017 年第 1 期。
⑧ 王定祥、李伶俐、吴代红：《金融资本深化、技术进步与产业结构升级》，《西南大学学报》（社会科学版）2017 年第 1 期。
⑨ 陆国庆、王舟、张春宇：《中国战略性新兴产业政府创新补贴的绩效研究》，《经济研究》2014 年第 7 期。

大型电商平台向银行融资的约束性降低，有助于巩固现有模式、布局研发新技术、新模式。三是金融资本与电子商务融合发展。一方面，金融资本为电子商务发展提供资金流和服务流，推动电子商务发展与创新；另一方面，电子商务产生的信息流和数据流加速金融资本流动，提高资本回报率[1]。

（3）人才是电子商务发展的创新支撑要素

人才是一切产业发展的基础和核心资源[2]，是电子商务发展的创新支撑。高端技术技能型人才不仅要有精湛的操作技能，更应具备对智能网络的理解和运用能力[3]。张炜等认为，智能化社会的科技人才需具备学科素养、系统素养、计算素养、信息素养和伦理素养[4]。人才对电子商务发展起到三方面的支撑作用。一是与其他电子商务支撑要素融合发展，科技创新人才作为知识和技术的载体[5]，能与数据要素和金融资本要素有效结合，推动电子商务创新发展。二是促进电子商务底层技术创新。由于受教育年限、个人能力等的不同，人力资本内部存在异质性，从事科研的科技人才能显著提高创新效率，增强技术溢出效应，推动技术进步[6]。三是人才集聚有助于营造良好的电子商务创新环境。人才集聚受经济发展、户口、财政补贴、公共服务、房价、创新环境等因素的影响[7]，市场规模也能通过虹吸效应吸引人才聚集[8]。

① 孙国珍：《"农村金融资本+电商"融合发展新格局构建及实现路径》，《商业经济研究》2019 年第 11 期。
② 吉俊虎：《人才、规范与策略：后发展地区文化产业发展的三大要素——基于政府治理视角的分析》，《经济问题》2019 年第 4 期。
③ 蔡泽寰、肖兆武、蔡保：《高职制造类专业人才培养要素优化探析——基于"中国制造2025"视域》，《中国高教研究》2017 年第 2 期。
④ 张炜、王良、钱鹤伊：《智能化社会工程科技人才核心素养：要素识别与培养策略》，《高等工程教育研究》2020 年第 4 期。
⑤ 许爱萍：《区域科技创新人才聚集驱动要素分析——以京津冀为例》，《科技与经济》2014年第 6 期。
⑥ 马茹、张静、王宏伟：《科技人才促进中国经济高质量发展了吗？——基于科技人才对全要素生产率增长效应的实证检验》，《经济与管理研究》2019 年第 5 期。
⑦ 张波：《2000—2015 年中国大陆人才的空间聚集及时空格局演变分析》，《世界地理研究》2019 年第 4 期。
⑧ 刘和东：《国内市场规模与创新要素集聚的虹吸效应研究》，《科学学与科学技术管理》2013 年第 7 期。

众多创新人才显著提高创新能力，推动当地技术进步，增强空间溢出效应①，从而能为电子商务创新发展营造良好的创新氛围、提供良好的创新环境。

（4）技术是电子商务发展的核心支撑要素

电子商务是技术创新催生的新业态和新模式。纵观世界工业革命史，每一次技术创新都伴随着新的关键生产要素，并催生出大量新产业、新业态和新模式，推动经济蓬勃发展。因此，技术创新或技术引进能推动技术进步，表现为全要素生产率的提高②。技术创新或技术引进对电子商务发展的支撑作用体现在两方面。一是能降低电子商务企业成本。唐未兵等基于定量分析方法得出，技术创新能有效降低企业的平均成本③，而基于互联网和大数据、云计算、人工智能等数字技术，电子商务规模经济、范围经济和长尾效应更显著，技术创新使得平台企业成本降低的幅度更大。二是能提高电子商务企业核心竞争力。由于电子商务平台上存在大量相似、同质化的产品和服务，电商企业间比线下实体企业间的竞争更大、更激烈。技术创新能催生新产品、新模式，使得企业在同行业中具有核心优势和核心竞争力，增加电商企业经济收益。

**2. 要素协同推动电子商务协同发展**

支撑要素与电子商务协同发展主要体现在两方面，一是支撑要素协同推动电子商务模式创新，二是支撑要素与电子商务价值链协同。持续创新作为电子商务模式创新的核心特征，以数据链牵引，技术链主导，数据链、技术链、人才链和资金链相互作用、相互影响的联动协同模式，能推动电子商务底层技术、业务模式、管理模式、运营模式、价值创造模式的全面创新，并弥补与用户间的价值缺口，精准挖掘消费者需求，延伸价值链。

---

① 郭金花、郭淑芬：《创新人才集聚、空间外溢效应与全要素生产率增长——兼论有效市场与有为政府的门槛效应》，《软科学》2020年第9期。

② 唐未兵、傅元海、王展祥：《技术创新、技术引进与经济增长方式转变》，《经济研究》2014年第7期。

③ 孔宪丽、米美玲、高铁梅：《技术进步适宜性与创新驱动工业结构调整——基于技术进步偏向性视角的实证研究》，《中国工业经济》2015年第11期。

（1）要素市场一体化

要素市场一体化是区域经济协同发展的前提①，也是电子商务协同发展的基础。生产要素存在流动性差异，一般表现为高流动性生产要素流向低流动性生产要素②，有助于降低成本、创造更多价值。但如果区域间要素市场分割，支撑要素由于行政边界的限制而无法充分自由流动和有机结合，不仅会增加电商企业交易成本和运营成本，使得地区间比较优势不容易凸显、产业间分工协作受到阻碍③；并且降低电商企业的创新能力和研发积极性，不利于电商行业的发展。因此，区域经济、城市群经济、电子商务经济协同发展都需要以要素市场一体化为前提。

目前有关要素协同发展的研究较多，主要体现在两方面。一是强调数据的引领和协同作用。谢康等认为，数据要素通过与劳动、知识、管理结合，实现产品创新与价值创造④。王建冬、童楠楠认为，数据基于使能性和通用目的性，通过数据融合、业务融合、价值融合，实现产业链、数据链、创新链、资金链和人才链的协同联动⑤。二是强调技术的主导作用。刘翔峰、刘强认为，要素在组合和相互作用中，技术是主导要素并聚合引导其他要素形成先进生产力⑥。何甜甜认为，技术创新与人力资本密切相关，人力资源是技术创新的基础和动力的主要来源，新技术又促进培养出一大批富有新思想、高水平的技术人才⑦。因此，要素协同的内涵是以数据链牵引，技术链主导，数据链、技术链、人才链和资金链相互作用、相互影响的联动协同模

---

① 唐为：《要素市场一体化与城市群经济的发展——基于微观企业数据的分析》，《经济学》（季刊）2021 年第 1 期。

② 马飒：《生产要素国际流动：规律、动因与影响》，《世界经济研究》2014 年第 1 期。

③ 余东华、张昆：《要素市场分割、技术创新能力与制造业转型升级》，《华东经济管理》2020 年第 11 期。

④ 谢康、夏正豪、肖静华：《大数据成为现实生产要素的企业实现机制：产品创新视角》，《中国工业经济》2020 年第 5 期。

⑤ 王建冬、童楠楠：《数字经济背景下数据与其他生产要素的协同联动机制研究》，《电子政务》2020 年第 3 期。

⑥ 刘翔峰、刘强：《要素市场化配置改革研究》，《宏观经济研究》2019 年第 12 期。

⑦ 何甜甜：《移动电子商务下的技术创新、人力资本发展与经济增长》，《商业经济研究》2015 年第 36 期。

式，推动电子商务协同发展，推动区域经济体协同发展。

（2）要素协同与电商模式创新

电子商务模式的本质特征是持续创新[①]。张俊梅基于电商企业边界，认为电子商务模式创新包括内部创新与外部创新。内部创新指企业自身能力的创新，外部创新指企业与客户、供应商等利益相关者经营方法、经营关系的创新[②]。孙睦优、鲁兴启认为，电子商务模式创新是指依托互联网和物流体系，以买方市场为导向，以消费者需求为中心的经营模式创新[③]。林小兰认为，电子商务模式创新的关键在于电商平台类企业创新，跨界、组合，满足消费者需求是电子商务模式创新的特征与发展方向[④]。陈原等认为电子商务模式创新包括管理模式创新、内部运营模式创新、客户关系管理创新和盈利模式创新[⑤]。结合学者们的观点，电子商务模式创新是基于数据流、技术流、资金流、人才流实现底层技术、业务模式、管理模式、运营模式、价值创造模式的全面创新。其中，电商模式创新的关键在于价值创新，即电商企业在为消费者创造价值的同时也实现自身价值[⑥]。

支撑要素协同推动电子商务模式创新。首先，要素协同有助于提升企业创新能力。张方华、陶静媛通过定量分析方法得出，企业内部要素协同有助于改善创新绩效，提高企业创新能力[⑦]。贺灵等认为，企业内部创新要素的协同、企业与外部创新要素的协同对企业技术创新能力和技术创新绩效有显

---

① 方孜、王刊良：《基于5P4F的电子商务模式创新方法研究》，《中国管理科学》2002年第4期。
② 张俊梅：《基于客户价值的电子商务模式创新研究》，《思想战线》2009年第4期。
③ 孙睦优、鲁兴启：《B2B现状分析与发展趋势》，《商场现代化》2005年第10期。
④ 林小兰：《电子商务商业模式创新及其发展》，《现代经济探讨》2015年第6期。
⑤ 陈原、刘惠、周文豪：《大数据在淘宝网电子商务模式创新中的应用研究》，《价值工程》2015年第35期。
⑥ 谭晓林、谢伟、李培馨：《电子商务模式的分类、应用及其创新》，《技术经济》2010年第10期。
⑦ 张方华、陶静媛：《企业内部要素协同与创新绩效的关系研究》，《科研管理》2016年第2期。

著促进作用①。肖静华等认为，企业内外部要素的集成与协同有助于产品创新②。其次，以数据链牵引，技术链主导，数据链、技术链、人才链和资金链相互作用、相互影响，实现电子商务模式创新。平台企业通过大数据分析，能提高企业内部运营效率，实现运营模式创新；通过云计算技术等存储软件实现优质资源共享，实现管理模式创新；通过智能分析技术深度了解用户需求，精准推送符合用户需求的产品和服务，经营理念从以商家为中心向以用户为中心转变，实现业务模式创新；业务模式创新使得商家与客户间的交流、协助更密切，企业盈利能力更加可持续，实现盈利模式和价值创新。

（3）支撑要素与电子商务价值链协同

要素协同能促进电商模式创新，进而延伸企业价值链。电商模式创新的核心可以理解为企业与消费者双向互动、共同创造价值。Flint 等指出，客户渴望从企业获得价值，包括三个层次：对企业的产品和服务了解更多，与企业交流更容易，给企业造成的影响更大③。因此，电商企业要及时发现和弥补与用户间的价值缺口，而要素协同可以在其中发挥巨大作用。首先，要素协同可以促进电商企业业务模式向以消费者为中心转变，在这个过程中，一方面，消费者可以充分参与到产品生产过程，增加消费者参与感、获得感，使得消费者与企业有更多逆向沟通，对企业产品、服务有更深刻了解；另一方面，电商企业基于消费者需求实现产品定制化、营销精准化、生产柔性化，在为用户创造价值时也实现了企业自身价值。其次，要素协同促进电商企业向下延伸价值链。电商企业基于数据链、技术链、人才链和资金链协同，能降低运输成本④，精准挖

① 贺灵、程鑫、邱建华：《技术创新要素协同对企业创新绩效影响的实证分析》，《财经理论与实践》2012 年第 3 期。
② 肖静华、吴瑶、刘意、谢康：《消费者数据化参与的研发创新——企业与消费者协同演化视角的双案例研究》，《管理世界》2018 年第 8 期。
③ Flint, Daniel. J., Woodruff, et al., "The Initiators of Changes in Customers' Desired Value", *Industrial Marketing Management*, 2001.
④ 韩彪、张兆民：《区域间运输成本、要素流动与中国区域经济增长》，《财贸经济》2015 年第 8 期。

掘消费者小众需求，带来显著的规模经济、范围经济和长尾效应，为电商企业带来大量收益和价值。

## 三 电商与快递物流协同发展

电子商务的兴起催生了快递物流行业，快递物流行业质量的提升又加速了电子商务发展，二者之间相互依赖、相互促进。目前，电子商务与快递物流间还存在许多不协同的因素，为了促进电子商务与快递物流业协同、融合发展，需建立完善的电子商务-快递物流供应链协同体系。

### 1. 电子商务与快递物流联动发展

近年来，电子商务与快递物流协同发展趋势日益凸显。大量学者对电子商务与快递物流的联动关系进行了研究。沈颂东和亢秀秋基于中国 2008～2015 年的面板数据，得出快递与电子商务呈现良好的协同发展态势[1]。张玮炜通过相关性检测，得到我国电子商务与快递物流间存在高度协同关系[2]。易飞通过构建模型，得出电子商务与快递物流相辅相成、相互促进，电子商务有序度一定程度上高于快递物流，两者有序度共同推动二者协同发展[3]。陈宾通过实证分析，得出电子商务与快递物流业之间协同发展，其中，电子商务发展是二者良好关系的基础[4]。曾佑新、聂改改通过构建电子商务与快递物流的协调度评价指标体系，得出电子商务与快递物流发展总体协调，但快递物流发展相对滞后[5]。武淑萍、于宝琴耄于十年的统计数据，得到电子商务发展的有序度高于快递物流服务业，且两者的整体协同度呈现螺旋式上升趋势[6]。

---

[1] 沈颂东、亢秀秋：《大数据时代快递与电子商务产业链协同度研究》，《数量经济技术经济研究》2018 年第 7 期。

[2] 张玮炜：《电子商务与物流业的协调演化分析》，《商业经济研究》2020 年第 13 期。

[3] 易飞：《电子商务与快递物流协同发展路径研究》，《时代经贸》2018 年第 12 期。

[4] 陈宾：《电子商务与快递业的互动关系研究——基于 VAR 模型的动态实证分析》，《福建师范大学学报》（哲学社会科学版）2016 年第 1 期。

[5] 曾佑新、聂改改：《电子商务与快递物流发展的协调度研究——基于距离协调度模型》，《江南大学学报》（人文社会科学版）2016 年第 4 期。

[6] 武淑萍、于宝琴：《电子商务与快递物流协同发展路径研究》，《管理评论》2016 年第 7 期。

电子商务与快递物流之间的联动关系主要体现在两方面。一是电子商务与快递物流相互依赖。这种相互依赖关系主要体现在业务拓展、交易过程和服务理念方面。首先，快递物流业务的拓展与延伸离不开电子商务的飞速发展，而快递物流也拓宽了电子商务发展的广度与深度[①]，二者在业务拓展方面相互依赖。其次，完整的电子商务交易从产品购买到消费者收货，这需要完善的快递物流系统予以支持；同时，高效、快捷、安全的物流服务需要电子商务平台提供信息与技术支撑，物流服务与电子商务平台二者在交易过程中相互依赖。最后，电子商务模式的核心是以消费者需求为中心，实现与消费者的价值共创，快递物流行业也是为消费者提供快捷、满意度高的物流服务，二者在服务理念上高度一致。二是电子商务与快递物流相互促进，集中体现在技术、收益和发展空间方面。首先，电子商务和快递物流都需要基于互联网络与信息技术，以共同保证交易过程顺利完成，二者在技术创新和技术应用上相互促进[②]。其次，电子商务和快递物流业相互依存，共同参与电子商务交易中的利益分配，双方为了实现整体利益最大化，相互推动利润模式创新，比如，以更高的效率、更低的成本实现更多的收益。最后，电子商务和快递物流相互促进，共同迈向新台阶。一方面，电子商务有助于优化物流配送模式，提高配送效率，降低配送成本，因此，电子商务环境下的快递物流业呈现信息化、网络化、多功能化、人性化和科技化等特点[③]；另一方面，物流快递的优化提高了消费者对电子商务模式的满意度，电子商务迎来了更广阔的发展空间。

### 2. 电子商务–快递物流供应链协同

实现电子商务与快递物流协同发展，建立完善的电子商务–快递物流供应链协同体系。关于二者不协同的原因，学者们进行了大量研究。武淑萍、

---

① 陈长彬、陈泉：《第四方物流运作主体的信用机制构建研究》，《工业技术经济》2016 年第 1 期。
② 陈虹：《县域经济视域下电子商务与现代物流协同发展路径》，《北华大学学报》（社会科学版）2017 年第 6 期。
③ 赵爱香：《电子商务环境下物流管理创新发展路径研究》，《改革与战略》2016 年第 12 期。

于宝琴认为电子商务发展速度快，而快递物流虽然近些年快速发展，但仍然存在企业规模小、管理不规范、服务差等问题，因此造成了电子商务与物流"协同—不协同—协同"的螺旋式演化路径。[①] 梁雯、柴亚丽基于博弈论的研究，认为电子商务与快递物流存在动态博弈关系，这一不稳定关系受利益分配、成本分摊、地区发展差异和信任问题的影响[②]。罗琼认为，电子商务与快递物流之间不协同的重要原因是其中的信息流、物流、资金流不能顺利高效流动[③]。

建立以要素协同为基础，以生产—流通—销售全流程协同为核心，以快递物流基础设施、服务设施协同为重要保障的电子商务-快递物流供应链协同体系，来推动电子商务与快递物流间的协同发展。首先，电子商务-快递物流供应链协同需要以信息流、物流、资金流、人才流等要素协同为前提。其中，信息流是实现物流、资金流、人才流的基础，资金流和人才流是实现信息流、物流的支撑，物流是交易产品或服务的载体。其次，电子商务-快递物流供应链协同需要以生产—流通—销售全流程协同为核心。只有实现电子商务交易全过程的供应链协同，才能确保电子商务与快递物流协同发展。最后，电子商务-快递物流供应链协同需要以基础设施、服务设施协同为重要保障。要素与供应链全流程的协同，需要具备完善电子商务和物流快递的基础设施，以及配套的服务设施等。

## 四 电子商务与地区政策协同发展

地区间电子商务协同发展需要地区间顶层设计协同。本节通过阐述电子商务与地区政策协同的内涵，提出了基于横向和纵向两个维度的电子商务-地区政策协同框架，助力地区间电子商务协同发展。

---

① 武淑萍、于宝琴：《电子商务与快递物流协同发展路径研究》，《管理评论》2016 年第 7 期。
② 梁雯、柴亚丽：《电子商务与快递物流企业联动发展行为研究——基于动态博弈视角》，《贵州大学学报》（社会科学版）2019 年第 4 期。
③ 罗琼：《电子商务与快递行业供应链协同发展研究》，重庆交通大学硕士学位论文，2013。

### 1. 电子商务与政策协同的内涵

随着电子商务政策数量不断增加、覆盖范围不断扩大，政策体系的复杂性明显增加[①]。政策协同可以避免政策间的"外部性"、降低政策运行成本和有效利用有限的政策资源[②]。因此，协同政策要优于单一政策，有效的政策组合可以实现更好的绩效[③]。只有电子商务各项政策间相互配合与支持，才能从顶层设计到具体实施上更好地推动区域电子商务协同发展。

目前，有关电子商务与地区政策协同的研究较少，但有关政策协同框架构建的研究较多。张国兴等从政策力度、政策措施和政策目标三个维度对节能减排政策进行了量化，发现我国节能减排政策中不同政策措施之间和不同政策目标之间均表现出良好的协同[④]。李靖华、常晓然认为，通过政策制定主体、不同的政策措施、不同的政策目标相互协调，来实现产业创新协同[⑤]。樊霞等通过政策主体协同、政策目标协同、政策措施协同、政策目标与措施间协同，来研究区域创新政策协同[⑥]。杨晨、王杰玉研究表明，"要素协同—子系统协同—系统协同"是政策协同的作用机理[⑦]。薛泽林、孙荣认为，政策协同机制建构需要结构和动力的双轮驱动[⑧]。李晓峰、薛二勇通过政策制定主体、市场调控机制、政策激励机制来构建就业政策体系[⑨]。唐

① 汪涛、谢宁宁：《基于内容分析法的科技创新政策协同研究》，《技术经济》2013年第9期。
② 朱光喜：《政策协同：功能、类型与途径——基于文献的分析》，《广东行政学院学报》2015年第4期。
③ Lee, K., Y. T. Leung, and M. L. Pinedo, "Coordination Mechanisms with Hybrid Local Policies", *Discrete Optimization*, 2011, 8 (4): 513-524.
④ 张国兴、高秀林、汪应洛、郭菊娥：《我国节能减排政策协同的有效性研究：1997-2011》，《管理评论》2015年第12期。
⑤ 李靖华、常晓然：《我国流通产业创新政策协同研究》，《商业经济与管理》2014年第9期。
⑥ 樊霞、陈娅、贾建林：《区域创新政策协同——基于长三角与珠三角的比较研究》，《软科学》2019年第3期。
⑦ 杨晨、王杰玉：《系统视角下知识产权政策协同机理研究》，《科技进步与对策》2016年第2期。
⑧ 薛泽林、孙荣：《治理势能：政策协同机制建构之关键——台北与上海文化创意产业培育政策比较》，《情报杂志》2016年第10期。
⑨ 李晓峰、薛二勇：《我国大学生就业政策协同问题研究》，《教育发展研究》2014年第5期。

恒等通过政策类型、政策层级和协同方式来构建政策协同分析框架①。汪涛、谢宁宁通过政策层级、政策主体和政策工具三个维度构建科技创新政策协同的分析框架②。李雪伟等构建了基于纵向维度和横向维度的政策协同分析框架，来量化分析京津冀三地省级"十三五"专项规划政策的协同情况③。杨晨、刘苗苗基于政策主体协同、政策目标协同和政策措施协同来构建专利政策协同分析体系④。

电子商务与政策协同的内涵可概括为：基于电子商务政策制定主体协同、电子商务政策目标协同、电子商务政策措施协同的全面协同，实现电子商务与地区政策协同发展。

### 2. 基于横向和纵向维度的电子商务地区政策协同框架

OECD 提出了政策整合的三个维度："横向整合"旨在确保单个政策之间相互支持，尽量避免政策目标相互冲突或政策内容不一致；"纵向整合"旨在确保政策产出与决策者的原初意图相一致；"时间维度整合"旨在确保当今政策在可预见的未来具有持续效力⑤。

从横向和纵向两个维度来构建主体协同、目标协同、措施协同的电子商务政策协同分析框架。主体协同是指政策的目标主体、制定主体和执行主体要相互协同⑥，即政策主体在制定和执行政策时，要将政策进行有机结合，实现政策间功能互补⑦。颁布政策与政策协同的核心机构最好是掌管关键经

---

① 唐恒、何锦润、孙莹琳、赫英淇：《专利创造激励政策协同网络演化研究》，《科学学与科学技术管理》2019 年第 9 期。
② 汪涛、谢宁宁：《基于内容分析法的科技创新政策协同研究》，《技术经济》2013 年第 9 期。
③ 李雪伟、唐杰、杨胜慧：《京津冀协同发展背景下的政策协同评估研究——基于省级"十三五"专项规划文本的分析》，《北京行政学院学报》2019 年第 3 期。
④ 杨晨、刘苗苗：《区域专利政策协同及其实证研究》，《科技管理研究》2017 年第 10 期。
⑤ 周志忍、蒋敏娟：《整体政府下的政策协同：理论与发达国家的当代实践》，《国家行政学院学报》2010 年第 6 期。
⑥ 杨晨、阮静娴：《区域知识产权政策协同及协同运行机制研究》，《科技管理研究》2017 年第 16 期。
⑦ 黄萃、苏竣、施丽萍、程啸天：《政策工具视角的中国风能政策文本量化研究》，《科学学研究》2011 年第 6 期。

济和行政资源的部门①。目标协同是指政策理念协同，包括目标数量、目标水平和目标偏好等不同维度的协同②，基于整体利益来推动③。措施协同是指在政策实施过程中，不同政策主体之间采取协同的措施来联合行动，降低额外的政策运行成本。

## 第四节　京津冀电子商务协同发展的分析框架

京津冀协同发展作为三大国家战略之一，是疏解北京非首都功能、推动区域经济高质量发展的重大举措。京津冀协同发展与京津冀电子商务协同发展相互依存、相互促进。一方面，京津冀电子商务协同基于京津冀电子商务生态价值协同、产业协同、治理协同的有机统一，催生出分布式、社会化、协同价值网络，推动京津冀协同发展；另一方面，京津冀协同发展是京津冀电子商务协同发展的重要前提和最终目的，京津冀电子商务协同发展是京津冀协同发展的重要手段和必然趋势。

### 一　基于京津冀协同发展背景的考虑

京津冀电子商务协同发展既要符合国家需求，也要符合北京需求。基于国家视角，随着京津冀协同发展战略上升为国家战略，电子商务有助于推动京津冀城市群协同发展，推动京津冀区域经济高质量发展；基于北京视角，近年来，北京大城市病问题凸显，区域电子商务协同发展能在一定程度上疏解北京非首都功能。

#### 1. 京津冀城市群经济高质量发展的需要

京津冀城市群经济高质量发展是京津冀协同发展的关键引擎。城市群是

---

① 彭纪生、仲为国、孙文祥：《政策测量、政策协同演变与经济绩效：基于创新政策的实证研究》，《管理世界》2008 年第 9 期。

② 王洛忠、张艺君：《我国新能源汽车产业政策协同问题研究——基于结构、过程与内容的三维框架》，《中国行政管理》2017 年第 3 期。

③ 蔚超：《政策协同的内涵、特点与实现条件》，《理论导刊》2016 年第 1 期。

当前我国区域发展战略的重要形式，对区域经济的带动作用日趋明显。而京津冀城市群在一定程度上是经济高质量发展综合水平最高的城市群①。但与此同时，京津冀城市群发展仍存在产业发展不均衡、行政干预较严重、生态环境严峻等问题②。因此，京津冀城市群要实现经济高质量发展，京津冀必须协同发展，京津冀电子商务必须协同发展。

已有的关于京津冀城市群协同发展影响因素的研究较多，主要集中在规划不协同、产业不协同、交通不协同、生态环境问题突出、行政区隔明显等③。结合前文协同发展的理论分析和学者们的理论研究，京津冀协同发展中存在诸多问题，主要包括行政体制隔离、产业不协同、交通不协同、区域合作和利益调节机制不协同等。

电子商务有助于推动京津冀城市群经济高质量发展。首先，电子商务有助于京津冀产业协同。电子商务依托互联网和电商平台，有助于构建跨区域、跨产业的供应链和价值链，促进产业分二专业化，优化产业结构，推动京津冀区域间产业协同。其次，电子商务有助于京津冀交通协同。电子商务与快递物流业相互促进、相互依赖、共同发展。快递物流业的基础是健全完善的物流配送体系，跨区域的电子商务交易与发展能促进京津冀区域间交通协同。最后，电子商务有助于京津冀区域合作，促进利益调节机制协同。电子商务能充分发挥京津冀的区域优势和产业优势，在协同与竞争中自我发展、自我完善，实现协同价值最大化。

2. 疏解北京非首都功能的需要

京津冀协同发展和京津冀电子商务协同发展是解决北京大城市病的重要手段。北京大城市病的根源是有限的资源和公共基础设施难以支撑北京过量

---

① 毛艳：《中国城市群经济高质量发展评价》，《统计与决策》2020 年第 3 期。

② 高远秀、姜阁：《京津冀都市圈创新与经济高质量发展的协同路径研究》，《产业与科技论坛》2020 年第 3 期。

③ 方创琳：《京津冀城市群协同发展的理论基础与规律性分析》，《地理科学进展》2017 年第 1 期；陆大道：《京津冀城市群功能定位及协同发展》，《地理科学进展》2015 年第 3 期；柳天恩：《京津冀协同发展：困境与出路》，《中国流通经济》2015 年第 4 期。

的功能，解决对策为依托天津与河北来疏解北京的非首都功能①，因此，京津冀协同发展和京津冀电子商务协同发展是必然趋势。

电子商务有助于京津冀协同发展，疏解北京非首都动能。首先，电子商务具有强渗透性和高融合性，能推动京津冀三地产业结构升级和产业协同，形成良好的产业联动格局。其次，电子商务推动京津冀交通基础设施、物流基础设施、服务基础设施一体化，为北京非首都功能的转移打牢物质基础。最后，电子商务能推动京津冀三地要素资源共享和优势互补，促进技术创新，营造开放包容的创新环境，为疏解北京非首都功能提供技术支撑。

## 二 基于电子商务生态价值协同的考虑

京津冀电子商务协同发展的核心在于价值共创，需要京津冀电子商务生态价值协同。首先，京津冀电子商务生态系统作为包含个体、种群、群落和电商生态系统四个层次的价值网络和关系网络，其生态价值协同需要构建以价值创造协同为核心的价值协同结构体系；其次，构建京津冀电子商务价值生态协同体系的路径需要宏观、中观、微观三个层面的协同统一。

### 1. 京津冀电子商务生态

电子商务生态系统的内涵是指企业组织和利益相关者基于互联网和电商平台实现信息流、资金流、物流自由流动和交互共享，推动各主体价值共创的价值关系网络②。其核心是实现生态系统内主体的价值共创，包含个体、种群、群落和电商生态系统四个层次③。

---

① 杨龙、胡世文：《大都市区治理背景下的京津冀协同发展》，《中国行政管理》2015 年第 9 期；梁爽：《北京非首都功能疏解的问题与对策》，《工业技术与职业教育》2020 年第4期。
② 胡岗岚、卢向华、黄丽华：《电子商务生态系统及其演化路径》，《经济管理》2009 年第 6 期；胡岗岚、卢向华、黄丽华：《电子商务生态系统及其协调机制研究——以阿里巴巴集团为例》，《软科学》2009 年第 9 期。
③ 张夏恒、郭海玲：《跨境电商与跨境物流协同：机理与路径》，《中国流通经济》2016 年第 11 期；纪淑娴、李军艳：《电子商务生态系统的演化与平衡研究》，《现代情报》2012 年第 12 期。

京津冀电子商务生态系统是指京津冀地区的企业组织和其他利益相关者通过互联网和电商平台进行信息、资金、技术、人才等资源共享和区位优势互补，实现三地价值共创的价值网络和关系网络，主要包含个体、种群、群落和电商生态系统四个层次。本书主要从种群层次来分析京津冀电子商务生态协同。种群包括领导种群、关键种群、支持种群和寄生种群。领导种群指电商平台核心企业和大型科技企业，为生态系统提供核心竞争力，引导生态系统发展，该种群主要集中在北京，如京东、百度等。关键种群指电子商务交易中各个环节的参与主体，如电商平台企业、快递物流企业、政府公共服务部门等，该种群分布于京津冀三地，但存在质和量的差别。支持种群指为电子商务提供技术支持和产品服务的企业或组织机构，高质量的技术、服务企业也主要集中在北京。寄生种群指依附于电子商务生态的企业或组织机构，在空间位置和数量上与另外三个种群呈现正相关关系。

### 2. 京津冀电子商务价值生态协同体系

电子商务生态系统作为一个自组织、自适应的复合系统，生态中的行为主体只有有限理性，始终处于相互学习、相互竞争的演化博弈过程[①]。生态内部个体或种群之间的关系表现为协同竞争相统一，核心特征为价值共创。价值创造包括实体要素价值创造和虚拟要素价值创造[②]，因此，电子商务生态系统的价值创造以管理协同、实体要素协同和虚拟信息要素协同为基础，呈现综合性和动态性的特点[③]。在信息网络时代，企业与用户之间的距离被拉近，用户需求成为价值创造的核心，推动价值创造模式创新与发展，跨地域、跨产业、大众化、协同化的价值创造模式成为主流[④]。

京津冀电子商务价值生态协同是以价值创造协同为核心，实现京津冀价

---

① 张华：《协同创新、知识溢出的演化博弈机制研究》，《中国管理科学》2016年第2期。
② 许其彬、王耀德：《电子商务价值生态系统的协同发展研究》，《情报科学》2018年第4期。
③ 张世军：《电子商务价值生态系统的协同探讨》，《商业经济研究》2019年第12期。
④ 祁明、刘威：《从"独立系统"到"生态系统"再到"价值系统"——中国电子商务发展的新方向》，《科技管理研究》2016年第12期。

值管理协同、实体要素协同和虚拟信息要素协同的复合协同体系。其中，管理协同是对系统实体要素和虚拟信息要素的生态性协同；实体要素协同包括所有实体要素内部协同和实体要素间的协同，以用户价值为根本出发点，以知识价值为核心驱动力，以结构价值为主要表现形式[①]；虚拟信息要素协同主要是指数据、信息、知识要素的协同。管理协同、实体要素协同和虚拟信息要素协同三者有机统一。虚拟信息要素协同为管理协同和实体要素协同进行及时高效的信息传递，是价值生态协同的基础；实体要素协同是虚拟信息要素协同和管理协同的物理载体，是价值生态协同的关键；管理协同能促进实体要素协同与虚拟信息要素协同更好融合，是价值生态协同的重要保障。

构建京津冀电子商务价值生态协同体系的路径需要宏观、中观、微观三个层面的协同统一。在宏观层面，电子商务要与京津冀三地政策协同，在电子商务顶层设计上联动统一。在中观层面，电子商务要与京津冀三地产业、快递物流协同，在电子商务交易流程、技术支持、配套服务上联动统一。在微观层面，电子商务要与支撑要素协同，在电子商务内部要素上联动统一。如图 1-1 所示。

## 三 基于数字化转型和产业结构优化的考虑

电子商务的数字化升级有助于优化产业结构、推动产业数字化转型。京津冀电子商务协同发展需要构建相应的电子商务与产业协同发展体系，其路径为产业内企业协同竞争与产业间互惠共生有机统一。

### 1. 电子商务与产业数字化转型

电子商务与产业数字化之间联系紧密，电子商务在一定程度上可以理解为产业数字化 1.0 阶段，即电子商务模式是产业数字化的具体表现形式之一。数字经济的核心内涵包括数字产业化和产业数字化。产业数字化可以理解为传统产业通过信息化、数字化及智能化实现生产方式和产业组织的数字

---

① 王耀德、许其彬：《电子商务价值生态系统的构建》，《技术经济与管理研究》2018 年第 2 期。

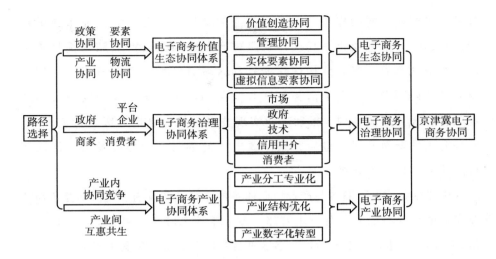

**图 1-1　京津冀电子商务协同发展分析框架**

化重塑，包括工业、农业、服务业的数字化转型。电子商务基于互联网平台将传统农业、制造业、服务业的产品和服务交易搬到线上进行，实现产业交易模式的网络化和数字化。因此，电子商务有助于推动企业和产业数字化转型升级。

### 2.京津冀电子商务与产业协同体系

电子商务有助于产业结构升级[①]，促进产业分工专业化，来推动产业集聚[②]，最终实现与产业集群协同发展。其中，产业结构升级是包含技术升级、制造升级、营销升级、服务升级的全方位智能化升级。

京津冀电子商务与产业协同发展需构建以产业分工专业化为前提，以产业结构优化为重要手段，以产业数字化转型为最终目的的京津冀电子商务与产业协同发展体系。首先，京津冀产业协同发展的前提是区域错位发展，产业分工明确。京津冀产业分工专业化能推动产业在区域内、区域间形成集聚，产业集聚效应能更好地实现优势互补、价值共创，充

---

① 李建琴、孙薇：《电子商务对产业结构升级的传导机制研究》，《产经评论》2020 年第 4 期。

② 余福茂、孙晓莉：《电子商务驱动产业集群供应链协同机制案例研究》，《科技管理研究》2018 年第 2 期。

分发挥出产业协同的作用。电子商务能突破地域限制，让产业布局更合理，有助于分工专业化。其次，京津冀产业协同需要产业结构优化来提供内在协同动力，产业结构优化能推动区域经济增长动能升级，促进京津冀产业协同发展。电子商务依托互联网和数字技术，能深度与实体产业融合，优化产业结构，推动产业实现技术升级、制造升级、营销升级、服务升级的全面升级。最后，京津冀电子商务与产业协同发展，推动传统产业数字化转型升级。

构建京津冀电子商务与产业协同体系的路径是产业内企业协同竞争与产业间互惠共生相统一。在产业内部，各企业动态博弈，相互学习、相互竞争，共同发展进步；在产业间，各企业优势互补，形成完善的产业链、供应链、价值链，互惠共生。

## 四 基于电子商务平台治理的考虑

电子商务的跨界性、虚拟性和信息不对称，是造成电子商务平台监管难、治理难的重要原因。京津冀电子商务平台治理不仅是对平台自身、商家、消费者等单个主体的治理，更需要基于政府、电商平台、商家、消费者的多元主体来共同构建京津冀电子商务与治理协同体系。

### 1.电子商务平台信用问题

平台是一种新型商业模式，通过智能匹配双边或多边市场主体的需求，作为中介来促进交易和合作完成，并从中获得收益。因此，平台负有维护秩序、提供信息、促进诚信交易的义务[①]。在通常情况下，平台为了获得更多的用户流量和销售额度会出现失信的情况。主要体现在三个方面。一是虚假宣传，通过夸张的标题和促销优惠来吸引消费者关注。二是监管不严。平台自治监管包括事前准入、事中管理、事后处罚等实体和程序规则[②]。平台自

---

[①] 王银枝、仲伟霞：《平台型电子商务诚信生态失衡及其治理》，《学习论坛》2020 年第 9 期。

[②] 姚辉、阙梓冰：《电商平台中的自治与法治——兼议平台治理中的司法态度》，《求是学刊》2020 年第 4 期。

治监管的某个环节出问题都会导致消费者权益受到损害。三是平台配套服务不完善，比如平台售后服务态度差，不能及时高效调解商家与消费者利益矛盾。这些看似是平台本身的问题，但究其根本，与电子商务生态中的各个主体、各个环节都密切相关。因此，有效解决电子商务平台信用问题，推动电子商务平台治理的根本方法是构建协同的电子商务监管和治理体系。

### 2.京津冀电子商务与治理协同体系

电子商务市场交易主体的复杂性、远程性、交易记录可更改性及虚拟性等，导致其面临的信用问题比实体交易市场更加突出[①]。信用机制能有效解决电子商务信用问题[②]；同时，电子商务市场交易主体动态博弈能促进电商监管内在协同。两者共同促进电商治理协同发展。

京津冀电子商务与治理协同发展需从政府、市场、信用中介、技术、消费者等五方面构建以市场为主导，政府引导为辅助，技术为关键支撑，信用中介和消费者为重要参与者的京津冀电子商务与治理协同体系，推动京津冀电子商务监管和治理协同。构建京津冀电子商务与治理协同体系的路径是政府、电商平台、商家、消费者的多元监督和治理协同。政府进行电子商务平台治理的顶层设计，电商平台、商家、消费者在信用监管中相互作用、相互影响，实现电商监管与治理的动态均衡。

## 第五节　结论及进一步讨论的问题

京津冀电子商务协同是京津冀协同发展的重要方面。当前，京津冀电子商务协同发展取得了较大成效，但仍面临着许多制约因素和挑战。京津冀电子商务协同发展的理论研究还存在较大发展空间。本章基于京津冀电子商务

---

① 韩月辉：《电子商务环境下的信用机制研究》，《中国商论》2017 年第 7 期；胡园：《电子商务环境下的信用机制研究》，《中国战略新兴产业》2016 年第 28 期。
② 李胜连、曹少杰、杨兆廷：《信用机制重构与绿色金融支持雄安新区产业发展》，《金融理论与实践》2020 年第 8 期。

生态价值协同、产业协同、治理协同构建理论分析框架，在一定程度上有助于京津冀电子商务协同发展。随着国家对数字平台监管的政策日趋完善，对数据安全、数据确权给予更高关注，京津冀电子商务协同发展的理论分析将不断创新。

# 第二章

# 京津冀电子商务协同发展的现状与问题

20 世纪 90 年代，在信息技术的引领下，京津冀地区电子商务进入萌芽阶段。经过 20 余年的发展，京津冀电子商务产业在京津冀协同发展战略和疏解北京非首都功能战略的大背景下，已成为促进京津冀地区经济增长的重要力量。在京津冀电子商务发展过程中，各地政府因地制宜，探索出了四种区域电子商务协同发展的模式，对我国乃至世界电子商务协同发展具有重要示范效应。同时，由于产业发展不协同、要素支撑体系不完善、电商与物流快递发展不协同、体制机制滞后等方面的原因，京津冀地区在电子商务协同发展过程中也出现了一些问题。京津冀地区唯有正视并解决这些问题，才能保持电子商务长期健康发展。

## 第一节　京津冀电子商务协同发展的背景

京津冀电子商务协同发展是在我国电子商务不断成长、京津冀一体化战略不断推进的双重背景下进行的。在此期间，北京市也根据自身发展状况，对自身城市发展功能定位做出了数次调整，每一次调整都对京津冀未来电子商务的协同发展产生了重要影响。

### 一　我国电子商务发展历程

从 20 世纪 90 年代末算起，电子商务在我国已走过 20 余年的发展历程，已成为当今社会重要的经济形态。如图 2-1 所示，2021 年，我国电商交易额达到 42.3 万亿元，同比增长 19.6%①。按交易主体分，对单位电商交易额 24.8 万亿元，同比增长 18.8%；对个人电商交易额 17.5 万亿元，同比增长 20.6%。按交易对象分，商品类电商交易额 31.3 万亿元，同比增长 16.6%；服务类电商交易额 11 万亿元，同比下降 28.9%。按地区分，东部地区电商交易额 27.4 万亿元，同比增长 18.2%；中部地区电商交易额 7.1 万亿元，同比增长 22.6%；西部地区电商交易额 6.5 万亿元，同比增长 24.2%；东北地区电商交易额 1.3 万亿元，同比增长 11.8%。近十年来，我国电商交易额不断增长，在数字化时代显示出磅礴的生命力。

图 2-1　2011~2021 年中国电商交易额情况

资料来源：商务部《中国电子商务报告（2021）》，中国商务出版社，2022。

1997 年 5 月，中国第一家网上书店——中国现代书店——正式上线运营，网上购物逐渐进入普通民众生活中，但此时的电商交易仍以 B2B 交易为主。1999 年起，我国的 B2C 电子商务网站开始爆发，8848 网、当当、携程、阿里巴巴等网站相继建立，这些网站在短短数年时间内克服重重困难生存下来，培育了我国最早的一批电商消费者。

———————

① 由于统计口径调整，同比增速数据按可比口径计算。商务部：《中国电子商务报告（2021）》，中国商务出版社，2022。

2003 年，淘宝网正式上线运营，揭开了我国电子商务大规模发展的序幕。面对当时全球零售巨头 eBay 的绞杀，淘宝依靠对商家免费的战略迅速吸引了大量的商家入驻，同时获得了消费者的青睐。eBay 在与淘宝的竞争中最终失败并退出中国市场，而淘宝开启的免费模式成为后来互联网运营的重要模式，并进一步发展成补贴模式。2004 年，阿里巴巴正式推出支付宝这一具有划时代意义的产品，支付技术的变革为电子商务发展插上了腾飞的翅膀，也奠定了淘宝在中国电商行业的龙头地位。

2003~2015 年，我国网民规模的迅速增长为电商发展培育了庞大的消费市场，信用、支付、物流等业务的发展进一步为电商发展提供了良好的支撑体系，由此带动了我国电商发展模式的创新与变革。在 B2C 领域，天猫、京东、苏宁、国美、凡客等电商巨头兴起。这些电商大多学习亚马逊的营销模式，将网站不断做大，销售商品的种类越来越多、划分越来越细，以追求长尾效应，留住客户。在团购领域，美团、窝窝网、去哪儿网、58 同城等网站异军突起，各网站为了争夺市场，不断发动价格战、补贴战、广告战，最终经过激烈搏杀，美团、大众点评、糯米成为电商团购领域的三大寡头。在打车软件领域，滴滴打车和快的打车的补贴大战轰动市场，双方在背后资本的加持下共发放各项补贴近 40 亿元，巨大的补贴额度也令 Uber 被迫退出中国市场[1]。

这期间，我国电子商务企业经历了最为激烈的竞争局面，在这场厮杀中存活下来的企业也成为后来引领我国电子商务各领域发展的排头兵。

自 2015 年起，我国电子商务已经处于全球第一梯队，朝着引领世界电商发展的格局迈进。各大电商之间的搏杀渐行渐远，彼此间的合作成为主流，内容电商与社交电商逐渐主导了电子商务的发展方向。

2015 年，合作与合并是电商发展的主旋律，滴滴打车与快的打车合并、58 同城与赶集网合并、阿里巴巴与苏宁相互持股、美团与大众点评合并、

---

① 朱琳、史元：《互联网企业竞争下的生存选择——基于滴滴快的合并案例分析》，《中国市场》2017 年第 13 期。

携程与去哪儿网合作等一系列操作重构了电商企业格局，电商行业领头羊的原有的垄断地位更加显著，在国际市场上的竞争力也更强（见表2-1）。

表2-1　2015年部分典型电子商务网站合并案例

| 时间 | 合并主体 | 合并结果 |
| --- | --- | --- |
| 2015年2月14日 | 滴滴打车、快的打车 | 成立滴滴出行，业务范围涵盖出租车、顺风车、专车、快车等多种内容；快的原有管理层后来退出联合管理，快的逐渐消失 |
| 2015年4月17日 | 58同城、赶集网 | 58同城通过现金购买和股票交易的形式取得赶集网43.2%的股权，双方由此建立战略利益关系；同时，两个品牌网站适当进行差异化、独立化管理，以保留各自特点和创新力；双方建立联席CEO制度 |
| 2015年10月8日 | 大众点评、美团 | 双方成立新公司，美团主要负责新公司的餐饮等高需求量业务，大众点评负责婚庆、会议等低需求量但具有高服务质量要求的业务；美团及其原有人员逐渐占据新公司的主导地位 |
| 2015年10月26日 | 携程、去哪儿网 | 携程通过现金购买和股票交易等形式取得去哪儿网45%的股权，百度则取得携程近四分之一的投票权；去哪儿网继续作为独立品牌经营，由携程接管 |
| 2015年12月7日 | 百合网、世纪佳缘 | 双方建立联席管理制度，百合网接管世纪佳缘，世纪佳缘从美股退市 |

资料来源：根据媒体及相关公开资料整理。

在内容电商领域，今日头条虽是后起之秀，却大有后来居上之势，并继阿里系、腾讯系、百度系之后，开创了与之并肩的头条系。内容电商使得客户在购买商品时由主动搜索向被动匹配转化，迎合了客户的购买需求。今日头条App、抖音、蘑菇街、小红书等软件通过跟踪用户的浏览记录和消费习惯，利用大数据和内容算法了解客户喜好，精确匹配客户需求，定向推送相关产品，成为其不断拓展市场份额的商业手段。

在社交电商领域，腾讯是其中的佼佼者。以微信App为核心，以微信支付、公众号、小程序、朋友圈等为营销渠道的电商生态不断壮大，微信的社交属性使其具有强大的客户黏性，成为世界范围内电商创新发展的示范者。

## 二 京津冀协同发展历程

改革开放后，京津冀协同发展由构想逐步转变为现实。1982 年发布的《北京市总体城市规划》第一次提出了"首都圈"的概念，国家成立了包括北京、天津、河北、内蒙古、山西 5 地在内的华北经济技术协作区①。1986 年，时任天津市市长李瑞环为解决环渤海地区协同发展问题，倡导成立了环渤海地区市长联席会，成为京津冀地区最早的正式区域协同体系，开启了京津冀协同发展的大门。

1988 年，环京经济协作区成立，形成了以北京为中心，辐射河北唐山、廊坊、张家口、承德等 10 个地级市的，面积达 1.5 万平方公里的大型区域经济合作体系。北京开始依托自身优势带动周边地市发展，并在随后制定的《北京城市总体规划（1991 年－2010 年）》中明确提出要利用北京的科技、人才优势，通过联合建设生产基地、加强技术协作等方式推动津冀两地经济发展。在此过程中，河北省一直积极主动提出环抱京津的战略，从 1986 年的"依托京津，共同发展"，到 1993 年的"依托京津，服务京津，优势互补，共同发展"，再到 1995 年的"两环开放带动"战略，河北渴望再造京津冀版"长三角"的意愿尤为强烈。

1996 年，北京出台的《北京市经济发展战略研究报告》首次提出"首都经济圈"的概念，强调环首都各地在经济发展过程中要加强开放合作。天津也在城市规划中提出建设环渤海地区经济中心的意愿。2002 年，两院院士吴良镛在其所著的《京津冀地区城乡空间发展规划研究》中首次提出"大北京"的概念，主张通过建设世界级的大都市圈带动整个大北京地区繁荣发展②。此次规划研究共经历了三期报告，最终版的京津冀规划在城乡建

---

① 李东泉、韩光辉：《1949 年以来北京城市规划与城市发展的关系探析——以 1949－2004 年间的北京城市总体规划为例》，《北京社会科学》2013 年第 5 期。

② 《京津冀地区城乡空间发展规划研究》，《建设科技》2017 年第 20 期。

设、交通布局、文化布局、生态布局四大重点领域形成了"四位一体"的
理念。这一理念直接影响了《北京城市总体规划（2004 年–2020 年）》的
制定，并为之后不久"京津保 京津承 京津唐"3 个"金三角"规划的
出台埋下伏笔。

综观这一时期的京津冀的协同发展，更多的是停留在政策层面和概念层
面，实质性的推动工作稍显不足。

2004 年 2 月，国家发改委召集京津冀三地九市发改委负责同志在廊坊召
开区域经济协同发展研讨会，就京津冀协同发展达成全面共识，史称"廊坊
共识"。廊坊共识强调京津冀协同发展要突破体制机制障碍，启动京津冀区域
发展的统一规划编制工作，统筹协调京津冀经济民生、产业布局、基础设施、
资源环境等领域出现的问题。同时，"廊坊共识"强调设立定期协商制度，并
建立省市长级联席会议制度，这意味着京津冀协同发展进入常态化合作阶段。

2004 年 6 月，国家发改委、商务部会同京津冀等五省二市在廊坊召开
环渤海合作研讨会并达成《环渤海区域合作框架》；同年 11 月，国家发改
委正式启动《京津冀都市圈区域规划》的编制工作，开始从国家层面对京
津冀协同发展进行战略规划和统筹协调。2005 年，北京市出台《北京城市
总体规划（2004 年–2020 年）》，明确提出"积极推进环渤海地区的经济合
作与协调发展，加强京津冀地区在产业发展、生态建设、环境保护、城镇空
间与基础设施布局等方面的协调发展"，标志着北京开始积极主动寻求与天
津和河北地区的长远战略合作①。另外，国务院批复的《天津市城市总体规
划（2004–2020 年）》明确指出，"特别要注意加强与北京市的协调，实现
优势互补、协调发展，提高为首都、环渤海以及北方地区服务的功能"②。
2005 年 6 月，国家发改委在唐山召开京津冀规划区域工作座谈会，就人才
交流、交通、环保等问题交换了意见。2008 年 2 月，第一次京津冀发改委
区域工作联席会于天津召开，会上明确京津冀发改部门将建立统一的工作信

---

① 北京市人民政府：《北京城市总体规划（2004 年–2020 年）》，《北京规划建设》2006 年第
5 期。
② 国务院：《国务院关于天津市城市总体规划的批复》，2006。

息系统，定期向国家和省级层面汇报。

这一时期，京津冀地区的协同发展从原先的"纸面共识"阶段转向实际建设阶段，各种协同发展措施如雨后春笋般涌现。河北仍在寻求通过京津冀协同发展提升自身发展水平，北京和天津基于自身发展需求，开始更加积极主动地谋求京津冀协同发展。

## 三　北京市城市发展功能定位调整经历

功能定位是城市发展的核心目标，它把控着城市发展的整体进程，约束着城市发展的方向与体量，规范着城市发展的政策与框架。在京津冀协同发展的过程中，北京市的城市发展功能定位也随之经历了数次调整。每一次调整的背后都体现了北京市基于自身发展特质和京津冀协同发展的整体考量。

表 2-2　1982 年至今北京市城市发展功能定位调整

| 年份 | 文件 | 定位 | 特点 |
|------|------|------|------|
| 1982 | 《北京城市建设总体规划方案》 | 政治中心、文化中心、国际交往中心 | 提出北京发展要"适合首都特点"的建议，不再大规模发展重工业 |
| 1992 | 《北京城市总体规划（1991 年-2010 年）》 | 政治、文化中心，世界著名古都，现代国际城市 | 第三产业地位上升 |
| 2004 | 《北京城市总体规划（2004 年-2020 年）》 | 国家首都、世界城市、文化名城、宜居城市 | 建设"两轴-两带-多中心"的城市发展格局；以北京奥运会为契机推动北京城市功能设施建设；强调与京冀对接；强调国际视野 |
| 2017 | 《北京城市总体规划（2016 年-2035 年）》 | 全国政治中心、文化中心、国际交往中心、科技创新中心 | 疏解北京非首都功能，包括一般性制造业、部分区域物流基地和批发市场、部分医疗和教育机构、部分行政事业单位 |

资料来源：根据各年城市规划公开资料整理。

1982 年，北京市出台了《北京城市建设总体规划方案》，正式将北京定位为我国的"政治中心、文化中心、国际交往中心"。这是"文化大革命"之后北京市出台的首部规划方案，相较于以往的北京市发展规划，

1982 年版的规划方案提出了北京发展要"适合首都特点"的明确建议，不再考虑在北京地区大规模发展重工业，并删去了之前规划中对北京市在全国"经济中心"地位的表述①。此时的发展规划更多基于北京自身层面的考量，对京津冀协同发展刚刚起步的萌芽阶段而言，这部发展规划显得势微言轻。

随着我国改革开放的不断推进和市场经济的逐步发展，北京市的发展格局、发展环境也迅速发生变化。1992 年，基于北京市城市化进程迅速加快、"城市病"不断涌现的现实考量，国务院批准通过了《北京城市总体规划（1991 年-2010 年）》。这次规划基本上延续了 1982 年对北京城市功能定位的表述，提出将北京市建设为我国"政治、文化中心，世界著名古都，现代国际城市"的目标，并再次提出发展与首都特质相匹配的经济的论调。与之前规划相区别，1992 年版的北京发展规划更加注重第三产业在经济发展中的重要地位，这是北京经济结构高级化的必然路径。但是，建设政治中心、文化中心依然是这一时期北京城市功能发展的主旋律，北京市功能定位也未完全融入京津冀协同发展大局。

2004 年，京津冀三地发改委负责人在国家发改委的协调下达成"廊坊共识"，京津冀一体化协同发展开始迈出实质性步伐。在融合发展的大背景下，北京市在 2004 年正式出台的《北京城市总体规划（2004 年-2020 年）》中对北京城市发展功能提出了更高要求，将北京定位为"国家首都，世界城市，文化名城，宜居城市"，提出建设"两轴-两带-多中心"的城市发展格局②。相较于之前的功能定位，2004 年的北京城市功能定位有几个明显特点。第一，注重以北京奥运会为契机推动北京城市功能设施建设。北京奥运会的筹备带动了北京整体基础设施的建设发展，同时极大提升了北京的国际形象和国际地位，这也是北京定位为"世界城市，文化名城"的重要

---

① 李东泉、韩光辉：《1949 年以来北京城市规划与城市发展的关系探析——以 1949-2004 年间的北京城市总体规划为例》，《北京社会科学》2013 年第 5 期。
② 北京市人民政府：《北京城市总体规划（2004 年-2020 年）》，《北京规划建设》2005 年第 2 期。

动力。第二，注重与天津和河北的发展对接。在改革开放红利下，北京的经济发展取得了巨大成就，开始逐步带动周边地市的发展。北京与天津、河北的合作早期主要聚焦于纺织业、化工业、能源行业等传统制造业。随着自身的产业升级，北京后期合作逐渐拓展到高新技术产业和服务业，并在环保、人文、绿色发展等产业上加强交流。第三，强调国际视野。建设首都国际化大都市，既是京津冀协同发展中所必然追求的目标，也是北京不断推动对外开放、提升国际影响力的必然措施。

2015 年后，治理大城市病、疏解北京非首都功能成为北京的第一要务。截至 2015 年，京津冀协同发展在产业布局、交通、环保、经济发展等领域取得了一定的成就，北京市也已发展为我国北方的中心城市和具有一定国际影响力的大都市。此时，北京市发展的障碍已不再是向外发展的动力不足，而是内部体系庞大造成的内部难以协调发展的问题，这种问题根源上是北京城市发展功能过多导致的。因此，为了强化北京的首都核心功能，弱化不适宜北京发展的非首都功能，兼顾京津冀协调发展大局，习近平总书记做出了疏解北京非首都功能的重大战略决策。如图 2-2 所示，通过政府引导与市场机制相结合的形式，北京将集中疏解四类对象，包括一般性制造业、部分区域物流基地和批发市场、部分医疗和教育机构、部分行政事业单位，从而改变北京过于臃肿的城市发展功能[①]。

2017 年，国务院正式批复同意《北京城市总体规划（2016 年－2035 年）》，将北京城市发展功能定位为"全国政治中心、文化中心、国际交往中心、科技创新中心"。此次定位一方面突出了科技创新在北京城市发展中的引领作用，另一方面是在疏解北京非首都功能的背景下，北京市做出产业专业的战略抉择。到 2030 年，北京将实现城市功能发展重点布局，推动疏解承载地发展均衡布局，以推动北京和承载地双方城市化进程和城市服务水平的提升[②]。

---

[①] 北京市人民政府官网，http：//www.beijing.gov.cn/ywdt/zwzt/sjfsdgn/。

[②] 北京市人民政府官网，http：//www.beijing.gov.cn/ywdt/zwzt/sjfsdgn/。

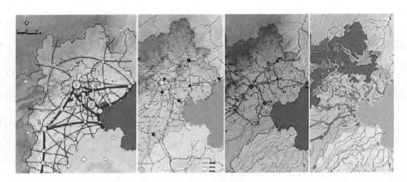

图 2-2 《京津冀地区城乡空间发展规划三期报告》中对京津冀
城乡、交通、文化、生态一体化发展的构想示意

资料来源：《京津冀地区城乡空间发展规划研究》，《建设科技》2017 年第 20 期。

## 第二节 京津冀电子商务协同发展的历程

京津冀电子商务协同发展是多方面的，既有地方政府之间的主动协同，也有国家部委的积极作为；既有产业层面的协同，也有物流、交通、资本层面的协同；既有小范围的以产业园为基础的协同，也有更大领域的"京津冀+跨境电商"式的协同。京津冀电子商务协同发展一直处于不断探索、不断创新过程中，为我国乃至世界范围内电子商务协同发展提供了积极示范作用。

### 一 京津冀电子商务协同发展的历程

京津冀电子商务协同发展伴随着京津冀一体化战略的推进而不断完善。在京津冀三地政府的积极推动下，京津冀电子商务协同发展经历了从早期的各自发展，到 2004 年起达成区域全面共识，最后在 2015 年上升为国家战略三个阶段。

1. 2004年之前：各自发展阶段

在 2004 年之前，我国电子商务整体处于萌芽发展期，京津冀三地电子商务尚未形成统一的协同发展节奏，生存成为电子商务的第一要务。京东集团的发展是早期京津冀电子商务发展的一个缩影。1998 年 6 月 18 日，刘强东在北京中关村租下一个 4 平方米的柜台，并创办了京东集团的前身——京东多媒体，开启了在无资金、无团队情况下的电商创业之旅。彼时的中关村大卖场也成为北京早期零售业的中心发展区，正品与假货并存，商业信用体系尚未建立。与此同时，与电子商务发展密切相关的互联网产业也正处于起步阶段，截至 2003 年底，北京市城镇地区每百户居民拥有计算机 68 台，网络普及率达到 28%，网络光纤长度达 4.5 万芯公里；北京网站站点数量 12 万个，CN 域名 8.4 万个，占全国的比例均超过 20%①。北京在全国互联网领域的龙头地位为未来电子商务的发展奠定了重要基础。凭借着信息技术优势，在当时的京津冀电子商务发展中，北京一家独大，而津冀两地处于萌芽期。津冀两地并未培育出本土化的具有一定影响力的电商企业，外地输入的电子商务理念成为津冀两地早期发展的样板。

2. 2004～2015 年：区域全面共识阶段

2004 年，京津冀三地达成"廊坊共识"，开始迈出电子商务协同发展的实质性步伐。这一阶段，京津冀三地抓住互联网迅速发展的红利期，大力发展适合本地区的电子商务产业。北京在这一时期汇集了众多电商龙头企业入驻，包括美团、当当、去哪儿网、聚美优品等，京东多媒体也在 2004 年正式转变为以电子商务业务为主的京东集团。大型电商平台的聚集为北京发展数字金融、跨境电商，引领带动津冀电商产业发展创造了条件。天津于 2011 年成立"创建国家电子商务示范城市工作领导小组"，并于当年正式获批国家电子商务示范城市。河北省则在这一时期大力发展特色电商产业，典型的如河北白沟皮箱产业、"大槐树"特色农产品产业、清河羊绒产业等电商产业不断发展壮大。这一时期，众多具有地方特色的工艺品和农产品从河北销往京津两地，以京津为市场的需求导向型路径成为河北电商企业发展壮大的重要手段。

---

① 天拓智投：《北京市电子商务发展报告 2004》，中国发展出版社，2005。

### 3.2015年之后：国家战略阶段

2015 年，以京津冀协同发展上升为国家战略为契机，京津冀电子商务协同发展也迎来了第二春。当年，京津冀三地政府部门负责人在天津达成了《关于进一步推动落实京津冀市场一体化行动方案的天津共识》，寻求建立京津冀三地电子商务市场化协同路径，并加强三地电子商务管理机构的沟通交流。2017 年 5 月，京津冀三省市的电子商务协会达成共识，联合出台了《京津冀电子商务协会协同发展五年行动纲要》，探索将三地电子商务发展与产业发展深度结合，实现优势互补和均衡发展的新格局。北京重点建设电子商务企业总部，并引导发展跨境电商服务；天津则依托自贸区和港口优势发展跨境电商、电商产业基地等；河北则在承接京津两地产业转移的基础上，大力发展物流、仓储、生产加工等业务，并努力实现电子商务的跨越式发展，依靠特色产业推动农村贫困地区脱贫攻坚。

2011~2021 年，北京市网上零售额由 298 亿元增至 5392 亿元，增长超过 17 倍，占全国实物商品网上零售额的 1/20，占社会消费品零售额的比重从 4.3%增至 36.3%，对社会消费品零售额的贡献率提高了近 50 个百分点，全市开展网上零售业务的批发零售企业 1271 家，其中亿元规模以上企业达到 214 家，电子商务新经济快速发展，带动实体产业加速转型，形成了新的经济增长点①。2021 年天津社会消费品零售额增长 5.2%，其中限额以上社会消费品零售额增长 7.5%。限额以上商品网上零售额增长 8.0%，占限上社会消费品零售额比重达 26.2%②。2021 年河北实物商品网上零售额 2877.2 亿元，比上年增长 22.0%；占社会消费品零售额的比重为 21.3%，比上年提高 1.6 个百分点③。在京津冀电子商务协同发展的大背景下，三地的电商产业将有更大作为。

---

① 《电子商务已成拉动首都经济增长新引擎》，人民网，2022 年 9 月 1 日，http://bj.people.com.cn/n2/2022/0902/c233088-40107966.html。

② 天津市统计局：《2021 年天津市国民经济和社会发展统计公报》，2022 年 3 月 4 日，https://stats.tj.gov.cn/tjsj_52032/tjgb/202203/t20220314_5828586.html。

③ 河北省统计局：《河北省 2021 年国民经济和社会发展统计公报》，2022 年 2 月 25 日，http://tjj.hebei.gov.cn/hetj/app/tjgb/101642400676310.html。

## 二 京津冀电子商务协同发展的政策

### 1. 国家及部委层面

电子商务作为信息技术和市场化经济的产物，已成为近 20 年来发展最快的经济形态之一，同时也促进了大批传统产业的转型升级。我国自电子商务产生以来，便高度重视电子商务的健康发展。国家各部门相继出台了多个政策来规范、引导、支持电子商务的发展，以加强对电子商务的顶层设计。京津冀地区作为我国经济发展最有活力的地区之一，也在不遗余力地发展电子商务，而国家各部门政策的出台为电商发展培育了良好的环境基础。

如表 2-3 所示，国家各部委出台的政策文件可以大致划分为三部分。一是电子商务的规划发展文件；二是电子商务的支撑体系文件，如推动发展电子发票、物流、仓储等业态的文件；三是推动电子商务与其他行业相结合的政策文件，如发展农产品的电商服务、推动工业电商发展的政策等。这些政策文件在国家宏观层面构成了京津冀地区发展电子商务的指路灯。

表 2-3 国务院及相关部门出台的促进电子商务发展的政策文件

| 时间 | 部门 | 政策文件 |
|---|---|---|
| 2005 年 1 月 | 国务院 | 《国务院办公厅关于加快电子商务发展的若干意见》 |
| 2009 年 4 月 | 商务部 | 《电子商务模式规范》 |
| 2013 年 2 月 | 国家税务总局 | 《网络发票管理办法》 |
| 2013 年 2 月 | 国务院 | 《国务院关于推进物联网有序健康发展的指导意见》 |
| 2013 年 4 月 | 国家发改委 | 《关于进一步促进电子商务健康快速发展有关工作的通知》 |
| 2014 年 1 月 | 国家工商总局 | 《网络交易管理办法》 |
| 2014 年 4 月 | 中国人民银行、银监会 | 《关于加强商业银行与第三方支付机构合作业务管理的通知》 |
| 2015 年 5 月 | 国务院 | 《关于大力发展电子商务加快培育经济新动力的意见》 |
| 2015 年 9 月 | 国务院 | 《国务院办公厅关于推进线上线下互动加快商贸流通创新发展转型升级的意见》 |
| 2015 年 11 月 | 国务院 | 《国务院办公厅关于促进农村电子商务加快发展的指导意见》 |

续表

| 时间 | 部门 | 政策文件 |
|---|---|---|
| 2016 年 2 月 | 国家发改委 | 《"十三五"时期京津冀国民经济和社会发展规划》 |
| 2016 年 12 月 | 商务部、中央网信办等 | 《电子商务"十三五"发展规划》 |
| 2017 年 4 月 | 国家邮政局 | 《京津冀地区快递服务发展"十三五"规划》 |
| 2017 年 8 月 | 商务部、农业农村部 | 《商务部 农业部关于深化农商协作大力发展农产品电子商务的通知》 |
| 2017 年 9 月 | 工信部 | 《工业电子商务发展三年行动计划》 |
| 2017 年 10 月 | 国务院 | 《关于积极推进供应链创新与应用的指导意见》 |
| 2018 年 1 月 | 商务部 | 《国务院办公厅关于推进电子商务与快递物流协同发展的意见》 |
| 2019 年 1 月 | 国务院 | 《中共中央 国务院关于坚持农业农村优先发展做好"三农"工作的若干意见》 |
| 2019 年 2 月 | 商务部 | 《商务部等 12 部门关于推进商品交易市场发展平台经济的指导意见》 |
| 2019 年 4 月 | 国务院 | 《中共中央 国务院关于建立健全城乡融合发展体制机制和政策体系的意见》 |
| 2019 年 6 月 | 国家邮政局、商务部 | 《国家邮政局 商务部关于规范快递与电子商务数据互联共享的指导意见》 |
| 2019 年 8 月 | 国务院 | 《国务院关于同意新设 6 个自由贸易试验区的批复》 |
| 2019 年 8 月 | 国务院 | 《国务院办公厅关于加快发展流通促进商业消费的意见》 |
| 2019 年 10 月 | 国家发改委、中央网信办 | 《国家数字经济创新发展试验区实施方案》 |
| 2020 年 9 月 | 国务院 | 《国务院办公厅关于以新业态新模式引领新型消费加快发展的意见》 |
| 2020 年 4 月 | 农业农村部 | 《关于加快农产品仓储保险冷链设施建设的实施意见》 |
| 2020 年 4 月 | 商务部 | 《商务部关于统筹推进商务系统消费促进重点工作的指导意见》 |
| 2020 年 5 月 | 农业农村部 | 《"互联网+"农产品出村进城工程试点工作方案》 |
| 2020 年 5 月 | 财政部、商务部、国务院扶贫办 | 《关于做好 2020 年电子商务进农村综合示范工作的通知》 |
| 2020 年 7 月 | 国家发改委、中央网信办、工信部、教育部 | 《关于支持新业态新模式健康发展激活消费市场带动扩大就业的意见》 |
| 2021 年 10 月 | 商务部、中央网信办、国家发改委 | 《"十四五"电子商务发展规划》 |

资料来源：根据公开资料整理。

2.京津冀地方层面

如表2-4所示，2013～2021年，北京、天津和河北三地根据国家电子商务发展政策，相继出台了适应自身发展的配套政策。这些政策文件大多由省级政府，或是省内的发改、商务、财政、邮政等与电商发展关系较为密切的部门牵头制定，旨在把握电子商务发展的前沿趋势，抢占电商发展制高点，培育适合本地电商发展的土壤。综合各地的政策文件而言，京津冀三地的电商发展政策既与国家电商发展政策一脉相承，又显示出各自特点。

第一，京津冀三地电商发展政策有其共性。首先，京津冀都制定了电子商务发展短期规划性纲领，如"三年行动计划"、"十三五"规划等；其次，三地都出台了促进电商配套产业发展的支撑性政策，典型的如快递、物流发展政策；最后，三地的政策措施都注重电子商务的安全、健康发展，为本地电商产业的可持续发展创造了优良的发展环境。

第二，京津冀三地电商发展政策又有其个性。北京的电商政策注重与疏解北京非首都功能相结合，积极带动周边县市的产业发展。2015年10月，在北京市电子商务发展大会上，北京市与河北省廊坊市签署战略合作协议，两地将以北京大兴新区为依托，在电商发展示范区和电商发展基金建设、电商人才培养等七大领域展开深层次合作，形成北京和廊坊互利共赢的良好格局[1]。天津市有多项政策与促进电子商务基地的发展相关，这与天津享有自贸区、保税区和港口优势密切相关。河北则十分注重借助京津冀发展一体化提升自身实力，一方面实行优惠措施吸引北京和天津的资金、人才、技术等要素转移，另一方面通过京津冀三地共同出台规划来平衡河北在协同发展中的弱势地位。

表2-4　京津冀出台的促进电子商务协同发展的政策文件

| 时间 | 部门 | 政策文件 |
| --- | --- | --- |
| 2013年7月 | 北京市人民政府 | 《北京市人民政府关于促进电子商务健康发展的意见》 |
| 2013年12月 | 北京市人民政府 | 《北京市快递安全管理办法》 |
| 2014年4月 | 北京市人民政府 | 《市商务委关于推进本市跨境电子商务发展的实施方案》 |

[1] 《北京大兴和河北廊坊将共建京津冀电商示范区》，载《京华时报》2015年10月13日。

续表

| 时间 | 部门 | 政策文件 |
|---|---|---|
| 2016 年 7 月 | 北京市商务局、市财政局 | 《2016 年度北京地区跨境电子商务建设项目扶持政策》 |
| 2016 年 11 月 | 北京市邮政局、市发改委 | 《北京市"十三五"时期邮政业发展规划》 |
| 2017 年 4 月 | 北京市商务局 | 《北京市"十三五"时期电子商务发展规划》 |
| 2019 年 7 月 | 北京市邮政局、市商务局、市发改委 | 《北京市关于深入推进电子商务与快递物流协同发展实施方案》 |
| 2022 年 1 月 | 北京市商务局 | 《关于进一步推进跨境电子商务创新发展的若干措施》 |
| 2013 年 12 月 | 天津市商务局 | 《天津市发展跨境电子商务扩大出口的实施方案》 |
| 2014 年 2 月 | 天津市人民政府 | 《天津市推进电子商务发展三年行动计划（2014－2016 年）》 |
| 2014 年 3 月 | 天津市商务局 | 《天津市电子商务示范企业评选办法》 |
| 2014 年 3 月 | 天津市商务局 | 《天津市电子商务示范基地认定办法》 |
| 2014 年 12 月 | 天津市市场和质量监督管理委员会 | 《天津关于促进全市电子商务健康发展的若干意见》 |
| 2016 年 6 月 | 天津市河西区投资促进局 | 《河西区吸引京冀企业来区发展的扶持办法》 |
| 2020 年 10 月 | 天津市人民政府 | 《天津市全面深化服务贸易创新发展试点实施方案》 |
| 2014 年 4 月 | 河北省财政厅、省商务厅 | 《河北省电子商务建设专项资金管理办法》 |
| 2014 年 5 月 | 河北省人民政府 | 《河北省电子商务发展三年推进计划（2014－2016 年）》 |
| 2015 年 11 月 | 河北省人民政府办公厅 | 《关于促进跨境电子商务健康快速发展的实施意见》 |
| 2015 年 12 月 | 河北省人民政府办公厅 | 《关于加强互联网领域侵权假冒行为治理实施意见》 |
| 2015 年 12 月 | 河北省发改委、省商务厅 | 《河北省"十三五"电子商务发展规划》 |
| 2021 年 10 月 | 河北省对外开放工作领导小组 | 《河北省促进跨境电子商务健康发展三年行动计划（2021－2023）》 |

资料来源：根据公开资料整理。

## 三　京津冀电子商务协同发展的模式与案例

京津冀地区在发展电子商务过程中，创新发展了 4 种主要的电子商务协同发展模式。各发展模式由点及面，在京津冀地区构建起电子商务协同发展的整体格局。

### 1.电子商务产业园发展模式

电子商务产业园发展模式，即为各地利用自身优势建立电子商务产业园或是电子商务产业基地，从而吸引外地电商企业入驻，达到发展本地电商产业的目的。吸引外地电商的优势一般包括交通便利、税收优惠、土地储备充足、政策扶持等。依托这种模式进行电子商务发展，可以使地方政府以相对较小的成本发挥出最大的经济效益。

### 专栏 2-1 天津京津电子商务产业园

天津京津电子商务产业园位于天津市武清区，是天津市政府于 2014 年将原来的天津地毯产业园变更而来。京津电子商务产业园区位优势明显，此地位于京津冀三省市交汇地区，距离北京市区、天津市区、首都国际机场、天津滨海国际机场均不到一小时车程，极大地方便了人员往来。天津市政府在充分发挥其区位优势的同时，着力推动京津电子商务产业园配套设施的建设，并实施人才引进补贴政策、创业扶持政策、放开落户限制等一系列政策措施，吸引电子商务人才在产业园内安家落户、积极创业。与此同时，产业园对入驻的电商企业制定了专门的优惠措施，相继出台了天津市惠企 21 条、武清区惠企 15 条、扶持小微企业发展 21 条等政策[①]。在区位优越、配套设施齐全、政策落实到位这三大电商发展要素的加持下，京津电子商务产业园在短时间内便实现了巨大发展。仅仅四年时间，产业园便吸引了近 1800 家企业进驻，累积创造税收 58 亿元，成为天津市发展最好、效益最高、前景最明朗的创新基地之一[②]。如今，产业园凭借较为成熟的电商孵化流程，主动吸引掌握现代智能技术的数字化团队入职，同时借助北京和天津的高校科研优势，建设智能技术研究中心、产业研究中心等研究机构，推动园区由电子商务产业园向智能电商产业园转化。京津电子商务产业园作为电商产业园中的佼佼者，是地方政府在发展电子商务初始阶段时较为稳妥的借鉴模式。

资料来源：根据媒体公开资料整理。

---

① 王敏：《天津武清区国资委：落实"惠企 21 条"和"27 条措施"等政策规定助力企业复工复产》，中国战略新兴产业网，2020 年 5 月 10 日，http://www.chinasei.com.cn/ztbd/202005/t20200510_ 34542. html。
② 《天津京津电子商务产业园乘势成事 一个园区的两次转型》，人民网，2018 年 7 月 23 日。

## 2. "互联网+特色产业模式"

"互联网+特色产业模式"的核心在于将电子商务发展与地方特色产业有效融合，通过互联网平台推广本地特色电商产品，按照消费者需求提供特色定制化产品，从而将地方产业打造成有较强吸引力的产业集群。农产品和生产性产品领域是这一模式生存发展的天然土壤，在现代化交通、营销、商贸、物流等配套设施完善的情况下，具有地方特色的产品能迅速形成品牌效应，进一步推动当地产业链、价值链向纵深发展。工业品下乡、农产品进城在"互联网+特色产业模式"的推动下正逐渐成为现实。

### 专栏 2-2　河北白沟箱包产业的发展

河北白沟，一个人口仅 30 万的小镇，因为箱包产业的飞速发展而成为一座经济活跃的小城。如今，河北白沟被誉为"中国箱包之都"，成为年产箱包数量达 8 亿只、年销售额达 450 亿元的中国第一城[1]，民间素有"南义乌、北白沟"的称谓，足见当地箱包产业的活跃。在白沟"箱包经济"的发展过程中，互联网和电子商务的引入功不可没。

箱包业长久以来都是白沟的支柱性产业，截至 2019 年，白沟共有 300 多家规模以上的箱包企业，箱包商标注册量达到 1000 余个，能生产数十万种箱包花色。为推动箱包产业的发展，白沟新城管理委员会大力扶持当地企业开展电商营销，积极引导企业入驻平台进行电商直播，建设电商产业基地。通过在电商平台的积极营销，白沟的箱包产业迅速发展，已形成集箱包、小饰品、鞋帽等产品于一体的产业集群，并带动了布料、塑胶、漆色等上游产业的发展。2014 年，白沟被评为中国电商百强县，并于当年入选全国首批淘宝镇名单[2]。如今，在白沟从事皮箱产业的电商平台包括淘宝、京东、美团、唯品会等大型电商平台，电商数量近两万家，90% 的人从事箱包制造和相关的商贸物流茶行业，已形成了良好的箱包电商生态集群[3]。河北

---

① 陈发明：《"箱包之都"逆风闯市场》，《中国中小企业》2020 年第 10 期。
② 阿里研究院：《中国淘宝村研究报告（2014）》，2014 年 10 月。
③ 王亚男、张一荻：《县域特色产业发展路径研究》，《合作经济与科技》2016 年第 17 期。

白沟形成的借助电子商务发展特色产业、推动产业兴城的模式，正逐渐成为地方政府发展产业经济的重要路径。

资料来源：根据媒体公开资料整理。

### 3. "全方位+多极化发展模式"

"全方位+多极化发展模式"是京津冀三地协同发展中合作层级高、合作领域深，未来也将重点推进电子商务协同发展的模式。这一模式的显著特点是电子商务生态布局不局限于一地，而是通过全领域合作，建立多个电商中心的方式，推动地区间在更大范围内实现电子商务的优势互补和均衡发展。北京大兴区与河北廊坊市合作建立的电子商务示范基地是这一模式的典型代表。

**专栏2-3　大兴区与廊坊市共建京津冀电子商务协同发展示范区**

2015年10月，在北京市举办的"2015年中国电子商务大会"上，河北廊坊市与北京大兴区签署了一项极具创造力的合作协议——《廊坊市人民政府与大兴区人民政府共建京津冀电子商务协同发展示范区战略合作协议》[1]。这份协议是河北省与北京市签署的有史以来最为重大的合作协议，具有三个重要特色。第一，全方位合作模式。根据协议，廊坊市与大兴区将在七大领域开展全方位战略合作，包括建立电商发展示范区、成立电商基金、培养电商发展人才、建立电商服务平台、组建电商联盟、进行电商宣传、完善电商投资平台等，以示范区为基点打造京津冀电商协同发展的示范工程。与此同时，大兴区副区长挂职担任廊坊市委常委、副市长，进一步打通双方协作的行政阻碍。第二，多极化中心模式。此次战略合作充分考虑到北京与河北两地各自的发展优势，将电子商务各功能区分别安置。大兴具有人才、资金、技术优势，双方将在大兴建立电商企业总部；廊坊具有成本、区位、土地优势，双方将在廊坊建立电商区域总部、物流总部和仓储总部；

---

① 《北京大兴和河北廊坊将共建京津冀电商示范区》，载《京华时报》2015年10月13日。

同时，双方将加强人员往来沟通，以横跨京冀两地的大兴机场临空经济区为依托，实现电子商务与实体经济的融合发展。第三，与疏解北京非首都功能相结合。大兴是北京实体经济重地，电子商务产业十分发达。2012年，大兴区被评为"国家电子商务示范基地"，2014年，大兴区被评为"北京电子商务中心区"。截至2014年底，大兴区电商企业营收额达到759亿元，网上销售额达到近600亿元，占北京整体电商企业销售额的40%①。随着北京疏解非首都功能战略的陆续实施，电子商务产业中用地紧张、资源消耗量大、与首都功能不相适应的物流、商贸、加工和部分供应链体系逐渐转移至毗邻大兴的廊坊电商示范区内，一方面为北京腾换出更多发展空间，另一方面为河北电商产业发展输入更多新鲜血液。

资料来源：根据媒体公开资料整理。

### 4."自贸区+跨境电商模式"

"自贸区+跨境电商模式"将京津冀电商产品与国外民众有效对接，进一步扩大了京津冀电子商务发展的全球市场。自贸区依托自身享有的税收、口岸、贸易便利、法治环境优越等服务优势，在开展跨境电商业务时具有强大的虹吸效应，"自贸区+跨境电商模式"是京津冀电子商务未来发展的重要方向。

### 专栏2-4 天津自贸区跨境电商发展

天津自贸区于2014年成立，是我国北方第一个自由贸易试验区。试验区内有东疆保税港区、天津港保税区、滨海新区综合保税区、保税物流园区等具有强大政策优惠措施的园区，对发展跨境电商具有得天独厚的制度优势。智慧物流产业项目是东疆片区的主导产业之一，包括物流科技、货拉拉、招商局集团等在内的大型物流企业相继入驻，推动了园区数字化物流、工程物流、供应链等电商配套产业的快速发展。2015年，天津市正式获批

---

① 《北京大兴和河北廊坊将共建京津冀电商示范区》，载《京华时报》2015年10月13日。

成为我国享有进口保税资格的跨境电商服务试点城市。2016 年，天津市再次获批成为我国跨境电商综合试验区，并出台了《中国（天津）跨境电子商务综合试验区实施方案》。在众多利好措施的加持下，自贸区成功实施了"互联网+外贸"的跨境电商发展路径，推动"关、检、汇、税、物"一体化发展，相继建立了东疆跨境电商公共服务平台、跨境电商产业园、海外分销基地，同时适当放开外资准入限制，引入亚马逊等全球大型电商集团进驻，进一步完善了天津自贸区建设全球跨境电商服务中心的能力。2020 年，即使受到新冠疫情影响，天津跨境电商在前 5 个月的订单出口数量依然达到 75 万单，超过 2019 年全年的出口订单数量，同比增长 20.5%。

资料来源：根据中国（天津）自由贸易试验区官方网站公开资料整理，http://www.china-tjftz.gov.cn/html/cntjzymyqn/portal/index/index.htm。

## 第三节 京津冀电子商务协同发展的经验

京津冀电子商务协同模式是区域电商协同发展的成功范例，在宏观、中观、微观层面都有许多经验值得借鉴。

### 一 强化宏观层面的顶层设计

京津冀电子商务在宏观层面的发展经验主要集中于领导体制、法律政策、地区电商交流和区域协调发展四个方面。自 2015 年京津冀电商发展上升为国家战略以来，电商发展的顶层设计不断强化。

#### 1. 建立统一的领导体制与发展规划

统一的领导体制与发展规划是京津冀电子商务协同发展的首要前提。京津冀地区协调发展，需要树立京津冀"一盘棋"的思想，进行统一规划、合理布局。但是京津冀地区横跨三省市，行政地位上存在首都、直辖市、省级行政区之间的差别；与此同时，京津冀三地在发展电子商务时都是基于自身利益最大化考量，制定的规划和政策难以有效对接，甚至可能出现产业布局重叠、抢占资源的现象。为了协调好整体与局部之间的利益关系，我国于2014年成立京津冀协同发展领导小组，由国务院副总理担任小组组长，实现在国家层面对京津冀协同发展的顶层设计和统一领导，以破除三地各自为政的不利局面。2015年2月，《京津冀协同发展规划纲要》正式通过审议，标志着京津冀协同发展有了统一布局。2016年2月，《"十三五"时期京津冀国民经济和社会发展规划》正式颁布，这是我国首个跨省区的五年发展规划，意味着京津冀三地一盘棋的发展道路有了具体的指向标。在这两份文件的指导下，京津冀地区在产业、交通、能源、金融、科研、物流等领域相继制定了协同发展的规划与政策，并加强了地区间的统一领导。天津滨海新区-中关村科技园由京津两市副市长任双组长；北京通州、天津武清、河北廊坊三地的人才流动实行"一卡通"制度，持"人才卡"的人员在三地享受相同政策；京津冀三地成立京津冀城际铁路投资集团，统一规划三地交通网络；三地银行异地存储、异地结算实现等取得积极进展；在商贸、物流、环保等领域制定统一标准，京津冀领导体制与发展规划的一体化为协同发展奠定了良好基础。

### 2. 完善相关法律与政策

法律与政策是京津冀电子商务协同发展的重要保障。近年来，京津冀三地不断加强法律政策的制定实施，既包括促进京津冀层面协同发展的法律政策，也包括规范京津冀电子商务健康发展的法律政策，完善的法律框架为京津冀地区的电子商务构建了良好的发展环境。在立法层面，自2015年京津冀协同发展上升为国家战略始，京津冀三地便达成《关于加强京津冀人大协同立法的若干意见》。2017年，《京津冀人大立法项目协作办法》正式出台，要求对京津冀三地发展关联性强的事项进行协同立法，彼此间加强协调沟通，对立法进度和立法内容及时通报。在法律实施层面，京津冀三地高院已达成14项合作内容，要求对三地法律实施统一的适用标准，落实执法工作联动机制，实现信息数据的交换共享，成立涉雄安新区案件协调小组，达成了良好的多层次法律协同效果。与此同时，京津冀三地加紧落实《电子商务法》，并发布《京津冀电商服务合同示范文本》，通过23项条款对电商的资质审核、信息检查、产品质量监督等重点项目加强规范，撑起了京津冀电商发展的"蓝天"。

### 3.加强地区之间电子商务交流合作

加强地区之间电子商务的交流是深化务实合作的必要路径。在交流合作过程中，要坚持"引进来"与"走出去"相结合，一方面注重引进外界优秀电子商务企业，充分吸取外地电商产业发展的经验，另一方面注重加强本地电商企业和电商产品的宣传推广能力。京津冀举办的各种电子商务交流论坛是加强电商合作的重要路径，这些论坛形式多样、内容丰富，包括企业论坛、跨境电商论坛、数字贸易论坛、地区合作对接会、农产品产销论坛等。通过论坛的举办，京津冀地区的电商企业能及时了解电商产业发展动态，学习新型发展理念和发展模式，同时提升自身品牌影响力。以2019年8月在石家庄召开的"第三届京津冀蔬果生鲜产销对接高峰论坛"为例，本次论坛吸引了全国各地100多家农业生产企业参展，推广优秀品牌农产品近300种，论坛将建立农产品电商大数据平台，助力农产品企业的信息对接和产品产销的全流程跟踪，并将在论坛结束后进一步完善农产品电商大数据报告机制，为各地农产品企业的后续产销提供指导信息。同时，论坛还与各地大型餐饮企业、农产品生鲜超市、单位食堂等建立合作对接机制，拓宽了农产品的电商销售渠道。

### 4.重视区域协调发展与优势互补

协调发展与优势互补是区域发展的关键手段和重要目标。京津冀三地产业互补性强、各有优势，若有效结合，将能在区域电子商务发展中产生"1+1+1>3"的良好效果。北京作为电子商务中心和经济中心，具有资金、技术、人才优势；天津有自由贸易区和天津港，也有较为发达的制造业，具有港口、税收、国际物流等方面的优势，尤其在发展跨境电子商务时具有得天独厚的政策和区位优势；河北是我国的工业和农业大省，环抱京津，具有物流、空间、劳动力、成本等方面的优势，同时河北省也拥有众多具有地域特色的工业品和农产品，是发展特色电商的重要基础。在疏解北京非首都功能的背景下，津冀两地有效承接北京产业转移，进一步促进了三地的协调发展和优势互补。在电商服贸领域，北京的服装类批发产业转移至河北的白沟、乐城国际贸易城、临港保税区等地区；在物流领域，北京的商贸物流和小商品批发市场转移至廊坊商贸物流城、石家庄北方（国际）农产品物流园、迁安市商贸物流园等地；在仓储领域，北京的仓储产业转移至河北的栗源农产品物流中心、承德农产品冷链仓储中心等地。非首都功能的疏解既扩大了北京市的发展空间，又极大促进了河北省的电商产业发展。

## 二　提高中观层面的行业协同

在中观行业领域，京津冀电子商务一方面推动了产业链向纵深发展，另一方面注重解决行业和地方发展中面临的实际困难，这对我国目前产业结构升级具有重要借鉴意义。

### 1.利用电子商务推动产业链向纵深发展

京津冀传统制造业在国际上的地位和影响力长期处于弱势。如图 2-3 所示，在"研发—生产—销售"的产业链中，国外占据了较高利润的上游研发市场，同时享受下游产品销售市场，而中国居于生产加工环节，既难以接触到核心研发技术，也难以拓展高端产品需求市场，进一步限制了中国培养发展现代产业所需的设计、营销、融资等能力。电子商务有助于打破这一局面，使国内制造业链条向研发和销售领域延伸，为实现现代化产业体系提供平台支撑。

充分发挥电子商务的资源配置效应。电子商务能有效提高资源的流动速度与配置效率。传统的产业发展主要依靠土地、劳动、资本、技术等要素进行驱动，产品销售渠道主要为 B2B 和 B2C 模式，且生产商和消费者之间信息交流不足，限制了交易的产生。电子商务有助于减少交易成本，提高资源需求方搜寻市场信息的速度和精度，缩短生产者和消费者匹配的时间；电商平台和物流产业的快速发展可以使消费者更快地购买商品，了解商品质量，进行售后服务，提高交易双方的满意度，避免不必要的资源浪费；跨境电商能助推大型跨国企业从全球购买原材料，同时将产品销售至全球市场。在数

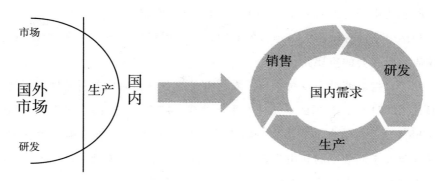

**图 2-3　"研发—生产—销售"产业链**

资料来源：阿里巴巴集团政策研究室《电子商务促进传统产业转型升级白皮书》，2014 年 4 月。

字经济时代，数据作为一种新型生产要素成为资源配置和经济增长的核心力量，电子商务产业所享有的数据信息对实现资源要素的有效配置具有重大作用。总体而言，电子商务能显著降低资源配置的成本，加快商品的周转速度，提高交易效率，最终提高生产者和消费者的总体福利水平。

利用电子商务促进行业数字化转型。电子商务能提高数字技术对传统行业的渗透强度。当前，京津冀地区正处于行业数字化转型的关键阶段，电子商务的赋能作用在推动产业升级中大有裨益。京津冀地区电子商务产业体系形成以电子商务平台为主导，物流、资金流、信息流、运营等协同发展的格局。大型电子商务平台对商家实行开放战略，极大地降低了传统企业入驻电商平台的难度，有利于电子商务与实体产业的深度融合。在农业领域，2020年北京、天津、河北三地分别拥有淘宝村 38 个、39 个和 500 个，为农村电商扶贫做出巨大贡献[①]。在工业领域，京津冀积极建设电子商务发展产业园，促进"双循环"新发展格局下京津冀传统工业的转型发展，试图打造世界级产业集群；在服务业领域，京津冀地区的社区电商、直播导购、无人配送等新零售模式不断涌现，成为服务便民化、快捷化的新引擎。

---

① 阿里研究院：《中国淘宝村研究报告》，2022 年 8 月。

### 2. 利用电子商务解决行业和地区发展的实际问题

利用电子商务助推农村地区发展致富，发展特色产业，是新时代我国全面建成小康社会的重要路径。

发展农村电商助力乡村振兴。农村电子商务是新时代农村地区发展的重要形式。2021 年，我国的城镇化水平已达到 64.72%，然而农村常住人口仍有 4.98 亿①，自给自足的小农经济在农村较为普遍，大量土地、劳动力等要素资源处于低效率的利用状态。农村电商的发展，能够把分散的农村居民生产活动纳入数字化手工业体系中，将农村剩余劳动力、闲置土地、农民较为闲暇分散的时间等生产要素集中起来进行优化重组，促进城乡协调发展。2009 年，我国首次出现了淘宝村，经过 10 余年发展，截至 2022 年 11 月淘宝村已经覆盖全国 28 个省（自治区、直辖市）和 180 个市（地区），数量达到 7780 个，较上年增加 757 个，增速 11%。淘宝镇数量达到 2429 个，增加 258 个，增速 12%②。河北省邢台市平乡县是国家级贫困县，当地通过大力发展农村电商，已成为我国淘宝村数量最多的贫困县。北京则在农村电商发展上另辟蹊径，创新发展出"两馆一卡"模式，"两馆"指线下的消费扶贫中心和线上的电商产品馆，"一卡"指北京市发放的扶贫爱心卡，贫困居民可以依卡消费③。

因地制宜挖掘地方特色产业。地方特色产业能对本地电商发展形成品牌优势。特色产业具有强大的虹吸效应，能够形成较为完善的产业集群，有效促进地区整体经济的发展。河北白沟的箱包经济便是以箱包产业为基础，推动物流、商贸、原材料加工等一系列产业的发展，最终将箱包产业发展为白沟经济发展的支柱产业。河北省武邑县的"电商+科技+农产品"模式是发展地方特色产业又一典型代表。当地政府为促进农产品的发展，专门于2015 年成立农产品生产种植合作社，如京东集团开展"跑步鸡"特色产业项目，养殖的每只鸡脚上都佩戴专门研发的防伪溯源脚环，每日跑步 1 万

---

① 国家统计局：《中华人民共和国 2021 年国民经济和社会发展统计公报》，2022。
② 阿里研究院：《2022 年淘宝村数量达到 7780 个，新增 757 个》，《电商报》2022 年 11 月。
③ 洪涛：《2020 上半年中国农产品电商发展报告》，《中国商论》2020 年第 15 期。

步，达到 100 万步数后才可进入市场销售。"跑步鸡"这项特色产业入选 2016 年人民日报社发布的"电商精准扶贫十佳创新案例（2016）"，现已成为武邑县县域经济发展的一张名片①。

### 三 促进微观层面的平台创新

京津冀电子商务并不是在生产商和消费者之间搭建沟通的桥梁，而是通过对物流、资金流、信息流等要素的整合，建立完整的商业平台，使生产商和消费者实现便利化、快捷化的交易。

#### 1. 完善电商平台基础设施建设

电商平台基础设施建设主要包括两方面，一是数字技术的运用能力，二是基础设施的完备程度。完善基础设施建设，必须坚持"两手抓，两手都要硬"的原则。

提高数字技术的创新应用能力。随着数字技术的发展，首先要提高数字技术的创新应用能力。大数据、5G、人工智能等技术都是电子商务发展所必备的底层技术，推动电子商务新业态、新模式的产生。京津冀三地依靠发展的数字产业，通过互联网、大数据、云计算布局物流、农作物现代化种植项目、活禽现代化养殖项目，并对产品生产销售进行全流程大数据跟踪，实现产品质量可控、生产信息及时获取，保障了供销稳定。兴起的"网络直播"正成为京津冀电子商务发展的推动器，是电商企业进行销售的主要渠道之一。如天津于 2020 年 9 月建成了面积近 5.5 万平方米的芭木电商直播基地，每年可获得经济效益近百亿元，成为数字技术助力电商发展的典型代表。

提高商业基础设施的建设效率。电子商务基础设施是电商良好发展的重要基石。电子商务基础设施主要包括信息技术基础设施、物流基础设施、支付设施、金融设施、征信与监管设施等，只有提高电商基础设施的建设效

---

① 张姝、宣雅：《从京东"跑步鸡"看农村电商扶贫面临的机遇和挑战》，《农经》2019 年第 1 期；《京东跑步鸡入选"电商精准扶贫十佳创新案例（2016）》，《家禽科学》2017 年第 1 期。

率，才能为电子商务发展提供底层支撑。农村电商基础设施的建设力度是衡量电商整体基础设施建设水平的重要指标，也是打通电商发展"最后一公里"必须跨越的障碍。京津冀地区依靠强大的技术人才团队和财政保障，在农村电商基础设施建设方面居于全国前列。早在 2016 年，河北省就实现 7366 个贫困村电商服务站全覆盖，并对开展农村电商业务的农民进行扶贫专项小额贷款，不断加强相关基础设施建设，全力保障电子商务普惠发展。①

### 2. 实现价值链的网络化及平台整合

京津冀电子商务通过引入大型电商平台，加快电商企业线上线下一体化布局，进行"四流"合一等过程，使得电商产业价值链实现了网络化，能够更好地服务广大消费群体。

大型电商平台的入驻能够产生强大的头部聚集效应，吸引并带动当地中小电商企业的发展。《2019 移动互联网全景生态报告》指出，我国电商行业已形成淘宝、拼多多、京东三足鼎立，唯品会、苏宁易购和其他地方中小电商参与竞争的格局，竞争模式也由流量竞争转化为平台竞争。地方政府同大型电商平台展开合作，对于拓展当地电商产业知名度、挖掘电商人才具有重要作用。众多电商平台的入驻将进一步促进当地电商产业的竞争，迫使其不断创新商业模式，融入地方产业发展布局，以求得在激烈的行业竞争中存活。这种良性竞争是促进地方电商产业发展的重要手段。

实现电商平台线上线下一体化发展。电子商务线上与线下渠道一体化发展是其商业模式发展成熟的必然选择。电子商务不仅仅是一种营销手段，更是一种商业模式，其通过缩短生产商与消费者之间的时空距离来提高商品交易质量，而线上线下融合发展能够减少信息不对称、降低交易成本，同时整合企业资源，提升企业知名度。近年来，实体企业加紧开拓线上电商营销平台，各大电商企业也纷纷布局线下零售渠道。京津冀地方政府也通过建设电

① 庄彧：《河北推进"互联网+扶贫" 7366 个贫困村全建电商服务站》，《河北日报》2016 年 3 月 10 日。

子商务产业基地，创办电商发展综合化服务中心等方式，推动本地企业与电商平台对接，实现 B2B、B2C 甚至是 C2C 端的电商产品直销模式。北京地区不断发展的 7FRESH 生鲜超市、京东到家等新兴零售方式，能够为消费者提供即时物流性质的服务，是电商平台线上线下一体化发展的重要产物。

实现信息流、资金流、物流和商流的价值整合。电子商务信息流、资金流、物流和商流的整合是深化电商价值链的重要路径。伴随电子商务的不断发展，产品营销正从以货为中心逐步发展为以人为中心，为客户提供便利化、个性化的服务将成为电商发展的终极目标。电子商务以信息流为基础，以资金流为命脉，以物流为依托，以商流为中心，在生产商和最终消费者之间搭建起直通的桥梁，这种由 B 端到 C 端的直连式价值传递渠道需要借助互联网和服务平台整合加以实现，而这正是京津冀布局大型电商平台基地的目标。

### 3.发挥大型电商平台的增长极作用

大型电商平台具有强大的聚集效应，能够对周边地区产业发展产生明显的促进作用。京津冀通过创新电商发展模式，建立电商基地，完善农村电商布局等措施，将电商产业的能量充分爆发。

创新地区电子商务协同发展模式。地区政府应当因地制宜选择适合本地区的电子商务协同发展模式。在京津冀协同发展的过程中，针对不同地区、不同产业、不同经济发展状况，京津冀三地探索出了电子商务产业园发展模式、"互联网+特色产业模式"、"全方位+多极化发展模式"、"自贸区+跨境电商模式"。这四种模式在京津冀形成了"点—线—面"式的电商发展网格式布局结构，已成为全国电商协同发展的优秀样板。未来，随着信息技术的不断发展，人们对产品的个性化、多样化要求不断提高，电商将会朝着更加快捷化的服务方向发展。在整体布局上，大型电商、跨境电商将具有更大的话语权；在精细化操作上，社交电商、生鲜电商、垂直电商将进一步走进人们日常生活。唯有不断创新电商发展模式，才能促进其协同发展。

增强电子商务基地的辐射作用。功能齐全的电子商务基地能充分带动周边地区产业的发展。以电子商务基地为载体，辐射至周边县市发展，是完善电商产业集群建设的重要路径。2022 年 8 月，河北省商务厅认定了省级电子商务示范企业 141 家、电子商务示范基地 62 个[①]，同时制定《电子商务产业园区建设与经营规范》，在全国率先开展电商基地评级制度，将基地划分为 1A 至 5A 不同的级别并进行分类管理，因地制宜打造具有不同特点、不同功能的个性化便民电商综合服务区。北京依托资金和技术优势，天津依托自贸区和港口优势重点打造跨境电商产业基地。北京目前已公布了三批 10 余个跨境电商产业园，并力争在未来几年内发展至 20 个，以带动北京和周边省市整体跨境电商产业的发展；天津的京津电子商务产业园、天津港保税区电商产业园已成为我国重要的航空物流中心和区域电商枢纽。

表 2-5　京津冀地区部分典型的电子商务示范基地

| 地区 | 示范基地 |
|---|---|
| 北京 | 潘家园抖音电商直播基地 |
| | 亦庄 5G 新零售直播电商基地 |
| | 航港大通关跨境电商产业园 |
| | 北京城乡文化科技园 |
| | 大兴机场临空产业园 |
| | 天竺综合保税区园区 |
| 天津 | 天津自贸区 |
| | 京津电子商务产业园 |
| | 津南电商物流产业基地 |
| 河北 | 河北白沟商贸物流产城融合示范区 |
| | "大槐树"农村电子商务基地 |
| | 廊坊世界商谷 |
| | 绿岛电商基地 |

资料来源：根据公开资料整理。

　　完善农村电商布局。农村电商的发展状况是京津冀电商完善程度的重要指标。近年来，国家扶贫力度不断加大，依托农村电商开展产业扶贫已成为

---

① 《河北省商务厅关于认定支持 2022 年省级电子商务示范基地和示范企业名单的公示》，2022 年 8 月，http://swt.hebei.gov.cn/nx_ html/tzwg/2022/8/1661615612382.html。

各地政府脱贫攻坚的重要路径。随着各种政策资源不断投入农村电商产业，农产品供应链体系逐渐完善，农产品出村成为现实。北京基于自身科技实力，创新发展了众多无接触"一站式"电商消费模式，如花园菜市场、蔬菜直通车、蔬果无人车等，使农产品直达社区居民[1]。河北省发展农村电商的需求最为迫切，早在 2017 年便颁布了《关于深化农村电子商务全覆盖工作的指导意见》，力争在 2020 年实现贫困村电子商务布局全覆盖。阿里巴巴、京东、苏宁、拼多多等电商巨头纷纷布局京津冀农村电商网络，相继深入农村开拓市场，如阿里巴巴培养"淘宝村"，京东建立"农特馆"，苏宁发展电商村级联络员等。农村电商为京津冀地区缩小贫困差距、实现均衡发展做出了重要贡献。

## 第四节 京津冀电子商务协同发展存在的问题及成因

京津冀由于行政体制、经济发展差异等因素，在电子商务协同发展中产生了许多问题，主要集中在京津冀电子商务发展不均衡、发展缺乏互动性、发展目标不统一三个方面，涉及京津冀产业结构、电商发展要素、物流快递行业和体制机制滞后四大领域。

### 一 京津冀电子商务发展问题的外在表现

京津冀电子商务协同发展出现的问题反映了众多区域的共同问题。

#### 1. 京津冀电子商务发展不均衡

京津冀电子商务发展不均衡是其协同发展面临的首要问题。基于政治地位、政策扶持力度、资金、技术等原因，京津冀三地电子商务发展存在一定的梯度差，这种级差会限制京津冀三地协同发展的动力。以网上零售额为例，2021 年北京、天津、河北三地分别为 5392.7 亿元、3770 亿元和 2877.2

---

① 洪涛：《2020 上半年中国农产品电商发展报告》，《中国商论》2020 年第 15 期。

亿元，北京的网上零售总额领先于津冀两地①。津冀两地在与北京协同发展过程中将不可避免地承受电商转型升级带来的压力。

**2. 京津冀电子商务发展缺乏互动性**

北京电商产业对津冀发展的带动作用有待提高。北京的电商产业目前并未对天津和河北的电商发展产生显著的拉动效应，甚至在某种程度上吸收津冀电商发展所急需的资金、技术和人才要素②。这种局面是北京作为首都所具有的独特优势，对京津冀电商协同发展产生了负面影响。北京大型的电商企业可能对津冀形成垄断优势，阻碍津冀两地电商产业的创新发展。在缺乏创新机遇、缺少创业环境、国家政策对津冀扶持力度不及北京的大背景下，京津冀电商协同发展长期以来动力不足。直至 2014 年京津冀协同发展上升为国家战略以及北京疏解非首都功能的需要，北京才开始以行政措施为着力点推动京津两地电商发展，不断加大对津冀两地的扶持力度。

**3. 京津冀电子商务发展目标不统一**

京津冀地方政府制定的电子商务发展目标不统一引发无序竞争。虽然国家已经成立京津冀协同发展领导小组，实现了京津冀协同发展在顶层设计上的统一领导，但是京津冀各级政府基于自身利益最大化的考虑，在推动电商发展上出现各自为政的局面，存在抢占资源、过度竞争的现象。如何在基层梳理京津冀发展"一盘棋"的思想，打通基层政府间的隔阂，实现电商从顶层设计到"最后一公里"的协同发展，是关乎京津冀一体化战略成败的关键因素。

---

① 北京市统计局：《2021 年北京市国民经济和社会发展统计公报》，2022 年 3 月 1 日，http：// tjj. beijing. gov. cn/tjsj_ 31433/sjjd_ 31444/202202/t20220228_ 2618115. html；天津市统计局：《2021 年天津市国民经济和社会发展统计公报》，2022 年 3 月 4 日，https：// stats. tj. gov. cn/tjsj_ 52032/tjgb/202203/t20220314_ 5828586. html；河北省统计局：《河北省 2021 年国民经济和社会发展统计公报》，2022 年 2 月 25 日，http：//tjj. hebei. gov. cn/hetj/ app/tjgb/101642400676310. html。

② 刘士忠：《京津冀区域电子商务协同研究》，《电子商务》2017 年第 3 期。

## 二 京津冀电子商务发展问题的原因

京津冀电子商务发展问题的原因主要涉及电子商务产业结构、发展要素、物流快递和体制机制四大领域。每个领域都有各自存在的问题。

### 1. 京津冀地区产业发展不协同

京津冀地区产业发展不协同体现在产业结构差异过大和产业结构高级化程度不足两个方面，这是京津冀自身资源禀赋和城市吸引能力造成的。

产业结构差异过大。京津冀地区产业结构差距过大不利于电子商务的优势互补与长远发展。2004 年，以"廊坊共识"为标志，京津冀一体化开始迈出实质性步伐，电子商务的协同发展也随之成形。但是，京津冀三地产业结构差异较大，导致三地电子商务基础设施建设进度存在差距，使得电子商务和三大产业相互促进的效率递减，这种三地"跛脚式"的产业结构在短时间内难以改变。

产业结构高级化程度不足。产业结构高级化程度不足将直接制约电子商务基础设施的建设能力。产业结构高级化的一个明显特征是第三产业增加值在国民经济生产中占据优势地位，而信息技术产业的发展是推动产业结构高级化的重要路径。津冀两地产业结构高级化程度较低，5G、大数据、云计算、人工智能等数字技术的发展和运用程度与北京相比存在较大差距[①]，一方面制约了电商平台的建设与维护效率，电商网站难以建立，电商企业难以数字化运营；另一方面降低了电商上下游产业链的建设与发展能力，物流、金融、信用体系对大数据、云计算、人工智能等技术的要求较高，产业体系难以发展，将直接影响到地区电子商务产业的成长。

### 2. 京津冀电子商务协同发展的支撑体系不完善

京津冀电子商务协同发展必须充分发挥要素的支撑作用。然而京津冀地区要素数量不完整和要素价值挖掘不充分，导致京津冀电商协同发展的要素

---

① 李晓欣：《京津冀区域产业一体化发展的统计研究》，天津财经大学博士学位论文，2015；宋保庆：《金融发展、政府行为与地区产业结构高级化——基于京津冀地区面板数据检验》，《产业经济评论》2015 年第 5 期。

保障未能落实。

第一，要素数量不完整。

京津冀电子商务协同发展是一个庞大的系统工程，必须依靠完善的要素体系进行支撑。数据、资本、人才、技术四大电商发展要素在京津冀地区的完善程度并不理想，尚未发挥出足以充分推动京津冀电子商务协同发展的作用。

首先，数据孤岛仍然存在。电子商务相关的信息数据主要掌握在政府和大型电商企业手中，政府掌握关于电子商务的信用、资金等方面的数据，大型电商企业掌握电子商务产品、价格方面的数据和消费者的消费数据。这些数据对于了解电商产品的市场需求、掌握电商企业的运营状况至关重要，也是地方政府制订电商产业发展规划、引进电商企业时参考的重要指标。京津冀电子商务的协同发展，必须对重要信息实现交流共享。然而京津冀地区数据交易较为匮乏，政府数据难以向普通公众开放，各地方政府之间未建立统一的电子商务数据分享平台，而大型互联网企业基于保护商业秘密、维护市场地位的需要，不会对外披露关键信息数据。为实现电商长远发展，对政府而言，京津冀地区各地方政府需要进一步打破信息壁垒；对市场而言，京津冀企业亟须建立电子商务数据交易平台，双管齐下才能有效打破数据孤岛。

其次，资金普惠力度有限。电子商务是一个前期投入巨大的产业，京津冀地区电商发展目前仍存在两方面的短板，一是小微电商企业获取融资的难度较大，二是促进农村电商发展的普惠金融力度不足。近年来，京津冀地区已制定了政策措施解决小微企业和农村电商融资难、融资慢的问题，但是金融机构与小微企业和农村电商之间的信息不对称局面仍然存在，在信用状况难以核查的条件下，企业和农户融资难的问题将长期存在，严重制约底层电商群体的发展。

再次，技术发展存在瓶颈。电子商务的发展需要数字技术的支撑，京津冀地区数字技术发展呈现不均衡局面，北京集聚了大量的高端技术企业，天津和河北在发展电子商务过程中遭遇技术壁垒。5G 基站尚未建设到位，电商安全领域的技术漏洞仍然存在，电商数据信息遭黑客窃取和泄露的问题依然严峻。

最后，人才储备不足。e成科技发布的《2018年中国电商行业独角兽企业中高端人才大数据报告》显示，我国京津冀地区电商发展人才存在严重的供需不匹配问题，人才缺口问题突出。我国所有城市中电商人才需求最为迫切的地区，其人才需求数量占全国总量的18.8%，主要集中在市场运营、开发测试、产品测试、数据分析四大板块[①]。随着电商市场竞争状况愈演愈烈，人才的获取成本不断攀升，如何保持电商人才有效供给成为京津冀电商发展面临的难题。

第二，要素价值挖掘不充分。

京津冀地区要素价值是否充分挖掘，直接关系到电子商务能否物尽其用。京津冀地区虽然存在数据、资本、技术、人才方面的缺陷，相比国内其他地区处于要素供给相对完备的局面，但是要素价值挖掘不充分。

首先，要素市场化程度不高。京津冀地区的要素市场化程度相比长三角和珠三角地区仍显不足，要素市场化改革的程度较低。如贵州省于2015年建立了大数据交易中心，以推动数据要素的信息共享，京津冀地区尚未建立统一的大数据交易平台，各电商企业间形成了较大的数据壁垒，市场信息、产品的价格和质量信息、消费者偏好信息、地方政府的政策信息等不对称。要素市场化程度较低将直接影响电商产业的发展成本，不利于津冀两地对北京电商资源的吸取。

其次，要素配置效率有待提高。资源配置的理想目的是达到帕累托最优状态，在开放的完全竞争市场中，资源的配置才是有效配置。但是京津冀地区完全竞争市场程度较低，信息的不完备性和外部性等因素会造成市场失灵、降低资源的配置效率。

最后，要素生产率有待提升。要素生产率不高的问题是京津冀地区电子商务发展长期存在的大问题。在广告和传媒业、批发零售业等领域，电子商务在拓展发展资源、创新商业模式上已经取得了较为明显的成就，然

---

① e成科技：《2018年中国电商行业独角兽企业中高端人才大数据报告》，2019年2月。

而在金融业、仓储业、产品加工业等行业，推动电商发展的动能作用稍显不足。

### 3.京津冀电子商务与物流快递发展不协同

物流快递是打通京津冀电子商务发展"最后一公里"的关键。然而，物流快递一方面与电子商务发展不协同，另一方面其自身在不同区域发展差异显著，使得电商发展的末端存在障碍。

物流快递对电子商务的促进效果不显著。京津冀物流快递难以支撑电商产品的末端配送。近年来，电子商务模式不断创新，新零售行业发展态势活跃，社区电商、农村电商成长迅速。与电商发展相比，京津冀地区物流快递产业的发展存在脱节。首先，物流快递配送的"最后一公里"仍未打通。以北京地区兴起的社区电商为例，2006年北京什刹海便建立了北京首家电子超市，开启了社区电商发展的大幕。截至目前，北京的社区电商已取得一定程度的发展，如京东到家、美团买菜、叮咚买菜等社区电商形式不断涌现，但快递配送却成为难点。主要原因是：第一，北京地区的小区封闭式管理，阻止快递进出；第二，保安室、便利店等快递代收站点的安全性较差；第三，部分快递员将快递放入自提柜后却不通知货主认领。这些缺陷对电商快递的协同发展带来严峻考验。其次，精通物流快递与电商发展的复合型专业人才缺乏。北京地区作为数字经济和电子商务产业发达的大城市，急需熟悉物流、仓储、采购、服务等领域的专业人才。然而物流企业人才意识淡薄，从业人员素质不高，对智能物流的发展是一大瓶颈。

物流快递的跨区域协同程度不足。京津冀地区物流快递的供需不相匹配。自2014年以来，京津冀地区尤其是北京地区受制于产业结构调整，导致北京的物流产业需求大幅下滑，近年来更是呈现大批物流企业外迁甚至倒闭的现象，河北与天津等地的物流仓储中心仍在完善之中，物流产业与电子商务企业未能有效对接。与南方地区普遍存在的电商物流产业园相比，2016年京津冀地区的电商物流基地仅为52家，支撑现代电商发展的动能作用有待提高。在物流快递业的地域发展方面，京津冀地区的物流配送速度和效率与地方产业融合的程度不足，如河北白沟的皮箱产业、清河的羊绒制品产业均为当地政府的特色产业，每日发出货物数十万件，上下游产业集群的发展提升了当地物流的需求。当地政府已经在规划建设商贸物流融合示范区，但短期内的快递需求缺陷难以弥补。2017年，京津冀发布了《京津冀地区快递服务发展"十三五"规划》，试图建立"北京—天津—廊坊"物流快递集散带，以解决京津冀物流快递协同程度不足、北京物流资源匮乏的问题。

**4.京津冀电子商务发展的体制机制滞后**

体制机制滞后是影响京津冀电子商务发展的巨大障碍。政府与市场协调不足、法律法规体系缺位、电商发展体系的支撑力度不足对电子商务发展造成深远影响。

政府与市场协调不足。京津冀协同发展是一盘大棋，需要政府与市场相互配合、共同发力才能实现良好的发展。如今许多电子商务的新产品、新模式具有市场化行为，在政府的支持下逐步规范发展[1]。在京津冀地区，一方面，北京和天津是我国的政治中心，行政体系庞大；另一方面，京津冀经济体量占全国比重为8.6%，民间经济活跃，双方在协调配合中出现失衡的现象。

首先，政府的体制障碍不利于京津冀电子商务均衡发展。京津冀政治体制对电商发展存在三方面障碍。第一，跨地区跨部门协调难度较大。第二，电商的市场准入存在地域歧视。京津冀三地在电商行业规范、物流、人才政策等方面存在工资差异。第三，未形成一体化的政务服务系统。京津冀三地政府掌握大量电商市场和电商企业的数据信息，却未能搭建统一的政务服务平台进行信息共享。

其次，市场的激励机制不足以支撑京津冀电子商务市场化发展。市场对京津冀电子商务的发展具有重要作用，主要有两方面原因。第一，电子商务企业的"减负"力度不足。电子商务企业发展成熟后往往具有较高利润，与高利润相伴随而来的是高税负。《电子商务法》的出台使原来小型作坊式的电商公司也需要缴纳税款，2020年北京掀起了电商企业补税风暴，处于

---

① 洪涛：《2020上半年中国农产品电商发展报告》，《中国商论》2020年第15期。

初创期的电商企业若无法度过寒冬，只能面临倒闭的结局。第二，民间电商协会的参与力度较小。京津冀地区民间电子商务协会内部质控程序不完善，对电子商务发展的研究与推动作用不显著。除了地方政府在电商产业基地支持发展的电商协会外，大量民间电商协会发挥的作用有限。2019 年，中国电子商务协会因为内部管理问题被工信部注销登记，强制清算。

法律法规体系缺位。京津冀电子商务法律体系容易引发电商信用危机。第一，法律具有滞后性。2019 年我国颁布《电子商务法》，此时距我国电子商务发展已过去 20 多年，在物流、商贸等领域，京津冀制订了发展规划和临时性的经营服务条例，并未制定强有力的法律条文进行规范。第二，电子商务受害者缺乏司法救济途径。《民事诉讼法》第 116 条将电子数据作为一种证据类型，但是电子数据存在易篡改、难以验证主体身份等特征，证据审查烦琐低效[1]，直接导致法律对电商平台和消费者的维权保护力度不足，对违法电商企业的惩罚力度过小。北京是首批国家电子商务示范城市之一，不仅拥有京东、苏宁、国美等诸多大型电商企业，也拥有诸多小型作坊式电商企业。电商企业的知识产权保护力度远不能保障电商产业的良好发展，电子商务的侵权成本低、侵权范围广，很多电商产品仅拥有短期热度，企业一旦陷入长期维权纠纷，极易陷入血本无归的被动局面。此外，电商平台也是消费者个人信息泄露的重灾区，网购电商诈骗现象时有发生，已成为危害京津冀地区电子商务健康发展的公共事件。因此，完善电子商务法律体系刻不容缓。

电商发展体系的支撑力度不足。电子商务发展需要庞大的体系支撑，京津冀现行体系的支撑力度明显不足。首先，京津冀电商平台的信用制度建设不完善。如北京第四中级人民法院的报告显示，2020 年该院处理的电商平台纠纷案件占所有互联网民商事案件的 77.02%[2]；天津市 2020 年查获的跨

---

① 刘铭卿：《论电子商务信用法律机制之完善》，《东方法学》2019 年第 2 期。
② 朱健勇：《北京四中院：电商平台纠纷占比超 7 成 多涉第三方卖家》，壹现场，2020 年 6 月 11 日。

境电商侵权产品 66 万件[①]；河北 2018 年才成立第一个网商信用工作委员会[②]。其次，京津冀电商发展的评价反馈机制欠缺。目前，针对京津冀电商发展的评审意见大多来自政府、科研院校和大型电商企业内部，缺乏促进电商发展的后续跟踪指导措施。

## 第五节　结论及进一步讨论的问题

京津冀电子商务协同发展是在京津冀协同发展和疏解北京非首都功能大背景下开展的国家大战略。京津冀电子商务在经历了早期的各自发展阶段、中期的区域共识阶段后，于 2015 年进入发展的快车道。在三地电子商务相互磨合的过程中，京津冀探索出了四种适合不同产业、不同区域、不同群体的电子商务协同发展模式，分别是电子商务产业园发展模式、"互联网+特色产业模式"、"全方位+多极化发展模式"、"自贸区+跨境电商模式"。这四种发展模式由点及面，为京津冀构建起电子商务协同发展的整体布局。在电子商务协同发展过程中，京津冀为我国不同地区间的电商协同发展打造了示范工程，积累了丰富的发展经验。第一，强化宏观层面的顶层设计。第二，提高中观层面的行业协同。第三，促进微观层面的平台创新。

京津冀三地政治地位、经济发展状况、资源禀赋等因素都存在差异，在协同发展的过程中出现了一些问题，主要集中在三个方面：首先，京津冀电子商务发展不均衡；其次，京津冀电子商务发展缺乏互动性；最后，京津冀电子商务发展目标不统一。这三个问题出现的原因主要包括京津冀地区产业发展不协同、电子商务协同发展的支撑体系不完善、电子商务与物流快递发展不协同以及电子商务发展体制机制滞后四个方面。唯有将这些问题解决好，京津冀电子商务才能健康持续发展。

京津冀电子商务协同发展需要京津冀地区放眼世界的视野。京津冀地区

---

① 张道正：《近一年天津海关查获进出境侵权商品 66 万件》，中国新闻网，2019 年 3 月 13 日。
② 刘禹彤：《全省首个网商信用工作委员会在唐山成立》，河北新闻网，2018 年 1 月 16 日。

与长三角、珠三角地区并列为我国三大城市群，在人口、经济、资源、国际地位方面具有许多相似性，将京津冀、长三角、珠三角三个地区电子商务协同发展的现状进行对比分析，有助于京津冀为促进电子商务协同发展吸取经验。同时，在我国不断扩大对外开放的背景下，京津冀电子商务如何与"一带一路"倡议有效对接值得进一步跟踪与研究。

# 第三章

# 京津冀电子商务协同发展的
# 功能定位与产业布局

　　随着京津冀协同发展上升为国家战略，京津冀功能定位正在进行大调整。在京津冀协同发展功能定位调整的指导下，需要重新规划京津冀三地电子商务发展的功能定位与产业布局。从这个问题出发，本书根据协同理论，提出京津冀电子商务协同发展的原则，分析京津冀三地发展电子商务的功能定位，借助分工理论、比较优势理论和产业空间结构理论阐述京津冀三地发展电子商务的产业定位，依据产业空间结构理论分析京津冀发展电子商务的空间布局、优化路径与协同发展政策。

## 第一节　京津冀电子商务协同发展的原则

　　电子商务与新一代信息技术的应用，改变了我国经济的商业模式与产业业态，探讨京津冀电子商务的协同发展对于京津冀协同发展战略具有重要意义。推动京津冀电子商务的协同，首先要理解与把握京津冀电子商务协同发展的原则。因此，本节基于协同理论，对京津冀电子商务协同发展的原则进行了讨论。从电子商务产业发展的具体形式、动能、方向、要求来看，京津冀电子商务协同发展需要遵循四个原则：一是产业集聚，创新发展；二是数据赋能，融合发展；三是优势互补，错位发展；四是共建共享，包容发展。

## 一 协同发展原则的理论依据

协同理论认为，在城市群发展环境中，各个城市子系统间存在相互影响、相互合作、相互干扰和相互制约的非线性关系，由于城市子系统的相互作用和协作，城市群系统会出现协同规律性。① 京津冀电子商务在协同发展过程中，分为北京、天津和河北三个子系统，各个子系统通过产业的聚集、资源的共享相互协调与配合，形成完整的协同发展系统，并在产业内部、产业之间、地区之间三个不同的层面达成协同与合作，通过产业功能重组与空间重构，突破原有的京津冀三地之间的行政壁垒与流通障碍，构成一个高效率、高质量发展的京津冀协同系统。本书借助协同理论，从协同主体、协同特点、协同路径的角度，对京津冀电子商务的协同发展进行分析。

### 1. 协同主体

京津冀电子商务的协同发展体系可以按照行政区位划分为北京、天津和河北三个子系统。北京、天津、河北三地虽然相邻，但是三省市间发展水平悬殊，区域内部发展极不均衡、市场化程度较低、要素资源流动不畅、政策效应较弱。② 在各自为政的发展历程中，北京在资源要素与政策环境的支撑下，电子商务的发展水平远超天津与河北，京津冀三地发展差距日益加大。从协同理论的视角来看，北京、天津、河北三地作为京津冀电子商务协同发展的组成部分，能够通过不同主体间的资源整合、相互协作，使三个不同的子系统互相联系形成一个全局性的京津冀电子商务协同发展系统，推动京津冀电子商务协同发展。

### 2. 协同特点

京津冀电子商务协同发展符合协同理论的发展特点，即具有差异性的个体为达成一致目标而进行协作。

首先，京津冀三地的电子商务发展差别较大，从发展层次、发展水平来

---

① 方创琳：《京津冀城市群协同发展的理论基础与规律性分析》，《地理科学进展》2017 年第 1 期。
② 毛汉英：《京津冀协同发展的机制创新与区域政策研究》，《地理科学进展》2017 年第 1 期。

看都相去甚远。一方面，京津冀电子商务协同属于异质协同。京津冀三地是独立的行政单位，产业结构也大相径庭，京津冀的协同需要跨越地区间的行政壁垒，在同一产业内部、不同产业之间、不同地区之间进行协同合作。在这种条件下，需要强调京津冀三地电子商务发展的差异性互补，发挥京津冀三地各自的比较优势，达到整体效用的最大化。另一方面，京津冀电子商务协同属于异步协同。北京、天津和河北三地之间的电子商务发展水平均存在较大的差距。北京作为首批国家电子商务示范城市，有着良好的电子商务发展基础。由于产业结构不同，天津、河北的电子商务发展相对较慢。京津冀三地电子商务发展水平有较大的梯度差，北京与天津、河北两地的电子商务发展水平差距在扩大，天津和河北的电子商务发展水平差距在缩小。[1] 京津冀三地电子商务发展水平的异质性与异步性是需要京津冀电子商务协同发展的原因。通过形成一个完善的京津冀电子商务协同系统，城市群内发展较快的地区辐射和带动城市群内部相对落后地区的发展，达成整体的协调。

其次，京津冀三地电子商务发展存在一定的差异，但均服务于京津冀协同发展的整体目标。在京津冀协同发展这一共同目标的背景下，需要京津冀三地互相协作，使京津冀地区电子商务融入京津冀三地的供应链、产业链与价值链当中，发挥电子商务对产业结构优化升级的作用，打造城市群。

因此，依据协同理论，京津冀三地电子商务发展可以通过不同子系统的资源整合与优势互补，使京津冀城市群电子商务发展效益最大化。

3. 协同路径

京津冀电子商务通过功能重组与空间重构实现整体协同。

一方面，由于京津冀三地城市功能定位发生大调整，京津冀三地的电子商务发展需要配合城市发展的规划，进一步调整与明确京津冀三地电子商务的功能定位。目前，以数据驱动的数字化、网络化、智能化改变着商业模式

---

[1] 刘维跃、裴莉亚、曹溥晶、孔震：《京津冀城市群电子商务发展时空特征与演变——基于全局熵权法》，《天津城建大学学报》2018 年第 5 期。

与经济业态，京津冀原有的产业结构已经无法满足数字经济背景下经济发展的要求。为了更好地发挥电子商务对于城市群协同的作用，需要明确北京、天津、河北三地电子商务发展的功能定位，通过京津冀三地电子商务功能重组，推动三地产业结构优化升级，为京津冀协同发展的城市功能定位实现赋能。

另一方面，京津冀产业结构的调整导致城市群的产业空间布局发生变化，需要通过电子商务协同发展赋能重点发展地区的规划与培育，构建新的增长极，带动周边发展。从资源要素流通共享的角度，产业空间布局的调整促进独立发展地区与资源要素之间的互联互通，形成新的经济活动；从产业集聚效益的角度，产业空间布局的调整能形成节约经济、集聚经济、规模经济，提高产业发展的效率与收益。[①] "十四五"规划将疏解非首都功能作为新一轮经济发展的重要内容，京津冀产业空间布局必将持续优化。通过京津冀城市群内产业的转出与承接，不断完善京津冀电子商务布局，是优化京津冀城市群协同发展的重要途径。

## 二 产业集聚，创新发展

推进电子商务的协同发展，需要以发展电子商务产业集群为具体形式。地理邻近性的理论认为，地理邻近性影响创新要素空间流动的需求、创新要素空间流动的效率与效益、创新要素空间流动的交易成本和运输成本。[②] 因此，地区中的产业聚集能够提升需求、效益与降低成本，促进区域经济发展。一方面，高质量的地域电子商务产业集群，能够有效聚集区域内创新要素和资源，营造良好的创新环境，带动区域内产业发展。[③] 另一方面，产业集群企业通过依据产业特征与产业优势，实行专业化分工，完善产业链、价

---

① 李云涛：《区域协同下城市产业空间布局优化分析——以京津冀区域的廊坊市为例》，《对接京津——低碳环保 持续发展论文集》，2019 年 6 月 15 日。
② 吕海萍：《创新要素空间流动及其对区域创新绩效的影响研究——基于我国省域数据》，浙江工业大学硕士学位论文，2019。
③ 卢凤君、刘晴、谢莉娇、李晓红：《京津冀种业协同创新共同体建设的战略思考》，《中国种业》2017 年第 6 期。

值链和供应链，形成企业关联，加速创新成果的转化与共享。① 推动电子商务在三大产业中的应用，依据各地产业优势，建设农业、工业、服务业的电子商务产业集群，为城市群的产业发展打造新的增长点。

北京作为京津冀电子商务协同发展的创新主力，需要吸引高技术产业集聚，为天津与河北电子商务发展提供知识溢出与技术溢出。由于北京是中央和国务院部委、高等院校、科研机构以及军工科研系统的聚集地，已形成政府主导的"创新之都"的发展模式，有利于构建具有增值共生机制的科技创新生态群落。② 因此，北京市电子商务发展应该充分利用当地的科技资源与人才优势，形成电子商务技术与高端服务业的产业集群，引领京津冀电子商务发展的创新协同。目前，北京城市副中心计划建成北京未来大数据产业的落地区，形成北京数字产业的产业集群，依托大数据、人工智能、云计算、区块链等技术，打通技术链、产业链、资金链和政策链，推进智慧城市的建设。③

天津应充分发挥港口优势，培育跨境电商产业集群。天津港是我国北方国际航运中心与国际物流中心，充分发挥天津的区位优势与制造业优势，提升天津跨境电子商务的竞争力。目前，天津已经形成临港经济区、南港工业区两大工业基地，区域经济、工业发展和利用外资水平不断提升，产业集聚发展态势良好。④ 下一步，天津要继续打造成为全国领先的港航物流及大宗商品贸易示范基地和产业集群。⑤

河北抓住雄安新区发展机会，大力引导产业聚集。雄安新区的设立是深入推进京津冀协同发展的重大战略部署，合理划分雄安新区的产业园区，利

① 刘鹤：《我国产业集群与跨境电商的融合发展：影响因素与路径》，《商业经济研究》2019年第2期。
② 郭凤娥：《国内外科技创新驱动发展模式比较研究》，《中国经贸导刊》2020年第9期。
③ 张刚：《北京城市副中心：加快智慧城市建设步伐》，《中国建设信息化》2020年第21期。
④ 李军：《基于服务供应链的港口服务功能组成及天津港服务功能现状分析》，《物流工程与管理》2020年第10期。
⑤ 周一轩：《浅析"十四五"时期天津港建设世界一流港口的战略要点》，《天津经济》2020年第8期。

用北京与天津电子商务发展资源与先进技术，培育河北电子商务产业的优势。北京与天津的技术输入分支机构，实现产业向雄安新区聚集，激发雄安新区产业发展活力。① 目前，河北廊坊与北京大兴电子商务产业园区签署协议，计划共建京津冀电子商务协同发展示范区，将大兴的人才优势、要素优势、电子商务发展基础雄厚的优势与廊坊的成本优势、空间优势结合，推进分工协作，形成更加完善的产业发展格局。② 此外，河北发挥第一产业的优势，积极培育农业电子商务产业集群，提升农业生产与流通效率。

### 三　数据赋能，融合发展

推动京津冀电子商务协同发展，发挥数据作为关键资源要素的价值，为电子商务发展提供动能。空间相关性检验表明，信息化和产业结构升级的空间依赖性均显著，二者在地理空间上均呈现集聚特征。③ 因此，要通过信息化带动地区产业结构的转型。2021 年，中国产业数字化规模达到 37.18 万亿元，同比名义增长 17.2%，占数字经济的比重为 81.7%，占 GDP 的比重为 32.5%，产业数字化转型持续向纵深加速发展。中国的农业、工业、服务业的数字经济渗透率分别为 10%、22%、43%。④ 可见，以数据赋能的产业数字化转型已经成为驱动高质量发展的新模式、形成经济增长新动能的必然选择。京津冀电子商务的协同发展需要把握数字资源这一关键的生产要素，培育和打造京津冀大数据生态圈，着力发挥数据资源的价值，与实体经济深度融合，推动实体经济加速发展。

北京建立数据要素一体化市场，创新引领数字智慧应用场景。一方面，推动数据在贸易与服务方面的应用，促进数据价值化发展。利用北京数据资源要素丰富的优势，努力打造国内领先、全球一流的数据枢纽城市，破除数

---

① 任爱华、李鹏燕、王晓伟：《正和博弈视角下助推雄安新区产业聚集的政策协同机制研究》，《河北企业》2019 年第 3 期。
② 《北京大兴和河北廊坊将共建京津冀电商示范区》，载《京华时报》2015 年 10 月 13 日。
③ 茶洪旺、左鹏飞：《信息化对中国产业结构升级影响分析——基于省级面板数据的空间计量研究》，《经济评论》2017 年第 1 期。
④ 中国信息通信研究院：《中国数字经济发展报告（2022）》，2022 年 7 月 11 日。

据隔离壁垒，实现数据供需精准高效对接。① 另一方面，深化电子商务、信息技术与实体经济的融合，推动产业数字化发展。推进探索智慧交通、智慧社区、智慧物流、智慧零售等智慧城市应用场景，运用新一代信息技术在数字经济、社会精准治理领域开展应用试点示范，打造服务业数字化转型全国高地。②

天津发挥在津数据科研机构优势，充分释放数字价值。天津汇聚了国家超级计算天津中心、国家计算机应急病毒处理中心、腾讯北方数据中心等多家大数据处理中心，建成了一批具有国内产业竞争力和影响力的数据产业基地。③ 以数据流引领技术流、物资流、资金流、人才流汇聚流通，加速推进京津冀大数据综合试验区建设，建立京津冀大数据共享中心，推动三地数据汇聚融通。④ 天津利用已建成的数据科研机构，提高数据应用的水平，完善大数据产业链，发挥大数据对天津产业结构优化与治理的作用。

河北挖掘数据价值，提升数字化应用水平。目前，河北省电子商务发展水平与北京和天津都存在不小的差距，要进一步利用数据要素，提升河北省信息化水平，培育经济发展新动力与新优势。《河北省大数据产业创新发展提升行动计划（2020－2022年）》中提出，要加强数据采集存储、开展数据加工分析、推动数据交易流通，建设雄安新区大数据产业研发创新及成果转化引领区，建设行业大数据中心，实施"大数据＋"工程，推动大数据在智能制造、电子商务、医疗健康、政务服务等多个行业领域融合应用。⑤ 河北要加强与北京和天津的交流与协作，充分利用北京和天津的数据资源，加快打造大数据互联互通和一体化应用平台，充分释放数据价值。

---

① 常艳、刘作丽、李金亚：《加快培育壮大北京数据要素市场》，《北京人大》2020年第11期。

② 北京市经济和信息化局：《北京市经济和信息化局关于印发〈北京市促进数字经济创新发展行动纲要（2020—2022年）〉的通知》，北京市人民政府网站，2020年9月22日，http：//www.beijing.gov.cn/zhengce/zhengcefagui/202009/t20200924_2089591.html。

③ 赵滨元：《以天津之为助力京津冀大数据综合试验区建设研究》，《北方经济》2020年第10期。

④ 《天津市促进数字经济发展行动方案（2019—2023年）》，中华人民共和国国家发展和改革委员会网站，2019年10月8日，https：//www.ndrc.gov.cn/xwdt/ztzl/jzjj/201910/t20191008_1187958.html。

⑤ 《河北省大数据产业创新发展提升行动计划（2020－2022年）》，河北省工业和信息化厅网站，2020年7月3日，http：//gxt.hebei.gov.cn/hogyhxxht/zcfg30/snzc/673678/index.html。

## 四 优势互补，错位发展

推动京津冀电子商务的协同发展，需要细化产业分工，发挥三地产业错位发展优势。北京、天津、河北分别处于工业化发展的不同阶段，发展阶段的前后关系为京津冀产业转移和集中疏解提供了先天优势，但较大的发展差距也是造成产业转移接续断层的主要原因。① 形成产业分工协同，有利于推动产业链的纵向联结和横向互补。② 京津冀三地在发展电子商务的过程中，需要明确京津冀三地产业发展特点，发掘京津冀三地发展的比较优势，推动产业间的优势互补，打通产业间衔接，完善形成产业链群。

北京的优势产业体现在以信息传输、计算机服务、软件业、科学研究、技术服务为主的高新技术业和以租赁、商业服务、住宿、餐饮、娱乐为主的高端服务业。作为京津冀电子商务协同发展的龙头，北京在考虑电子商务的发展时，应该深化电子商务在高新技术业和高端服务业上的应用，引领京津冀城市群电子商务的发展。依托于北京提供的信息产业服务和科技资源优势，天津和河北能够为各产业构建好管理运作和信息应用平台，引进北京高新技术产业与战略性新兴产业的先进技术。

天津的优势产业体现在中高端制造业和中高端服务业，需要促进电子商务在中高端制造业与中高端服务业中的融合。天津在京津冀城市群的协同发展中起到承上启下的作用。一方面，天津一些中高端制造业如铁路、船舶、航空航天和其他运输设备制造业、化学原料和化学制品制造业、石油煤炭及其他燃料加工业、通用设备制造业上的区位熵大于北京，③ 天津可以承接具有比较优势的产业转移，有效推动北京非首都功能的疏解，并为北京和河北提供中高端制造业的产业制成品；另一方面，天津的制造业和发展的航运、

---

① 孙久文、卢怡贤、易淑昶：《高质量发展理念下的京津冀产业协同研究》，《北京行政学院学报》2020 年第 6 期。

② 韩瑾：《环杭州湾大湾区中心城市产业协同发展评价》，《经济论坛》2019 年第 9 期。

③ 于强：《京津冀协同发展背景下北京制造业的产业转移——基于区位熵视角》，《中国流通经济》2021 年第 1 期。

物流等服务，可以为河北的农业、中低端制造业与旅游业发展提供支持，同时推动北京高端服务业的发展。

河北的优势体现在采矿业、农林牧渔业、建筑业以及中低端制造业。一方面，河北在农林牧渔服务业、种植业、畜牧业和农林牧渔业上的专业化优势最为明显，且区位熵在不断提高，农业的发展空间最大。[①] 河北的优势产业可以服务于北京和天津，持续为北京和天津提供农产品与初级工业制成品。另一方面，作为京津冀协同发展的基础以及京津产业转移的主要承接方，河北能够吸纳已不适应北京和天津发展的部分具有过剩产能的产业，优化京津冀整体产业空间布局与生态发展。若在京津冀内将产业打通，实现区域内优势产业错位发展的战略布局，实现京津冀三地产业间的优势互补，将有效推动京津冀间的协同。

## 五 共建共享，包容发展

推进京津冀电子商务协同发展，需要把握共建共享的原则，以互利共赢为发展要求。社会经济发展的促进作用，会由于供求双层次的数字鸿沟而遭到削弱，具体体现为两方面原因：一是限制互联网信息技术接入的各种基础设施供给水平，二是限制互联网信息技术使用的宏观条件、个体特征以及社会网络等需求因素。[②] 京津冀三地电子商务发展水平不一，在地区、城乡之间实现产业对接与产业合作的时候，可能会存在数字鸿沟，影响电子商务协同发展的效果。因此，需要加快探索与发展电子商务要素一体化市场，建设京津冀技术交易共享平台、社会信用信息共享平台，加强京津冀地区整体基础设施建设，提高京津冀地区创新应用场景互联互通水平。

北京承担着搭建京津冀要素共享平台的主要任务。《北京市经济和信息化局关于印发〈北京市促进数字经济创新发展行动纲要（2020—2022年）〉的通知》指出，把基础设施保障建设和数据交易平台建设作为重点

---

① 肖红波、白宏伟：《京津冀农业一、二、三产业区域比较优势分析》，《中国农业资源与区划》2020 年第 12 期。

② 高彦彦：《互联网信息技术如何促进农村社会经济发展》，《现代经济探讨》2018 年第 4 期。

工程，构建高带宽、广覆盖的空天地一体化网络体系，组建大数据交易所，建立健全数据交易规则、安全保障体系和平台监管机制，推动多行业、多领域、跨部门、跨层级数据有序流通。[①]

天津结合产业发展重点，推进工业互联网基础设施建设。《天津市促进数字经济发展行动方案（2019—2023年）》提出要引导工业互联网平台服务模式、商业模式、合作模式创新，加快研发、制造、管理、商务、物流、孵化等创业创新资源数字化改造、在线化汇聚和平台化共享。[②] 此外，天津还应该发挥港口资源的优势，推动京津冀快递物流一体化交易平台与跨境电子商务平台的建设。

河北以中低端制造业、农业、旅游业为支柱产业，进一步完善物流基础设施，推动电子商务交易平台建设。一方面，继续推动建设工业大数据中心、农业农村大数据中心、交通大数据中心、文化旅游大数据中心、生态环境大数据中心，建设全域信息公共服务平台与数据共享机制。[③] 另一方面，加强河北与京津两地多领域智慧应用的合作，加快基础设施共建、要素资源共享共用，提升京津冀协同发展的效益与水平。

## 第二节　京津冀发展电子商务的功能定位

城市群的协同系统要满足三个条件。一是各子系统的产业结构既能发挥本地区的优势，又能与其他子系统产业相互配合；二是整个地区的经济要素能够在城市群中自由流动、高效配置；三是优先发展的核心城市能够产生正的外部性，辐射带动发展较缓慢的城市，实现整个城市群的协调发展。京津

---

① 北京市经济和信息化局：《北京市经济和信息化局关于印发〈北京市促进数字经济创新发展行动纲要（2020—2022年）〉的通知》，北京市人民政府网站，2020年9月22日，http://www.beijing.gov.cn/zhengce/zhengcefagui/202009/t20200924_2089591.html。

② 《天津市促进数字经济发展行动方案（2019—2023年）》，中华人民共和国国家发展和改革委员会网站，2019年10月8日，https://www.ndrc.gov.cn/xwdt/ztzl/jzjj/201910/t20191008_1187958.html。

③ 《河北省大数据产业创新发展提升行动计划（2020-2022年）》，河北省工业和信息化厅网站，2020年7月3日，http://gxt.hebei.gov.cn/hbgyhxxht/zcfg30/snzc/673678/index.html。

冀电子商务发展可以提高京津冀产业结构优化升级的速度，引导京津冀经济要素布局更加合理均衡，放大北京作为核心增长极的辐射和带动作用，推动京津冀整体的协同发展。为了更好地发挥电子商务对于城市群协同的作用，需要进一步明确北京、天津、河北三地电子商务发展的功能定位，通过京津冀三地电子商务的协同发展，更好地引导京津冀三地的产业结构的优化与产业空间布局的调整。

## 一 协同视角下功能定位的理论分析

北京、天津、河北三个子系统能够通过京津冀城市群中电子商务产业发展，以功能的重组与空间的重构为协同路径，推动京津冀城市功能定位的调整与产业结构的优化。更详细地说，电子商务对京津冀发展的功能体现在三方面：一是电子商务产业发展通过推动产业结构合理化和产业结构高级化的方式，提高京津冀产业结构优化升级速度；二是提高对市场需求的反应速度，加快要素流通速度，降低流通成本，引导京津冀经济要素布局更加合理均衡；三是通过知识溢出与技术溢出，提高生产率，促进产业集聚，推动经济增长，构建京津冀经济增长新引擎。

1. 电子商务提高京津冀产业结构优化升级速度

电子商务发展可以从产业结构合理化和产业结构高级化两个方面推动京津冀产业结构的优化调整。

一是电子商务推动京津冀产业结构合理化。电子商务通过带动产业的数字化、信息化形成撬动我国产业结构转型升级的有力杠杆。[1] 一方面，电子商务在第三产业的渗透发展较早，其次是第二产业，对于第一产业的渗透还在起步与发展阶段；另一方面，电子商务在第三产业发展获得的资本回报率超过第一产业和第二产业，因此促使数字化资本逐渐向第三产业转移。[2] 电子商务与数字经济对第三产业的渗透程度超过第一产业和第二产业，将促进

---

[1] 左鹏飞：《信息化推动中国产业结构转型升级研究》，北京邮电大学博士学位论文，2017。
[2] 陈小辉、张红伟、吴永超：《数字经济如何影响产业结构水平》，《证券市场导报》2020年第 7 期。

产业结构不断优化。[①] 电子商务依托大数据、人工智能、区块链、物联网等新兴的数字技术，能够推动一、二、三产业间的协调与产业结构升级，通过改造传统产业和培育新兴产业来优化产业结构，使产业结构日趋合理化。

二是电子商务推动京津冀产业结构高级化。电子商务通过对供应链、产业链、价值链的优化与重塑，推动供应链、产业链、价值链向高端化发展。电子商务的发展使得新技术、新产品进一步走向大众，引起生产需求结构和消费需求结构向更高层次演变，[②] 在市场的作用下，推动供应链结构向高级化方向发展。一方面，电子商务通过促进分工深化、更新交易模式、改变成本结构、重组贸易条件等途径，推动传统产业转型升级与全产业链集聚的层级跃升。[③] 另一方面，电子商务与数字技术结合，通过降低价值链贸易的成本来提高透明度，进而拓展了价值链贸易的长度与复杂度[④]；电子商务发展引领的数字贸易推动数字产品嵌入价值链，重塑价值创造模式和价值链收入分配格局，推动价值链的升级。[⑤] 因此，电子商务的发展可以从优化供应链、产业链、价值链的角度推动产业结构向高级化方向调整。

**2. 电子商务引导京津冀经济要素布局合理均衡**

电子商务对京津冀经济要素布局的优化可以从市场需求的快速反应、经济要素流通速度的提高、经济流通成本的降低三个方面体现出来。

一是电子商务提升对市场需求的反应速度。电子商务数字化、网络化、智能化的特征使电子商务对社会总需求结构有更为灵敏的反应速度。从企业生产的角度来看，电子商务通过数字化技术获取与分析互联网需求数据，形

---

① 姚战琪：《数字贸易、产业结构升级与出口技术复杂度——基于结构方程模型的多重中介效应》，《改革》2021 年第 1 期。

② 包则庆、林继扬：《技术创新、工资增长与产业结构升级——基于 PVAR 模型的动态分析》，《东南学术》2020 年第 3 期。

③ 张夏恒、陈怡欣：《跨境电子商务全产业链集聚的瓶颈及其破解》，《理论探索》2020 年第 1 期。

④ 盛斌、高疆：《超越传统贸易：数字贸易的内涵、特征与影响》，《国外社会科学》2020 年第 4 期。

⑤ 徐金海、夏杰长：《全球价值链视角的数字贸易发展：战略定位与中国路径》，《改革》2020 年第 5 期。

成企业电子商务生产供给与营销活动的决策依据，实现精准的供需匹配，使企业实时掌握市场动态，及时调整市场营销策略与生产要素的分配与投入，生产要素分布向合理化方向发展。[①] 从地区的产业结构和贸易结构优化来看，电子商务能够通过及时、有效地反映本地产品生产的优势变动，引导当地产业结构和贸易结构的合理调整。[②]

二是电子商务提高经济要素的流通速度。在传统的贸易中，区域间贸易要求包括资金、技术、劳动力、信息等多种资源要素和经济要素互相流通，二者的流通速度会受到时间和空间距离的双重限制，形成市场的贸易壁垒，增加供需双方对接成本，降低对接效率。以信息技术为基础的电子商务具有规模经济特征，能够跨越时空约束，对接更加广阔的市场，提高区域间贸易供需双方的信息畅通程度，提高各类生产要素的流通速度。[③]

三是电子商务降低经济要素的流通成本。地理经济学认为，区域间的贸易成本主要包括两部分——贸易壁垒和运输成本，主要是指资金、技术、劳动力、信息等多种资源要素和经济要素，在流动过程中所需的各种交通成本或者流动过程的机会成本及区域壁垒。[④] 基于数字技术的电子商务具有渗透性、替代性和协同性三个特征，可以降低经济要素搜寻成本和交易成本，提高经济要素的配置效率。[⑤] 电子商务的出现，在一定程度上可以弥合地区间的"数字鸿沟"，大幅降低区域间的信息获取成本，弱化区位发展中要素流动与分配不均匀、不平等的劣势。[⑥]

---

① 林益敏：《大数据背景下电子商务营销管理的优化策略探讨研究》，《现代营销》（下旬刊）2020 年第 12 期。

② 董志良、张永礼：《电子商务在京津冀协同发展中的重要作用及其发展对策》，《河北学刊》2015 年第 2 期。

③ 彭芬、刘璐琳：《农村电子商务扶贫体系构建研究》，《北京交通大学学报》（社会科学版）2019 年第 1 期。

④ 张修：《基于要素流动的京津冀区域内产业转移研究》，华北理工大学硕士学位论文，2017。

⑤ 张永恒、王家庭：《数字经济发展是否降低了中国要素错配水平？》，《统计与信息论坛》2020 年第 9 期。

⑥ 李建琴、孙薇：《电子商务对产业结构升级的传导机制研究》，《产经评论》2020 年第 4 期。

### 3. 电子商务构建京津冀经济增长新引擎

电子商务发展通过区域间空间溢出效应构建京津冀经济增长新引擎，通过知识溢出与技术溢出，提高区域生产率，促进产业集聚，推动经济增长。

一是通过知识溢出与技术溢出提高区域生产率，推动经济增长。不同区域间存在知识缺口，区域间存在知识交换的潜在需求，这种潜在需求会促使跨区域主体间的相互依存与互动联系，提升分工与协作水平，深化区域经济一体化发展。[①] 知识属于非排他性属性的公共品，电子商务通过发展跨区域的贸易、投资与商务合作，促进了地区间的信息化传播，使得知识的溢出性增强。在京津冀电子商务协同发展的框架下，北京利用丰富的科技资源、人才优势，率先发展高端的创新技术研发、数据网络构建等活动，通过知识溢出辐射和带动津冀地区电子商务发展。借此，发展较为缓慢的行业、较为落后的地区可以借助知识溢出以较低成本和快速吸收先进知识，提高创新能力，提升生产率，缩小与其他地区的差距，提升周边地区协同创新水平，提升城市群协同的整体效益。[②]

二是通过知识溢出与技术溢出促进产业集聚，推动经济增长。一方面，电子商务发展带来的空间溢出效应能够削减空间上的互动成本，吸引企业形成产业集群。知识溢出的局域性能够带动区域产业集聚和专业分工，降低地区间信息交流的成本，电子商务有助于破除阻碍区域人口和要素自由流动的体制壁垒，促进区域一体化与协同发展。[③] 另一方面，电子商务带来的空间溢出效应能够影响市场需求规模，拓展市场的边界范围。电子商务通过知识溢出与技术溢出，扩大外部区域的市场潜能，消除市场分割、扩大市场容

---

① 吕海萍：《创新要素空间流动及其对区域创新绩效的影响研究——基于我国省域数据》，浙江工业大学博士学位论文，2019。

② 李琳、刘瑞：《创新要素流动对城市群协同创新的影响——基于长三角城市群与长江中游城市群的实证》，《科技进步与对策》2020 年第 16 期。

③ 张俊英、郭凯歌、唐红涛：《电子商务发展、空间溢出与经济增长——基于中国地级市的经验证据》，《财经科学》2019 年第 3 期。

量，带动周围地区的上下游产业发展，为区域产业聚集提供良好的市场条件。[1]

## 二 北京电子商务发展功能定位

本节通过地区功能定位、地区产业结构两个角度来分析北京电子商务产业的功能定位。

一是北京市的功能定位。电子商务的发展需要服务于城市发展定位与发展目标。北京市电子商务的发展，符合北京作为区域协同发展的改革引领区，以及"四个中心"功能定位。北京电子商务需要发挥带头作用，引领京津冀电子商务各个环节协同发展。发挥北京科技创新中心、人才资源的创新优势，引导与电子商务相关的科技创新，为京津冀三地电子商务发展蓄积科技创新动力，以创新链带动京津冀供应链、产业链与价值链的转型。

二是北京市的产业结构。北京市主要以第三产业为支柱产业，第一产业与第二产业的比重都较小。电子商务在产业发展应用方面，应将重点放在第三产业上。因此，将京津冀与电子商务发展相关的研发和服务功能集中到北京，有利于搭建京津冀一体化电子商务服务平台，共惠天津与河北电子商务发展。

综上所述，北京电子商务产业的功能定位应该是为津冀的电子商务产业提供高端服务，把与电子商务相关的运营、研发、数据服务、网络服务、人才服务以及金融服务环节向北京集中，引领和辐射京津冀电子商务创新发展。

## 三 天津电子商务发展功能定位

对于天津，同样从地区功能定位、地区产业结构两个角度来分析电子商务产业的功能定位。

---

[1] 李琪、唐跃桓、任小静：《电子商务发展、空间溢出与农民收入增长》，《农业技术经济》2019 年第 4 期。

一是天津市的功能定位。天津在京津冀协同发展中的功能定位是"全国先进制造研发基地、北方国际航运核心区、金融创新运营示范区、改革开放先行区"。[①] 天津港不仅是京津冀对外贸易的主要口岸，也是我国发展对外贸易的重要口岸。优化天津港口岸营商环境对于打造津冀世界级港口群、服务京津冀协同发展具有重要意义。[②] 因此，天津电子商务的发展要充分发挥天津作为北方国际航运核心区的优势，促进京津冀跨境电商发展，构建京津冀区域物流协同体系，为京津冀城市群的发展提供跨境电商和物流信息服务。

二是天津市的产业结构。天津第一产业占比较小，以第二产业和第三产业为主。电子商务对天津产业的作用主要落在中高端服务业与中高端制造业上。天津的先进制造业能够为河北的产业发展提供支持，同时也可弥补北京制造业需求缺口。天津市发展电子商务的工作要点是为天津的中高端服务业与中高端制造业提供相应的服务，提升天津优势产业的发展质量与发展效益。

综上所述，天津电子商务产业功能定位主要是为中高端服务业、中高端制造业、现代物流业和外贸提供电子商务服务，为京津冀区域提供跨境电商、物流信息、制造业 B2B 贸易及其他增值服务。

### 四 河北电子商务发展功能定位

河北的地区功能定位、地区产业结构与北京、天津差别较大。

一是河北的功能定位。河北在京津冀协同发展中的功能定位是"全国现代商贸物流重要基地、产业转型升级试验区、新型城镇化与城乡统筹示范区、京津冀生态环境支撑区"。[③] 河北作为京津冀协同发展的重要基础，利用其综合区位优势、生产要素资源优势协助首都科研功能疏解扩散，推动京

---

① 《京津冀协同发展规划纲要》，北京市昌平区人民政府网站，2018 年 4 月 13 日，http：//www. bjchp. gov. cn/cpqzf/315734/tzgg27/1277896/index. html。

② 徐滢、赵滨元：《优化天津港口岸营商环境对策研究——基于京津冀协同发展视角》，《中国流通经济》2019 年第 5 期。

③ 《京津冀协同发展规划纲要》，北京市昌平区人民政府网站，2018 年 4 月 13 日，http：//www. bjchp. gov. cn/cpqzf/315734/tzgg27/1277896/index. html。

津冀产业技术研究和科技创新成果孵化转化，发展高新技术和战略性新兴产业，通过科技创新引领支撑产业转型升级和绿色发展。[①]

二是河北的产业结构。河北以农业、中低端制造业、中低端服务业、旅游业为主。电子商务主要为河北农业、制造业、服务业、旅游业的数字化转型赋能。因此，河北省要积极发挥电子商务在县域特色经济产业集群发展中的作用，涉及智慧农业、工业互联网、智慧文化旅游业方面，为河北优势产业的数字化转型赋能。

综上所述，河北电子商务产业功能定位主要是为农业、中低端制造业、中低端服务业和旅游业提供电子商务服务，形成现代商贸物流基地，带动河北县域经济发展。

## 第三节　京津冀发展电子商务的产业定位

在明确京津冀三地电子商务功能定位的情况下，依据分工理论、比较优势理论、产业空间结构理论，可以描述京津冀三地发展电子商务具体的产业定位。北京的电子商务产业以高端服务业为核心，以信息服务业、信息技术业为代表的高技术产业和新兴产业是经济增长的主要支撑；天津的电子商务产业以中高端服务业、中高端制造业、现代物流业和外贸的产业数字化为引领；河北电子商务产业以大数据产业、制造业数字化、农业数字化、服务业数字化、电子信息产业为支持。

### 一　京津冀产业结构布局理论依据

产业结构的调整与优化涉及分工理论。随着研究的不断深入，分工理论由原来的绝对优势理论发展到相对优势理论，结合产业空间结构理论中的梯度转移理论，能够作为分析京津冀产业结构布局的理论支撑。

---

① 苏炜、彭晓静、杨珊：《河北省推进京津冀协同创新的路径分析》，《河北金融》2016年第10期。

### 1. 分工理论

分工理论主要研究地区产业结构布局。亚当·斯密最早提出分工的思想，进一步将分工与一国的产业发展相结合。他认为劳动分工能够提高效率，推动财富的创造和增长，在市场机制的作用下，社会活动中个体在追求自身利益最大化的同时，带动整体协同利益的改进。[①] 在亚当·斯密分工思想的基础上，马克思从政治经济学的角度丰富和发展了分工与协作理论。马克思进一步强调分工与协作二者之间存在相互依赖、相互促进、同生共荣的密切关系，内部分工的深化能够增进协作，进而提高劳动强度、改善劳动生产力、节约生产资料等。[②] 根据新兴古典经济学理论，分工则可以理解为劳动专业化、专业多样化、生产迂回化、经济组织化四者的统一，分工能够避免过度重复建设和竞争带来的产能过剩，造成单个产业周期对整体产业周期的影响。[③] 京津冀产业协同发展过程中存在分工不明晰的问题。由于地理邻近性，城市群的文化、历史、区位、资源条件有相似性，容易造成各个城市产业定位和职能分工模糊、产业同质化的现象。[④] 京津冀城市群发展存在低效率协同的现象。京冀、京津产业分工逐步明朗，但是津冀产业分工，尤其是新兴产业的发展分工仍不明晰，两地间产业仍然存在资源配置的浪费。另外，京津冀主导产业布局需要改善。京津冀三地产业结构中重工业比重很大，经过产业结构的调整，北京的主导产业已经转向现代服务业，但天津与河北以制造业为主导的产业状况仍然明显。[⑤] 在承接北京产业转移的过程中，两地还存在同位竞争情况，天津本身的优势使河北在竞争中处于劣

---

① 魏丽华：《京津冀产业协同发展问题研究》，中共中央党校博士学位论文，2018。
② 祁文辉、魏丽华：《新常态下马克思分工协作理论对区域协同发展的启示——以京津冀地区为例》，《价格理论与实践》2016 年第 5 期。
③ 向国成、李真子：《实现经济的高质量稳定发展：基于新兴古典经济学视角》，《社会科学》2016 年第 7 期。
④ 程丽辉、崔琰、周忆南：《关中城市群产业协同发展策略》，《开发研究》2020 年第 6 期。
⑤ 刘琳、杜鹏、岳志鹏：《"协同"理论与"产业梯度转移"理论下京津冀一体化发展滞缓共性因素研究》，《大众投资指南》2020 年第 6 期。

势。① 因此，需要进一步明晰京津冀三地产业分工，这是京津冀协同发展的前提，未来京津冀产业协同发展需要进一步细化区域同一产业内部与不同产业间的分工协作，完善京津冀产业链。

### 2. 比较优势理论

亚当·斯密认为国际分工的基础，来源于某个地区比其他地区拥有有利的自然资源条件带来的低廉生产成本，生产成本上的差异形成的绝对优势导致国际分工的出现。② 针对国际分工与贸易问题，大卫·李嘉图、赫克歇尔与俄林、迪克西特与斯蒂格利茨分别从外生技术比较优势、要素禀赋优势、规模经济比较优势的角度阐述了比较优势的产生。杨小凯从三个角度发展了综合比较优势理论，强调经济主体在利用外生比较优势的基础上，重视形成专业化的内生比较优势，提高交易效率。③ 林毅夫则将比较优势战略具体化，讨论如何根据要素禀赋和比较优势的变动来推进产业升级，促进持续的技术革新和结构变化。④

京津冀在产业协同发展过程中需要注重各地产业的比较优势。以北京为例，北京作为一个处于后工业化时期的消费型城市，第一、第二产业的比重都较小，科技资源、人才资源丰富，市场潜力巨大。北京的信息服务产业、金融业、商业服务业、科研、技术服务的专业化程度高，是京津冀城市群发展高端服务业与高新技术产业的龙头，相较于天津和河北，北京的区域信息化程度更适宜发展高端服务业。⑤ 比较优势理论为京津冀三地产业结构的优化与产业发展提供了理论支撑。

---

① 孙久文、姚鹏：《京津冀产业空间转移、地区专业化与协同发展——基于新经济地理学的分析框架》，《南开学报》（哲学社会科学版）2015年第1期。
② 张修：《基于要素流动的京津冀区域内产业转移研究》，华北理工大学硕士学位论文，2017。
③ 向国成、韩绍凤：《综合比较优势理论：比较优势理论的三大转变——超边际经济学的比较优势理论》，《财贸经济》2005年第6期。
④ 朱富强：《如何通过比较优势的转换来实现产业升级——评林毅夫的新结构经济学》，《学术月刊》2017年第2期。
⑤ 栾江、马瑞：《京津冀地区经济协同发展程度的统计测度》，《统计与决策》2020年第16期。

### 3. 梯度转移理论

产业梯度转移的概念最早出现于哈佛大学教授弗农的理论研究中。弗农强调了美国的工业由技术创新、规模经济导致产品周期变化，可将一些丧失比较优势的劳动密集型产业逐步转移到发展中国家和地区。[①] 此后，学者将弗农的理论引入区域经济学中，形成区域经济梯度转移理论，提出高梯度地区的创新活动会随着时间推移与产品生命周期变化逐渐转移到低梯度地区，处于高梯度的区域应该通过创新推动经济发展，而低梯度地区可以通过承接高梯度地区转移出来的初级产业与劳动密集型产业获得发展机会。[②] 产业梯度转移的本质是要素在空间范围内的再配置，通过不同区域间的产业转移，可以加强不同梯度地区经济横向联系，协调区域经济均衡发展。[③]

京津冀三地产业发展水平不一。在京津冀城市群产业发展水平的测度中，学者们发现公共服务业的分工水平较高，制造业的分工水平较低。[④] 北京以服务业为主，天津和河北的制造业比重比较大，因此，北京的产业分工水平和产业效率水平远超天津和河北，三地产业发展水平不平衡。

从产业梯度转移理论的视角来看，京津冀三地产业的转移能够提升京津冀协同发展的整体效益。随着技术的发展与工业化的推进，京津冀的产业发展程度不一，处于后工业化时期的北京和处于工业化后期的天津，在转型过程中会逐渐将一些中低端的制造业与农业生产的产业链逐渐向河北转移。京津冀产业转移可以促使北京产业结构优化，疏解北京非首都功能，天津与河北在承接北京的产业转移中，也能够获得产业发展，为实现天津与河北产业

---

① Vernonr," International Investment and International Trade in the Product Cycle", *Quarterly Journal of Economics*, 1996, 80（2）：190–207.

② 郑燕伟：《产业转移理论初探》，《中共浙江省委党校学报》2000年第3期。

③ 黄蕊、张肃：《梯度转移理论下我国区域创新极化效应与扩散效应的非对称性影响研究》，《商业经济与管理》2019年第12期。

④ 崔彦哲、周京奎：《效率与平衡视角下京津冀城市群产业发展水平测度》，《科技进步与对策》2019年第20期。

的升级注入强大动力。① 河北作为京津地区转出产业的主要承接方，一方面激活了相对闲置的土地、人力、资源等生产要素，带动了本地就业，促进了经济发展；另一方面推动京津地区的一些高端制造业与河北的劳动、资源、能源型产业形成了产业互补、产业协作，形成协同发展的局面，有利于整个京津冀产业结构的升级与优化。②

## 二　北京电子商务产业定位

北京电子商务产业以高端服务业为核心，以信息服务业、信息技术业为代表的高新技术产业和新兴产业是经济增长的主要支撑。

从比较优势理论来看，北京电子商务发展较快、起步较早，北京的服务业、高新技术产业与新兴产业发展水平与天津和河北相比具有较大优势。

第一，北京电子商务发展具有外生技术比较优势。北京市的大数据、云计算、区块链和互联网技术发展水平均处于全国前列。政府通过政策引导与规划，建成国内领先、国际一流的大数据和云计算基础设施，打造具有全国示范水平的基础公共云平台，③ 为技术发展提供了良好的政策环境。新一代信息技术为北京发展高端服务业、高新技术产业和新兴产业提供了技术支持。

第二，北京电子商务发展具有要素禀赋比较优势。北京市作为首都，形成聚集效应，吸引信息、人才、资本等资源要素集聚，为北京市的高端服务业、高新技术产业和新兴产业发展提供了良好的要素禀赋支持。

第三，北京电子商务发展具有规模经济比较优势。北京市在高端生产性

---

① 齐长安：《都市圈城市物流网络空间优化——以京津冀地区为例》，《商业经济研究》2020年第 22 期。

② 李然：《基于产业安全的京津冀产业转移研究》，北京交通大学博士学位论文，2016。

③ 北京市人民政府：《北京市人民政府关于印发〈北京市大数据和云计算发展行动计划（2016—2020 年）〉的通知》，北京市人民政府网站，2016 年 9 月 1 日，http://www.beijing.gov.cn/zhengce/zhengcefagui/201905/t20190522_ 59364. html。

服务业的区位熵远高于津冀地区，且具有明显的聚集效应。[①] 产业聚集带来规模经济与外部经济，降低服务成本，提高服务效率，提升服务水平。

第四，北京电子商务发展具有内生比较优势。北京在研发、营销和管理等领域专业化水平显著高于京津冀城市群其他城市，且这种差距呈不断扩大的趋势。[②] 北京市专业化水平能够不断培育内生的比较优势，推动北京市电子商务产业发展与优化。

基于北京市电子商务的技术比较优势、要素禀赋优势、规模经济优势以及内生比较优势的分析，北京电子商务产业将集中于发展高端服务业和以信息服务业、信息技术业为代表的高新技术产业和新兴产业，主要涉及数字航空、跨境电商、数字医疗、智慧物流、金融科技、数据服务、数字内容、新一代信息技术、机器人和智能制造等领域。因此，北京市不断深化信息技术研发与应用，推进数字产业化、产业数字化、数据价值化和数字化治理，在有序疏解非首都功能的同时，逐步推动北京市服务业向科技化、智能化、高端化的方向发展，将北京打造成具有国际影响力的电子商务核心城市，引领京津冀电子商务协同发展。

## 三 天津电子商务产业定位

天津的电子商务产业以中高端服务业、中高端制造业、现代物流业和外贸的产业数字化为引领。

天津处于产业转型阶段，发展中高端服务业、中高端制造业具有合理性。天津制造业有良好的发展基础。天津目前处于向工业化后期转型的阶段，把一部分中低端制造业向河北转移，是优化天津产业结构的路径；同时，天津毗邻北京，有能力承接北京的一部分中高端服务业，提升天津服务

---

① 贺小丹：《京津冀高端生产性服务业集聚形成及效应分析》，《首都经济贸易大学学报》2017 年第 3 期。

② 张晓涛、易云锋、王淳：《价值链视角下的京津冀城市群职能分工演变：2003－2016——兼论中国三大城市群职能分工水平差异》，《宏观经济研究》2019 年第 2 期。

业发展水平。自京津冀协同发展规划确定以来，天津积极承接产业转移。①

从比较优势理论而言，一方面，天津的中高端制造业发展在京津冀城市群中具有优势。天津市第二产业长期居于主导产业的地位，已经形成较好的区位竞争力优势，在区域分工中，天津市应当在保持第二产业竞争优势的同时发展生产性服务业，实现第二、三产业协同发展。② 另一方面，天津市交通设施条件比较完善。天津口岸资源丰富、交通网络发达，为天津发展现代物流产业和跨境电子商务提供了坚实的基础。

基于天津电子商务的产业定位，天津应立足先进制造业和港口经济优势，推进电子商务与快递物流的协同发展，以数字技术赋能制造业转型升级。

## 四　河北电子商务产业定位

河北电子商务产业以大数据产业、制造业数字化、农业数字化、服务业数字化、电子信息产业为支持。

河北的产业发展要考虑京津二地的产业转移需求。河北作为京津冀协同发展产业转移的主要承接区域，能够承接北京、天津的部分产业，推动北京与天津的产业结构调整，推进本地产业优化升级。河北通过"减法"化解过剩产能和淘汰落后产能，利用"加法"承接京津优质产能，运用创新这一"乘法"驱动推进产业转型和升级。③

从比较优势理论而言，河北农业发展相对于京津地区有土地资源优势和生产成本优势。河北地区第一产业仍有一定的发展规模，第三产业发展相对

---

① 吴振林、刘祥敏：《天津深入推进京津冀协同发展重大国家战略对策建议》，《天津经济》2020 年第 8 期。

② 吴爱东、李奕男：《京津冀协同发展背景下天津产业结构升级空间与路径分析》，《现代城市研究》2017 年第 2 期。

③ 武义青、张晓宇：《京津冀产业结构演变趋势与优化升级》，《河北师范大学学报》（哲学社会科学版）2017 年第 3 期。

京津地区较为落后，但具备较大的发展潜力。① 河北要积极推动产业数字化发展，引进京津优势资源与先进技术，共享京津冀协同创新成果，在提升第一、第二产业发展水平的基础上，激发第三产业的潜力。

基于河北"一基地四区"的功能定位，一方面，河北利用信息技术，推动产业数字化转型。重点是利用河北的农业基础，着力培育县域电子商务和农村电子商务的发展。中央出台《"互联网"农产品出村进城工程试点工作方案》《关于做好 2020 年电子商务进农村综合示范工作的通知》《数字农业农村发展规划（2019-2025 年）》等一系列政策，引导与推动电子商务发展。响应国家政策号召，河北鼓励传统企业开展电子商务应用，并在全国首先提出建立农村电商服务体系，推动农村电商的建设。② 此外，河北也出台了一系列推进措施，推动县域电商、产业电商的发展。《河北省智慧农业示范建设专项行动计划（2020—2025 年）》强调，以实现产业融合发展、数据互联互通、服务高效便捷的智慧农业发展为目标，加快推进现代信息技术在农业生产领域的应用，聚焦六大任务，实施 6 项工程，大力推进"互联网+"现代农业创新发展，加速农业产业数字化进程。③ 另一方面，河北要致力于发展和培育信息技术产业，建设数字经济发展体系。《河北省数字经济发展规划（2020—2025 年）》提出了河北对于发展通信设备制造业、半导体器件产业、新型显示产业、软件和信息技术服务业、人工智能及智能装备产业、网络安全产业的要求。④

河北省在发挥基础产业优势的情况下，深化电子商务的应用，通过产业

---

① 俞伯阳、丛屹：《京津冀协同发展视阈下产业结构与就业结构互动机制研究》，《当代经济管理》2020 年第 5 期。

② 刘宝辉：《携手打造京津冀电子商务新高地》，河北省社会科学院网站，2020 年 7 月 23 日，https：//hebsky.org.cn/cgfb/4891.jhtml。

③ 河北省农业农村厅：《河北省智慧农业示范建设专项行动计划（2020—2025 年）》，河北省农业农村厅网站，2020 年 11 月 23 日，http：//nync.hebei.gov.cn/article/zhengcfg/202011/20201100018474.shtml。

④ 《〈河北省数字经济发展规划（2020—2025 年）〉解读》，河北省发展和改革委员会网站，2020 年 4 月 23 日，http：//hbdrc.hebei.gov.cn/web/web/xxgkzcjd/2c94738471a175590171a64602a92d23.htm。

数字化转型，推动实体经济与数字经济融合发展，加快河北产业转型升级，提升京津冀协同发展水平。

## 五　三地产业协同机制

在明确京津冀三地发展电子商务产业定位的前提下，探索三地间产业协同的体制机制，将京津冀三地产业结构的调整与优化，置于协同发展的整体环境。如图 3-1 所示，京津冀三地的产业协同发展，需要培育产业协同的创新驱动机制、要素共享机制、物流协同机制、政务保障机制，形成以科技创新为驱动力、以完善的要素体系为支撑、以快递物流创新协同为基础、以政府行政手段为保障的优势互补、互利共赢、共建共享的产业协同机制。

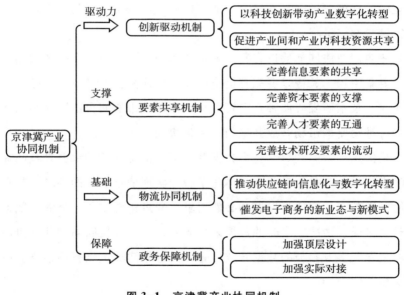

图 3-1　京津冀产业协同机制

### 1.创新驱动机制

京津冀三地产业协同以科技创新为驱动力。

首先，以科技创新带动京津冀三地产业数字化转型。京津冀电子商务发展与数字技术的应用，改变了传统的商业模式，重塑京津冀城市群的供应链、产业链与价值链，为京津冀产业协同与产业发展注入新的活力。产业的数字化转型可以驱动产业效率提升、推动产业跨界融合、重构产业组织的竞争模式、赋能产业升级。①

其次，促进京津冀产业间与产业内科技资源共享。整合京津冀城市群的科技创新资源，促进科技资源在整个区域内的流动与运用，共享科技发展创新成果。一方面，大力发展科技成果转化服务与京津冀协同创新平台的建设，引导京津冀地区的企业、高校、科研院所加深产学研合作。② 另一方面，整合京津冀城市群内部科技创新资源，构建面向城市群的区域创新体系，形成包括研发共同体、教育共同体、科技服务共同体和科技成果转化共同体在内的京津冀协同创新共同体。③ 推动科技资源在京津冀产业结构调整与优化中的深度渗透，是京津冀产业协同发展与经济增长的动力。

2. 要素共享机制

京津冀产业协同需要以完善的要素体系为支撑。京津冀三地共同发展电子商务要素市场，关键是要完善电子商务支撑体系，引导电子商务信息、资本、人才、技术研发等四种要素资源在京津冀城市群间自由流动与向优势载体集中，推动要素市场开放共享与一体化协同。

一是信息要素的共享。在大数据背景下，信息要素的价值日益凸显。京津冀间搭建电子商务信息要素一体化平台，实现信息要素的共享，是京津冀产业协同高效率、高质量发展的必然要求。通过构建差异互补的大数据产业链，建立全面、精准、实时的数据采集体系，完善数据联通和共享机制，形成政府主导、多方参与的数据开放生态，推进京津冀重点行业信息资源的集聚、交换与协同。④

---

① 肖旭、戚聿东：《产业数字化转型的价值维度与理论逻辑》，《改革》2019 年第 8 期。
② 王德利：《首都科技引领京津冀协同发展存在的问题及对策建议》，《科技管理研究》2018 年第 14 期。
③ 方创琳：《京津冀城市群协同发展的理论基础与规律性分析》，《地理科学进展》2017 年第 1 期。
④ 邸菁、陈正举、富尧：《京津冀数据开放共享研究现状、问题及对策》，《数字通信世界》2018 年第 5 期。

二是资本要素的支撑。京津冀产业的发展离不开资本要素的支持，然而京津冀三地区的新兴产业尚未实现金融资源的优化配置，且金融支持整体效率呈下降趋势。[①] 需要根据京津冀产业协同的要求，明确各地产业发展重点，引导资本合理有序高效地流入，提高社会闲散资本的利用率，完善多元化的京津冀资本市场体系。

三是人才要素的互通。京津冀尤其是北京地区高校、科研院所众多，需要鼓励和吸引电子商务相关人才向天津与河北地区流通，补充与丰富天津和河北地区产业发展所需要的高级劳动力，为天津和河北产业转型升级提供技术支持与智力支持，使京津冀人才资源达到合理化、最优化的配置，促进京津冀产业协同发展。在京津冀产业转移过程中，重视对人才成长环境、人才保障环境、人才流动环境的优化，打造优良的人才社会生态环境。[②]

四是技术研发要素的流动。研发要素在区际流动具有明显的空间知识溢出效应，破除地区间的壁垒，完善区域间要素流动的机制体制，有利于扩大知识溢出的空间半径。[③] 北京技术研发要素自由流动带来的知识溢出，有利于天津和河北共享技术红利，实现原有产业结构的优化与升级，提升与北京产业的对接效率和协同质量，提高区域经济的整体协调水平。

### 3. 物流协同机制

京津冀产业协同需要以快递物流创新协同为基础。京津冀的物流体系是产业协同发展的生命线。京津冀三地产业发展重点与产业分工对于完善产业链与供应链、构建一个产业集群、发展境外贸易、搭建一个配套的物流协同体系不可或缺。

以电子商务与新一代信息技术为依托的快递物流未来的转型方向是数字供应链。推进京津冀物流协同，一方面，供应链向信息化与数字化转型，增

---

① 陈小荣、韩景旺、任爱华、孙忠艳：《战略性新兴产业的金融支持效率研究——来自京津冀区域 237 家上市公司的实证》，《金融与经济》2020 年第 5 期。

② 田楠：《京津冀产业转移中技术技能人才社会生态环境研究》，《中国职业技术教育》2020年第 13 期。

③ 白俊红、王钺、蒋伏心、李婧：《研发要素流动、空间知识溢出与经济增长》，《经济研究》2017 年第 7 期。

强链上物流的稳定性与安全性，提升京津冀产业上下游企业沟通效率，为跨境物流和跨境电商的发展提供了必要条件；另一方面，催生电子商务的新业态与新模式，激发电子商务的发展活力。

针对京津冀三地产业发展的特点，建立物流企业联盟协同运作机制和供应链协同运作机制，扩展京津冀城市物流的广度、宽度和深度，促进该地区物流要素的协同化、规范化和集约化运行。[①] 结合京津冀三地优势，合理规划流通产业的布局和分工，实现电子商务与流通业、流通业内部的协同发展。

**4. 政务保障机制**

京津冀产业协同需要以政府行政手段为保障。政府行政手段对京津冀产业协同的支撑与协调分为两个方面，一方面是当地三种产业之间结构的支撑与协调；另一方面是三地之间产业协同配合的支撑与协调。当地三种产业之间结构的支撑与协调主要侧重于政策引导产业结构的优化与升级；三地之间产业协同配合的支撑与协调主要侧重于产业转出和承接，以及对要素共享一体化平台构建的鼓励与引导。与前者不同，后者要从京津冀发展的整体利益出发，相关政府针对具体区域问题，在充分对话的基础上进行协商，制定出符合整体利益的政策。[②] 政府在制定与实施政策时有两个不同的视角。

一方面，从中央层面加强京津冀产业协同的顶层设计，引导京津冀三地的产业结构调整和产业转型升级。相关的政策有《京津冀协同发展规划纲要》《京津冀信息化协同发展合作协议》《京津冀产业转移指南》《关于加强京津冀产业转移承接重点平台建设的意见》等。

另一方面，从地方层面加强京津冀产业协同的实际对接，落实京津冀产业协同专项政策。北京出台的政策有《中共北京市委北京市人民政府关于贯彻〈京津冀协同发展规划纲要〉的意见》《关于印发〈关于推动中关村国家自主创新示范区一区多园统筹协同发展的指导意见〉的通知》《北京市通

---

① 吴丹丹：《京津冀城市物流网络协同演化研究》，北京建筑大学硕士学位论文，2020。
② 栗俊杰、刘邦、赵良伟：《京津冀农地非农化政策协同及其治理框架》，《农村·农业·农民》（B版）2021年第1期。

州区与河北省三河、大厂、香河三县市协同发展规划》等；天津市出台的相关政策有《天津市贯彻落实〈京津冀协同发展规划纲要〉实施方案（2015—2020年）》《天津自贸试验区服务京津冀协同发展工作方案》等；河北省出台的相关政策有《中共河北省委、河北省人民政府关于贯彻落实〈京津冀协同发展规划纲要〉的实施意见》《关于进一步做好京津产业承接平台建设工作的指导意见》等。

## 第四节  京津冀发展电子商务的空间布局

优化京津冀发展电子商务的空间布局，提升京津冀城市圈的区域经济发展质量，在三地产业特色与产业优势的情况下，实现京津冀电子商务发展的协调联动。本节依据产业空间结构理论，分析了区域经济发展不同阶段的产业空间布局模式，确定了京津冀电子商务的空间布局，形成以北京为核心，连接京津冀各城市、多个示范性电子商务产业园的轴带扩展与多节点分散的复合模式。京津冀三地政府建立京津冀电子商务协同发展空间布局的路径，通过政策引导空间布局的不断优化。

### 一  京津冀电商空间布局的理论依据

产业空间结构理论中的产业布局模式有三种，分别为增长极布局模式、点轴开发布局模式、网络布局模式，代表区域经济发展不同阶段的产业空间布局的模式演进。

一是增长极布局模式。增长极发展理论最早由法国经济学家佩鲁提出。该理论认为区域经济增长速度与经济结构存在差异，区域中经济增长首先从一些不同强度的增长点或增长极开始，再由不同渠道逐渐扩散到整个经济空间。[①] 增长极发展理论的核心主张是将资本与技术等生产要素流向具有高创

---

① 魏守华、王缉慈、赵雅沁：《产业集群：新型区域经济发展理论》，《经济经纬》2002年第2期。

新度的产业，或形成规模的创新型产业链，培育区域的核心增长极，通过规模效应与经济的正外部性对周边地区产生辐射作用。① 北京是整个京津冀协同发展的核心增长极，京津冀的多个重点城市属于子增长极，京津冀的协同发展主要出现在多个增长极上。

二是点轴开发布局模式。点轴开发布局模式是增长极布局模式在经济增长下空间布局变化的延伸。该理论以主导产业为核心，布局由具有突出优势和基础设施水平的增长极与产业集群的轴带组成，因此，区域经济开发重点由"点"开始，沿着区域的发展轴带向不发达的地区转移。② 随着增长极的发展，区域出现极化模式，为了达到协同发展的目标，需要完善的交通与物流轴线，率先发展城市群的交通一体化，带动京津冀其他地方跟上增长极城市的步伐。《京津冀协同发展交通一体化规划》指出，要加强国务院有关部委和三省市联动，统筹协调解决交通运输领域存在的重大问题，以现有通道格局为基础，打造区域城镇发展主轴，促进城市间互联互通，推进"单中心放射状"通道格局向"四纵四横一环"网格化格局转变，把交通一体化作为先行领域，实现规划同图、建设同步、运输衔接、管理协同。③

三是网络布局模式。网络布局模式是点轴布局模式随着经济发展产业空间布局展现出的更高形态。该模式是指一定区域内节点与节点之间交织，发展成点、线、面的统一体，使人流、物流、资本流、技术流、信息流在区域内外自由高速流动，形成高效的区域经济一体化均衡增长系统。④ 目前，京津冀电子商务的空间布局正向网络布局模式过渡。

区域经济从落后向发达发展的过程中，依次经过增长极布局模式、点轴开发布局模式、网络布局模式，经济增长由"点"发展成"线"再逐渐扩

① 高芳：《增长极理论与廊坊高新技术产业发展问题》，《对接京津——战略实施协同发展论文集》，2019。
② 周茂权：《点轴开发理论的渊源与发展》，《经济地理》1992 年第 2 期。
③ 国家发展改革委、交通运输部：《京津冀协同发展交通一体化规划》，中央政府门户网站，2015 年 12 月 9 日，http：//www.gov.cn/xinwen/2015-12/09/content_ 5021821.htm。
④ 张建军、李琳：《区域网络开发模式的理论研究与实践探索》，《西安文理学院学报》（社会科学版）2006 年第 2 期。

展到"面"。电子商务发展服务于城市群的发展，需要持续优化京津冀电子商务空间布局，支撑京津冀协同发展的产业空间布局。

## 二　以北京为核心的京津冀电子商务协同发展空间布局

《京津冀协同发展规划纲要》明确了以"一核、双城、三轴、四区、多节点"为骨架的布局。[①] 以此为依托，京津冀电子商务布局遵循以北京为核心，以重要城市为支点，连接多个战略性功能区的整体规划。建立京津冀电子商务协同发展的空间布局，引导京津冀协同发展的空间布局走向成熟。

**1. 京津冀电子商务形成以北京为核心，连接京津冀各城市、多个示范性电子商务产业园的轴带扩展与多节点分散的复合模式**

一是以北京为核心。立足于北京"四个中心"的功能定位，京津冀电子商务发展以北京为核心。《北京市促进数字经济创新发展行动纲要（2020—2022 年）》指出，充分发挥北京市数字产业化和产业数字化优势基础，加快数字技术与经济社会深度融合，促进数据要素有序流动，提高数据资源价值，进一步提升数字经济发展水平和治理能力，将北京市打造成为我国数字经济发展的先导区和示范区。[②] 作为电子商务发展中心，北京主要布局电商总部、主要的电商平台、电商创新培训园区，引领京津冀城市群电子商务的发展和技术创新。[③]

二是京津冀各城市多极增长。除了北京，需要重点发展和提高天津，河北的石家庄、唐山、保定、邯郸等区域性中心城市的电子商务水平，打造电子商务空间布局的新增长极，多点带动与辐射周边地区的电子商务发展，服务于周边地区的产业建设与优化升级，提高京津冀城市群发展的效率与水平。

三是示范性电子商务产业园多节点共同赋能。在京津冀协同发展战略的

---

① 《京津冀协同发展规划纲要》，北京市昌平区人民政府网站，2018 年 4 月 13 日，http：//www. bjchp. gov. cn/cpqzf/315734/tzgg27/1277896/index. html。

② 北京市人民政府：《北京市促进数字经济创新发展行动纲要（2020—2022 年）》，北京市人民政府网站，http：//www. beijing. gov. cn/fuwu/lqfw/gggs/202009/t20200923 _ 2088151. html。

③ 刘士忠：《京津冀区域电子商务协同研究》，《电子商务》2017 年第 3 期。

指导下，京津冀地区建设了多个示范性电子商务产业园区。主要的电子商务产业园区有大兴区电子商务示范基地、固安电子商务产业园、京津电子商务产业园。

大兴区电子商务示范基地。大兴新区被称作"北京电子商务中心区"，入驻有多家与电子商务相关的世界 500 强龙头企业，形成了高端产业集群，电子商务全产业链建设基础设施完善，以电子商务为中心的订单流、资金流、信息流、物流和人才商务流等资源要素聚集，为北京市电子商务和实体经济融合应用与北京电子商务国际化提供强大动能。[①]

廊坊市固安电子商务产业园。固安电子商务产业园通过打造移动电子商务产业集群，培育一批本土电子商务骨干企业，推动廊坊以及河北省电子商务产业、生产性服务业、信息产业等相关行业的跨越式发展，目前初步形成以优势行业交易平台为重点、特色产业交易平台为支撑、消费类交易平台为补充的多层次电商体系。[②] 此外，廊坊毗邻大兴，可以推进两地间电子商务产业园区功能分工，充分发挥地域资源优势，优化产业发展格局，提升区域电子商务发展水平。[③]

天津市京津电子商务产业园。该产业园以电子商务、文化创意为主导，着力构建包括仓储物流、云计算服务中心、第三方支付平台、创意研发、加工制造、服务外包及保税库在内的产业集群。初步形成中国北方规模最大、功能最全的专业型电子商务产业基地。[④] 该产业园距离北京较近，可以为天津、北京的产业优化和经济增长提供全面的电子商务服务。

2. 推动布局形成的内生原因

推动京津冀电子商务空间布局形成的内生原因主要包括综合区位因素与

---

① 胥彦、秦耀民、胡新宇：《京津冀一体化背景下北京大兴新区功能定位研究》，《北京规划建设》2017 年第 5 期。

② 《固安电子商务产业园》，固安电子商务产业园网站，https://hebei.zhaoshang.net/yuanqu/detail/9830/intro。

③ 《北京大兴和河北廊坊将共建京津冀电商示范区》，载《京华时报》2015 年 10 月 13 日。

④ 《天津京津电子商务产业园介绍》，天津电商园网站，2015 年 1 月 3 日，https://www.zhaoshang-gov.cn/tjecp/n2.html。

相似产业集群带来的正外部性两方面。

一方面，京津冀城市群的综合区位因素。京津冀地区发展被列入国家战略，财政投资力度大；北京、天津有众多高等院校与研究院所，人才资源丰富，能够为电子商务发展提供智力支持，吸引电子商务相关的技术研发要素聚集；京津冀地区交通便利，机场、铁路、高速公路等基础设施条件优越；北京的人均 GDP 位居我国前列，城市居民消费能力较强，电子商务服务的市场需求大。

另一方面，相似产业集群带来的正外部忙。京津冀有多个电子商务产业园区，园区内产业链较完善，高效率市场分工能够大大降低交易的成本；产业园区的科创企业科技创新能力较强，有利于园区内处于产业链上的其他企业共享技术创新福利；产业园区内合作程度较高，经济韧性较强，能够降低企业的经营风险。因此，电子商务产业园区建设能够吸引电子商务相关企业入驻，并不断扩大园区规模，形成高水平的电子商务产业集群。

京津冀城市群电子商务的空间布局受内在因素的影响，综合区位优势与产业集聚的正外部性吸引电子商务企业集聚，围绕增长极形成电子商务的产业集群。此外，政府为了提升电子商务协同发展水平，通过政策鼓励、支持、引导、培育电子商务发展的新增长点，优化京津冀电子商务产业的空间布局，促进京津冀城市群的协调发展。

## 三　规划京津冀电子商务协同发展空间布局的路径

以京津冀电子商务发展的空间布局策略为基础，需要探索京津冀电子商务协同发展空间布局的路径。本书认为需要考虑四个方面：一是均衡空间布局，实现协同发展；二是完善交通网络，优化协同条件；三是注重绿色发展，提升协同水平；四是加强政策引导，增进协同效率。

### 1. 均衡空间布局，实现协同发展

需要均衡电子商务发展的空间布局，提升京津冀电子商务发展的协同水平。目前，北京的电子商务发展水平与发展基础远超天津与河北。首先，要进一步发挥北京作为京津冀电子商务发展核心增长极的作用，同时防范出现

"虹吸效应"，提升北京电子商务发展辐射和带动天津与河北电子商务发展水平。其次，加速培育与发展三地电子商务新的增长极，多地共同发力，加快电子商务发展速度，提升协同效率。

2.完善交通网络，优化协同条件

进一步推进京津冀地区的交通一体化进程。一方面，要积极加强京津冀地区间、城乡间的交通联系，推动县域电子商务发展。国家发改委与交通运输部联合发布《京津冀协同发展交通一体化规划》，推动京津冀地区交通继续向网络化布局、智能化管理和一体化服务方向优化，打造"四纵四横一环"的交通网络化格局。① 另一方面，要加快航空港、海港的分工合作，推动跨境电子商务发展。通过进一步优化跨境电商支持政策，增强数字技术对跨境电商支撑作用，引导工业与数字产业集聚，扩大跨境电商的规模。②

3.注重绿色发展，提升协同水平

推动绿色低碳循环的电子商务发展。《国务院办公厅关于推进电子商务与快递物流协同发展的意见》提出从促进资源集约、推广绿色包装、推动绿色运输与配送、完善清洁运输结构几个方面发展电子商务与快递物流的协同，强化绿色理念，发展绿色生态链。③《商务部办公厅关于推动电子商务企业绿色发展工作的通知》强调支持服务电商企业绿色发展，引导电商企业提高绿色发展能力，积极探索形成资源节约、环境友好的企业发展模式，推动塑料污染治理、快递包装绿色转型。④ 积极推动农产品电商原产地行动、

---

① 《京津冀协同发展交通一体化规划》，中央门户网站，2015年12月9日，http：//www.gov.cn/xinwen/2015-12/09/content_ 5021821. htm。

② 陈倩：《数字经济背景下的政府支持、产业集聚与跨境电商发展》，《商业经济研究》2020年第24期。

③ 国务院办公厅：《国务院办公厅关于推进电子商务与快递物流协同发展的意见》，中华人民共和国中央人民政府网站，2018年1月23日，http：//www.gov.cn/zhengce/content/2018-01/23/content_ 5259695. htm。

④ 商务部办公厅：《商务部办公厅关于推动电子商务企业绿色发展工作的通知》，中华人民共和国中央人民政府网站，2021年1月7日，http：//www.gov.cn/zhengce/zhengceku/2021-01/12/content_ 5579179. htm。

电商产业园整合资源绿化园区，构建绿色供应链，发展互联网回收电商。①

4. 加强政策引导，增进协同效率

加强政府政策对电子商务空间布局的引导，增进协同效率。一方面，京津冀三地政府要破除行政壁垒，促进电子商务相关的物流、人才流、资金流、信息流等要素流动；另一方面，京津冀三地政府要建立超越三方行政权力的高层次协调机构，统筹京津冀三地电子商务发展利益协调，统筹电子商务协同发展的政策制定。②

## 四　优化京津冀电子商务协同发展空间布局的政策

优化京津冀电子商务协同发展空间布局需要政策支撑。前文所述，虽然存在内生的综合区位优势、产业集聚的正外部性等因素，引导形成京津冀电子商务发展的空间布局，为了实现效益最大化的空间布局模式，政府应当在政策层面，对京津冀电子商务发展的空间布局进行规划与引导。通过统筹与规划，优化京津冀电子商务协同发展的空间布局，是形成分工合理、优势互补的京津冀电子商务发展格局，实现发展效益最大化的必由之路。

目前，京津冀三地政府积极响应中央关于促进京津冀电子商务协同发展的要求，依据《京津冀协同发展规划纲要》以及京津冀电子商务的整体规划，出台了一系列培育和发展电子商务的政策，落实推动电子商务空间布局的调整与优化。三地相关政策内容如表3-1所示。

通过对三地相关政策的梳理，发现优化电子商务发展空间布局的政策主要有以下几个方面。

一是完善交通基础设施网络建设。京津冀三地提出了加快建设交通基础设施网络的要求。通过完善交通基础设施，培育一体化综合交通运输体系，降低要素流动和信息沟通成本，培育创新快递物流协同发展，形成互联互通、开放协同的京津冀电子商务协同发展格局。

---

① 朱锦奎、张洪涛：《绿色发展　电商先行》，《商业文化》2020年第16期。
② 《京津冀协同：聚焦三大都市圈》，宣讲家网，2020年9月4日，http://m.71.cn/article/55050。

表 3-1　京津冀电子商务协同发展空间布局的政策

| 地区 | 发布时间 | 政策名称/相关通知 | 相关内容 |
|---|---|---|---|
| 北京 | 2018 年 12 月 | 北京市人民政府办公厅关于印发《中国（北京）跨境电子商务综合试验区实施方案》的通知 | 落实《北京城市总体规划（2016 年—2035 年）》，坚持科学布局、整体推进，打造"一体两翼多点全平台"的产业布局 |
| | 2020 年 6 月 | 《北京市加快新场景建设培育数字经济新生态行动方案》 | 面向重点区域，加强"三城一区"、城市副中心、自贸区大兴机场片区、天竺综合保税区的重大应用场景组织设计 |
| | 2020 年 9 月 | 北京市经济和信息化局关于印发《北京市促进数字经济创新发展行动纲要（2020-2022 年）》的通知 | ①探索建设国际化开源社区，培育具有国际竞争力的开源项目和产业生态，汇聚创新资源，赋能数字产业建设<br>②面向 5G、工业互联网、北斗导航与位置服务、集成电路、云计算、大数据、人工智能、网络与信息安全等领域打造国际一流的产业集群，培育壮大和引进落地一批行业龙头企业、"单项冠军"企业以及创新型企业，布局一批战略性前沿产业 |
| | 2020 年 9 月 | 北京市商务局关于印发《北京市关于打造数字贸易试验区实施方案》的通知 | ①立足中关村软件园国家数字服务出口基地打造"数字贸易港"和数字经济新兴产业集群<br>②立足金盏国际合作服务区打造数字经济和贸易国际交往功能区<br>③立足自贸区大兴机场片区打造数字贸易综合服务平台 |
| 天津 | 2016 年 6 月 | 天津市人民政府办公厅关于转发市商务委拟定的《中国（天津）跨境电子商务综合试验区实施方案的通知》 | ①采取"一区多园"的布局方式，依托自贸试验区、海关特殊监管区、国家级高新区和电子商务产业园区等，创建各具特色的跨境电子商务创新试验园区<br>②促进跨境电子商务线上平台和线下园区的联动发展，打造跨境电子商务完整的产业链和生态链 |
| | 2018 年 9 月 | 天津市人民政府办公厅关于印发《天津市推进电子商务与快递物流协同发展实施方案》的通知 | ①引导国家和本市电子商务示范基地、跨境电子商务创新试验区与快递物流产业融合发展<br>②加快跨境电子商务快递物流园建设，推进航空快递物流园、电子商务快递物流园升级 |

续表

| 地区 | 发布时间 | 政策名称/相关通知 | 相关内容 |
|---|---|---|---|
| 天津 | 2019 年 3 月 | 天津市人民政府办公厅《关于促进市内六区高端服务业集聚发展的指导意见》 | 坚持高位对标先进城市,以资源禀赋、重大功能设施和产业生态引导优化服务业布局,推动功能再造、形态重塑和产业重构,打造"一核、三带、六匦区"的空间新格局 |
| 天津 | 2019 年 5 月 | 《天津市促进数字经济发展行动方案(2019—2023 年)》 | ①打造天津市数字经济发展先行区<br>②加速推进京津冀大数据综合试验区建设,建立京津冀大数据共享中心<br>③建设数字经济区域研究中心,汇聚京津冀数字经济智库资源,促进区域数字经济合作发展<br>④充分发挥中国(天津)自由贸易试验区支点作用,发展融资租赁、远洋物流、跨境电子商务 |
| 天津 | 2020 年 1 月 | 市商务局关于印发《2020 年天津商务工作要点》的通知 | ①推进区域商品交易市场建设,促进京津冀市场一体化发展<br>②推动静海子牙"中日循环低碳经济示范区"建设,促进京津冀循环经济产业资源整合、协同发展<br>③深化雄安新区出海口建设口岸服务工作机制,加大对雄安新区通关服务保障力度<br>④推动津冀自贸试验区对接协作。推广京津冀冷链物流储运销区域标准 |
| 河北 | 2015 年 5 月 | 河北省人民政府《关于促进云计算创新发展培育信息产业新业态的实施意见》 | ①加强京津冀产业协同,统筹布局云计算基础设施,共同建设以"中关村数据研发—张北、承德、廊坊数据存储—天津数据装备制造"为主线的"京津冀大数据走廊"<br>②加快推进云计算产业基地建设,打造京津冀云存储主基地和国家示范绿色数据中心<br>③加快石家庄"宽带中国"示范城市建设,发挥示范引领作用,逐步向宽带产业发展或应用较为集中的地区普及延伸 |
| 河北 | 2015 年 12 月 | 河北省人民政府《关于推进国内贸易流通现代化　建设法治化营商环境的实施意见》 | ①加强流通节点城市建设<br>②打造城乡商贸流通中心<br>③提升商贸聚集区功能<br>④促进商品市场转型升级 |
| 河北 | 2015 年 12 月 | 《河北省"十三五"电子商务发展规划》 | ①做多做强电子商务市场主体<br>②打造具有全国影响力的电商平台<br>③加快电子商务园区建设<br>④建设京津电子商务产业承接地 |

| 地区 | 发布时间 | 政策名称/相关通知 | 相关内容 |
|---|---|---|---|
| 河北 | 2018 年 4 月 | 河北省人民政府办公厅《关于推进电子商务与快递物流协同发展的实施意见》 | ①在具备条件的城市,探索物流用地分类管理试点<br>②加快基础设施网络建设,完善快递服务网络布局<br>③培育协同发展龙头企业,引导大型商贸流通企业建设网络零售平台,引导省内交易市场,向电商园区、智能快递物流园区转型<br>④引导新建电商园区,优化空间布局,引进快递物流企业入驻,推动已建成电商园区整合现有空间资源,推进专业电商园区向综合园区转型,推动快递物流龙头企业建设协同发展的综合性园区 |
| | 2019 年 10 月 | 《中国(河北)自由贸易试验区管理办法》 | ①着力建设国际商贸物流重要枢纽、新型工业化基地、全球创新高地和开放发展先行区<br>②支持雄安片区数字商务发展。发展大数据交易、数据中心和数字内容等高端数字化贸易业态。支持建立数字化贸易综合服务平台 |
| | 2020 年 4 月 | 河北省人民政府关于印发《河北省数字经济发展规划(2020-2025 年)》的通知 | ①建设雄安新区数字经济创新发展试验区<br>②推动京津冀大数据综合试验区创新发展<br>③打造一批特色鲜明、示范性强的重点园区 |

资料来源：通过北京市人民政府、天津市人民政府、河北省人民政府的政务公开资料整理所得。

二是做好产业转移与承接工作。为了进一步疏解北京非首都功能,提高三地产业对接与协作水平,河北省政府通过政策吸引京津电子商务相关人才、信息、技术、资金等优质资源在河北集聚,优化北京与天津产业结构,疏解过剩产能；提升河北利用北京和天津资源的能力,提高河北产业数字化水平。

三是培育与建设电子商务产业园区和电子商务示范基地,提升跨境电子商务发展水平。京津冀三地通过政策引导与鼓励,形成多个各具特色的电子商务产业集群,整合资金、人才、资源要素,提升电子商务产业集聚程度,形成规模效益,辐射和带动周边地区产业转型与升级。同时,京津冀作为我国跨境电子商务的重要功能区，三地积极施政，推动快递物流创新协同与跨境电子商务的联动发展，并围绕主要的交通枢纽建设数字贸易综合性功能区。

四是培育和布局战略性前沿的数字产业，构建大数据共享与电子商务要素一体化平台。在数字时代背景下，京津冀三地积极布局新兴产业，推进云计算、大数据、区块链、工业互联网等一系列信息技术的发展，发挥技术创新对产业发展的带动作用。为了扩展电子商务的服务范围，提升电子商务的服务能力，京津冀三地积极提高产业内、产业间和地区间数据共享与资源要素互联互通水平，鼓励建立三地电子商务一体化平台。

五是深化电子商务在实体经济中的运用。北京充分发挥引领与示范作用，积极培育智慧物流、智慧医疗、智慧商业、智慧政务，推动产业的数字化转型，以信息技术为产业升级赋能。天津与河北吸收北京电子商务发展经验，逐步推进城市的智慧化转型。

在制定政策逐步推进电子商务产业空间布局优化时，三地政府还需要注意两个问题。

一是破除区域间行政壁垒。京津冀三地在电子商务发展过程中要增进各地政府的沟通与合作，提升政务协同的效率。由于京津冀协同发展过程面临浓厚的行政色彩，一些地方政府出于当地利益考虑，在施政时可能出现市场保护与行政过度干预的现象。[1] 引导京津冀电子商务产业布局优化时，要强化互利互惠、合作共赢的理念，加强政府间的交流与协作，并建立相应的监督体制。因此，以功能和资源整合为突破口，推动形成京津冀电子商务产业优化布局的行政管理体制，加强区域产业横向联系，协调区域范围内各利益主体的关系，统筹规划京津冀产业布局的调整与优化。[2]

二是要警惕增长极的回波效应。有研究表明，在东部地区区域技术转移的过程中，知识吸收能力和经费投入能够快速转化为创新产出，形成向外的

---

[1] 张晓涛、易云锋、王淳：《价值链视角下的京津冀城市群职能分工演变：2003—2016——兼论中国三大城市群职能分工水平差异》，《宏观经济研究》2019 年第 2 期。
[2] 李金辉：《滨海新区产业空间布局演化路径与优化策略》，《特区经济》2009 年第 11 期。

技术扩散，而高新技术企业的发展却会聚集更多创新资源，增强回波效应。[①] 此外，在发展农村电子商务以推动地区减贫时，学者们发现，电子商务对邻近地区减贫效果出现了中心地区吸收周边地区生产要素和资源的空间回波效应。[②] 因此，合理规划电子商务增长极和电子商务产业集群的培育，对过度发展的增长极进行疏解和战略性转移，避免因高新技术产业、新兴产业和电子商务产业集群过于密集导致对周边地区的回波效应，降低京津冀电子商务协同效益。

## 第五节　结论及进一步讨论的问题

本章基于协同理论、分工理论、比较优势理论、产业空间结构理论，对京津冀电子商务协同发展的原则、功能定位、产业定位与空间布局分别进行了讨论。京津冀电子商务发展的原则有四个方面：一是产业集聚，创新发展；二是数据赋能，融合发展；三是优势互补，错位发展；四是共建共享，包容发展。

北京电子商务产业的功能定位是为津冀的电子商务产业提供高端服务，把与电子商务相关的运营、研发、数据服务、网络服务、人才服务以及金融服务环节向北京集中，引领和辐射京津冀电子商务创新发展；天津电子商务产业功能定位主要是为中高端服务业、中高端制造业、现代物流业和外贸提供电子商务服务，为京津冀区域提供跨境电商、物流信息、制造业 B2B 贸易及其他增值服务；河北电子商务产业功能定位是为农业、中低端制造业、中低端服务业和旅游业提供电子商务服务，形成现代商贸物流基地，带动河北县域经济发展。

基于京津冀三地电子商务的功能定位，进一步明确京津冀三地产业定

---

① 刘家树、沈国俊、雷静、齐昕：《中国区域技术转移的回波扩散效应研究》，《科学管理研究》2016 年第 3 期。

② 唐红涛、罗琼、吴忠才：《空间经济视角下电商减贫扩散与回波效应研究》，《湖南理工学院学报》（自然科学版）2019 年第 4 期。

位。北京市电子商务的产业定位是以高端服务业为核心，以信息服务业、信息技术业为代表的高新技术产业和新兴产业为支撑；天津市电子商务的产业定位是以中高端服务业、中高端制造业、现代物流业和外贸的产业数字化为引领；河北省电子商务的产业定位是以大数据产业、制造业数字化、农业数字化、服务业数字化、电子信息产业为支撑。

京津冀三地电子商务分工协作，优势互补，形成以北京为核心，连接京津冀各城市、多个示范性电子商务产业园的轴带扩展与多节点分散的复合模式。

本书接下来将对京津冀电子商务发展的要素支撑体系、京津冀快递物流与电子商务创新协同、京津冀电子商务协同发展的体制机制进行更详细的探讨，深化对电子商务协同发展的认识与理解。

# 第四章

# 京津冀电子商务协同发展要素
# 支撑体系建设

目前，京津冀电子商务发展势头较好。2015 年，中共中央出台了《京津冀协同发展规划纲要》，将京津冀协同发展上升为国家战略。同年，三地签署《关于进一步推动落实京津冀市场一体化行动方案的天津共识》，推进贸易便利化，支持实体企业与电商的合作。2017 年，三地电商协会共同出台了《京津冀电子商务协会协同发展五年行动纲要》，深化三地电商领域的协同合作。京津冀电商协同向纵深推进，离不开数据、资本、人才、技术、产业载体等生产要素的共同支撑，通过研究各生产要素的作用机制，探索各生产要素的支撑路径，发挥市场在资源配置中的主导作用，提高京津冀电商协同发展的效率。

## 第一节　数据融合与京津冀电商协同发展

数据作为一种新型生产要素，与土地、劳动力、资本、技术等传统要素共同支撑数字经济发展，电子商务发展丰富了数据，数据也越来越成为电子商务长足发展的关键生产要素。《中共中央　国务院关于构建更加完善的要素市场化配置体制机制的意见》明确提出，加快培育数据要素市场，推进政府数据开放共享、提升社会数据资源价值、加强数据资源整合和安全保护；建立健全数据产权交易和行业自律机制，打破行政性垄断，防止市场垄断①。京津冀电子商务协同发展，必须挖掘数据要素的潜力，推动三地的政府数据、企业数据和社会数据高效汇聚，充分释放数据商用、民用、政用价值，成为电商协同和融合发展的重要驱动力。

## 一 数据融合对京津冀电商协同发展的意义

数据融合萌芽于 20 世纪 70 年代初期，最早应用于军事领域，1991 年的海湾战争使其名声大噪，并逐渐应用于社会生产生活的各个领域，我国早在"八五"计划中就已经将数据融合列入计算机的关键技术之一。数据融合利用互联网技术，通过对采集到的数据信息进行分析和整理，完成特定的决策和评估任务。

电子商务发展积累了大量电子商务数据，包括消费者信息、产品信息、交易信息、评论信息、社交信息、地理位置信息等，通过对这些数据信息的处理，可以提高电商服务的质量和效率。

数据融合有利于挖掘京津冀电商协同发展的需求。近年来，京津冀三地积累了大量电子商务数据，企业可以精准刻画消费者需求，通过调整产品结构和品种满足消费者的有效需求和潜在需求。比如，利用电商平台的商品评价和商品折扣数据，基于朴素贝叶斯算法进行二分类，可以预测在商品折扣期间销量的增长情况，有助于商家进行合理的销售决策。② 以消费者需求为中心，跨界跨地区电子商务数据融合促使价值链上的企业相互连接，通过信息开放与共享、资源优化、分工协作，不同行业可以挖掘京津冀三地消费者对电商的不同需求，同时三地还组成电商联盟协同运作，实现新的价值创造。比如，基于京津冀地区农产品物流需求，采用多元回归分析即可得到需

---

① 《中共中央 国务院关于构建更加完善的要素市场化配置体制机制的意见》，新华社网站，2020 年 4 月 9 日，http://www.gov.cn/zhengce/2020-04/09/content_5500622.htm。

② 刘帅、李相如、赵润方、徐旭、张文杰、李艳娟：《基于数据挖掘对电商促销活动的销量预测研究》，《智能计算机与应用》2019 年第 9 期。

求模型，满足消费者对农产品质量和新鲜度的要求，促进消费升级①。利用电商的历史销售数据，通过构建 LSTM（Long Short-Term Memory）神经网络，在激励函数、迭代次数等选取适当的情况下，通过机器学习对电商未来的销售量进行预测，准确挖掘消费者需求。②

数据融合有利于促进京津冀电商均衡发展。近年来，京津冀三地电商企业发展水平参差不齐，生产要素错配严重，企业利用数据融合技术可以协调三地的生产要素，促进均衡发展。例如，利用企业的工业增加值、固定资产净值等核心数据，基于产出函数、截面数据模型等计算三地企业的错配指数，通过分析结果可以找出三地各自的薄弱点，从而对症下药，有针对性地采取措施缩小三地差距。③ 三地政府在制定电商政策时，可根据历史数据选取最合适的干预政策，并根据政策出台后的数据走势判断政策效果。例如，通过选取京津冀地区电子商务相关企业的注册地、注册时间、行业代码等数据，基于区位基尼系数和标准差椭圆，分析京津冀地区电子商务相关产业集聚的方向、结构的变化，同时剖析行业份额的趋势，判断相关政策干预的效果。④

数据融合有利于完善京津冀电商的信用体系。电商平台假冒伪劣现象时有发生，通过数据融合整合电商领域各方信用数据，可优化电子商务信用体系。例如，利用大数据归集工商、税务等各部门的数据，打破数据和信息的不对称，将政府部门信用公开形式由被动公开转化为主动公开，实现信用体系的主动行为；将信用信息公开和共享，使社会公众参与到信用体系的建设中，构建政府、市场和公众三者共同参与的信用体系新格局。电子商务不是法外之地，数据融合能消灭电商信用死角，促进电商信用体系向实体企业信

---

① 李松苗：《基于大数据的京津冀农产品物流需求预测分析》，《运筹与模糊学》2018 年第 8 期。

② 王渊明：《基于 LSTM 神经网络的电商需求预测的研究》，山东大学硕士学位论文，2018。

③ 宋帅邦：《京津冀非均衡发展、资源错配及影响因素研究》，《未来与发展》2019 年第 43 期。

④ 张逸群、张京祥、于沛洋：《政策干预对区域均衡发展绩效的检验——京津冀地区产业演化的历程解读》，《城市规划》2020 年第 44 期。

用体系靠拢。例如，数据共享解决区域间的数据孤岛问题，通过大数据风控技术构建信贷云系统，实现不同机构间的数据融合，为信用体系的构建提供数据支持，打破信息和信用的不对称，赋能信用体系建设。[①]

数据融合有利于实现京津冀电商的协同监管。电子商务的监管涉及多个部门，在监管过程中，往往存在重复监管和监管真空现象。数据融合具有跨界融合属性，便于各监管部门沟通和配合，形成监管合力，实现协同监管。[②] 数据融合创新监管模式，通过数据信息的披露提高电商各部门的透明度，提高监管效率和效果。例如，政府将其政务数据进行公开，不仅可以提高政府的透明度，让社会、公众、第三方等多种主体参与进来，通过数据的再利用，创造新的监管模式。[③] 基于大数据、云计算等新兴技术，构建京津冀数据一体化平台，全面精准监管，杜绝重复监管和监管真空现象。例如，建立电子商务用户信息、交易数据等的数据库，利用大数据赋能协同监管，实现监管范围的全覆盖、监管力度的精准性和监管工作的持续性。[④]

## 二　京津冀电商协同发展需要融合的数据

电子商务发展需要"四流"：信息流、商流、资金流、物流。商品、促销、技术、售后、价格等信息，交易、所有权转移等商业活动，付款、转账等资金转移，运输、存储、加工、装卸、保管等物流活动，无一不产生数据，同时，高效率的数据处理也大大提高了"四流"的服务质量。电商企业的发展离不开政务数据的指引，顶层设计为电商发展指明了方向。此外，工业数据为电商前端产品设计提供了创新，用户、平台、社交等数据明确电商后端的消费需求，有力保障电商整体的协调和调度。

---

① 《信用算力：数据共享推动完善信用社会体系建设》，中国日报网，2019 年 3 月 14 日，http://tech.chinadaily.com.cn/a/201903/14/WS5c8a14aba31010568bdcf8cd_5.html。

② 刘光浩：《数字经济时代下的融合业务监管》，搜狐网，2019 年 2 月 20 日，https://www.sohu.com/a/295802332_120025397。

③ 徐天雪、马海群：《政府开放数据的协同监管研究》，《现代情报》2018 年第 9 期。

④ 陈一飞：《上海青浦区局探索"大数据+协同监管"方法管控重点监管户》，搜狐网，2018 年 5 月 21 日，https://www.sohu.com/a/232293846_543952。

政务数据引领京津冀电商发展。随着数字经济的飞速发展，政府作为公共服务的主要提供者，其掌握的政务数据具有专业性、权威性等特点，覆盖范围广，容易追溯，利用潜力大。因此，政务数据对于京津冀电商的发展具有重要的引领作用。[①] 政府拥有的数据大多是基础性数据，这些数据的开放会推动上层其他数据的利用，具有引领和示范作用，推动京津冀地区电子商务的协同发展。[②] 京津冀地区电商的数据治理体系，需要政府来组织和主导，政务数据开放的持续推进可以引领各部门共同培育数据要素市场，充分释放数据的价值。[③]

工业数据协调京津冀电商供给。工业数据以供应链为核心，与生产端数据进行对接，实现研发、生产、维护等核心环节与电子商务的互联互通，提高产业链的协作水平。工业数据的融合实现了产品的物联网化、智能化，将电子商务的运行模式由产品交易向用户交互转型。工业数据融合减少了产品的流通环节，实现了用户与企业的直接沟通，使生产方式由批量生产向定制生产转型。[④] 工业企业的生产、感知、终端等设备无时无刻不在产生数据，数据俨然成为一种新的资产。京津冀地区电子商务发展不平衡、不充分，可以通过工业数据的融合推动电商高质量、高效率发展，借以探索电商可持续协同发展之路。[⑤]

后端数据明确京津冀电商需求。挖掘电商消费者的数据信息，基于数据处理方式，明确消费需求，扩大电商市场。例如，通过采集用户的基本信息、内容偏好、浏览、交易等数据，运用目录化的形式构建用户数据的标签

---

① 王钦敏：《充分发挥数据资源在数字经济中的引擎作用》，国脉电子政务网，2020 年 5 月 12 日，http：//www.echinagov.com/info/279450。
② 李晓东：《发挥政府数据的引领作用　推动上层数据应用开放》，人民网，2020 年 8 月 14 日，http：//yuqing.people.com.cn/n1/2020/0814/c209043-31822990.html。
③ 吴志刚：《政府要发挥数据治理引领作用》，《中国电子报》2020 年 12 月 22 日。
④ 《工业电子商务：驱动经济范式从"规模"走向"范围"》，《人民邮电报》2020 年 9 月 2 日，http：//paper.cnii.com.cn/article/rmydb_ 15729_ 295298.html。
⑤ 《【数字经济与数字化转型】数字转型：从工业经济迈向数字经济》，中国大数据产业生态联盟，2020 年 5 月 14 日，https://www.bdinchina.com/Article/info/id/1033/column_ id/173.html。

体系，由此得出用户行为、心理、兴趣等多个维度的画像，并进行动态管理。根据用户画像可以对用户进行细分，挖掘潜在客户，明确和扩大电商的需求。[①] 此外，运用大数据原理，对电商用户的数据进行挖掘，利用概率、属性、共性等分析方法，对用户的行为、兴趣、需求等建立数据模型。根据数据模型明确电商消费者的需求，为其提供个性化的精准服务。[②] 电商平台的日常运营数据可为电商企业提高服务质量提供有力保障。例如，通过对平台的销售数据进行分析，了解该电商经营的现状和问题，借此探索提高销量的可行性办法，为销售渠道的拓宽提供支持。利用物流数据，基于大数据、云计算等高效数据处理技术，提升电商物流仓储的分配和调度效率，提高快递物流的服务质量。通过电商的交易数据和社交电商的信息，跟踪用户消费行为，快速捕捉用户消费意愿，明确消费者的需求，提高交易完成的效率。

## 三 数据融合推动京津冀电商协同发展的机制

数据导入机制是数据融合的前提。建立数据导入机制，就是要构建数据共享协同平台，通过颁布数据资源的规划和融合共享的管理政策，统一数据标准、采集格式、存储方式等建设，完善数据目录和保密措施，建立数据隐私和数据泄露的奖惩机制。[③] 电商的日常运转需要从京津冀地区的各部门获取大量数据资源，只有构建数据导入机制，才能实现便于读入、存储、应用的电子化交易模式。[④] 完善的数据导入机制是数据融合的前提，是大数据背景下京津冀发展电子商务的基础。

数据流通机制是数据融合的关键。数据流通机制首先要完善京津冀电商数据的采集、处理、应用、流通等环节的法律法规和相关流程，完善数据的

---

① 李佳慧、赵刚：《基于大数据的电子商务用户画像构建研究》，《电子商务》2019 年第 1 期。
② 韦建国、王玉琼：《基于网购平台大数据的电子商务用户行为分析与研究》，《湖北理工学院学报》2019 年第 35 期。
③ 宋懿、安小米、范灵俊、马广惠：《大数据时代政府信息资源共享的协同机制研究——基于宁波市海曙区政府信息资源中心的案例分析》，《情报理论与实践》2018 年第 6 期。
④ 张会平、杨国富：《"互联网+政务服务"跨层级数据协同机制研究——基于个人事项的社会网络分析》，《电子政务》2018 年第 6 期。

质量评估和价格形成机制。同时，实现原始数据的全覆盖、脱敏处理、模型化、人工智能化，不同层级的开发与利用，探索数据这一市场要素的形成体系，开展数据管理能力评估，提高电商各部门合理利用数据的能力。① 京津冀电商数据流通机制要坚持市场主导、政府推动的原则，充分发挥市场在资源配置中的主导作用；发挥三地各自的优势，实现互利共赢；打破数据流通的壁垒，通过建立数据流动机制来实现数据资源安全高效流动，提高电商效率，实现协同发展。②

政企数据共享机制满足数据融合的需求。建立京津冀地区电商数据的分级分类制度，对三地政府和电商企业的数据进行分级分类，确定数据的敏感度和安全级别，以此制定数据融合的需求明细。构建政企数据共享机制，明确双方的权利与义务，推进电商数据的共享与融合，推动数据共享由政府主导向多元合作方向转变，促进数据流通。③ 随着数据量的增加，政务数据的占比将不断降低，未来必然体现为政务数据向企业数据汇聚，企业作为数据融合、加工、处理的主体，而政府更多地扮演规范和引导的作用。④

数据管理机制是数据融合的必要条件。电商数据的管理离不开专业的人才、高校和企业合作，根据数据管理的岗位要求培养人才，为社会输送高素质电商数据精英。完善数据相关立法，防止电商隐私数据的泄露和非法使用，有针对性地对电商数据权益进行保护。大数据、云计算等信息技术可以提高企业数据处理的能力和速度，为海量数据提供高容量和安全的存储空间。电商可利用云计算系统提高数据的利用率，发挥数据的价值。⑤

① 《重磅！关于加快构建全国一体化大数据中心协同创新体系的指导意见》，澎湃网，2020 年 12 月 28 日，https：//www.thepaper.cn/newsDetail_ forward_ 10570444。
② 向萍：《万州、达州、开州三区市携手建立大数据部门协作机制》，《开州日报》2020 年 5 月 25 日，https：//www.cqcb.com/county/kaizhouqu/kaizhouquxinwen/2020-05-25/2430202.html。
③ 赵令锐：《深化政企数据共享利用，推动数据要素市场发展》，《人民邮电报》2020 年 5 月 6 日，http：//paper.cnii.com.cn/article/rmydb_ 15645_ 291855.html。
④ 郭明军、王建冬、安小米等：《政务数据与社会数据平台化对接的演进历程及政策启示》，《电子政务》2020 年第 3 期。
⑤ 郑志新：《大数据时代电子商务产业数据管理与共享机制》，《信息技术与信息化》2016 年第 6 期。

建立健全数据融合推动京津冀电商协同发展的机制。如图 4-1 所示，数据融合在消费者需求（有效需求）、产品设计和生产（个性化生产）、物流快递（降本增效）、商家销售（精准营销）等方面，改变京津冀电商发展的运行方式。例如，基于大数据技术，将电商和自媒体平台结合，发挥人们日常交流中数据信息的价值，精准把握消费者需求，优化产品设计，改变人们消费习惯，为企业创造更多收益。[①] 数据融合可以提高物流快递运作效率，降低电子商务运转成本。例如，基于数据分析和精准预测，通过地理数据网络，利用聚类分析等大数据技术，寻找最佳配送路线，提高物流配送效率。[②] 数据融合分析消费者心理需求，通过精准营销提升电商企业的生产动力。例如，基于数据融合，对消费数据进行有效处理，分析消费者购物行为，了解其偏好兴趣，预判其消费心理，为其提供更优质的服务。[③]

## 四 数据融合推动京津冀电商协同发展的路径

数据融合引发深度应用，促进京津冀电商协同发展。如图 4-2 所示，数据确权是明确数据的所有权，保护数据融合中各方权利。例如，在电子商务的日常运转中，消费者通过浏览、交易、评论等行为产生了大量的数据，这些数据的生产过程，既有电商的贡献，又有消费者的贡献，只有明确这些数据资产的所有权，才能充分发挥数据资源的作用。做好数据安全工作可以保护电商各方的合法权益。例如，商家在运营电商网站时，务必做好数据保护，一旦发生数据泄露丑闻，将会对企业声誉带来毁灭性的打击；消费者在使用电商网站时，也要时刻提防个人数据和隐私的泄露。在数据确权、数据保护的基础上，数据交易实现数据的资产化。例如，北京中关村数海大数据交易平台等与电商合作，整合数据资源，规范数据交易行为，推动数据高效

---

① 王峻：《大数据促进电子商务发展探究》，《计算机产品与流通》2019 年第 7 期。
② 张玮玮：《探讨大数据技术在跨境电商中的应用》，《现代营销》（下旬刊）2019 年第 6 期。
③ 江义火、袁晓建：《大数据促进电子商务发展探究》，《电子商务》2019 年第 12 期。

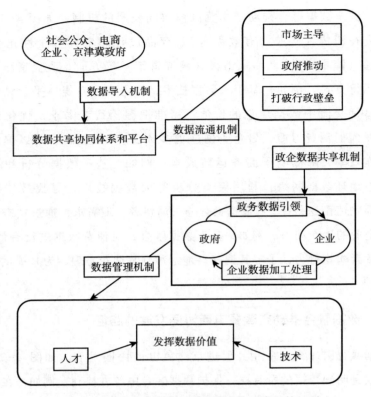

图 4-1　数据融合推动京津冀电商协同发展的机制

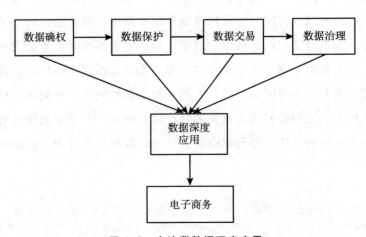

图 4-2　京津冀数据深度应用

利用,① 助力京津冀电商高质量发展。数据治理是协调数据各方利益,对数据确权、数据保护、数据交易等进行综合治理。例如,电商企业从传统的上下游产业封闭式数据流动向开放式联动化转变,丰富的数据来源和流向需要消费者、设计者、经营者各方多元化治理。②

完善数据融合政策。国家发展改革委、中央网信办、工业和信息化部、国家能源局四部门于 2020 年 12 月 28 日发布《关于加快构建全国一体化大数据中心协同创新体系的指导意见》,提出对京津冀地区建立大数据枢纽的具体要求。我国"十四五"规划纲要提出了加快数字化发展,推进数字产业化、产业数字化,发展数字经济、数字产业集群的具体要求。然而,北京市发改委发布的《2018—2020 年行动计划和 2018 年工作要点》《京津冀协同发展规划纲要》等政策性文件中却未提及有关京津冀电商数据融合的相关政策。如图 4-3 所示,三地政府需加强合作,共同致力于数据政策的修订和完善,利用数据赋能京津冀电商协同发展。

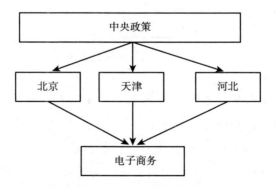

**图 4-3 京津冀完善数据融合政策**

提高数据融合技术。如图 4-4 所示,北京中关村与天津、河北合作,成立京津冀大数据产业创新平台,已与北京大学、方正信产、中航电子、北

---

① 《缺少真正数据交易的大数据 交易中心真正缺少什么?》,《南方都市报》2020 年 9 月 9 日,http://epaper.oeeee.com/epaper/A/html/2020-09/09/content_ 25971.htm。

② 《何为数据治理?》,艾瑞网,2019 年 11 月 27 日,http://column.iresearch.cn/b/201911/878281.shtml。

京供销等签约多个项目。中关村围绕大数据前沿技术的开发与应用，支持电商企业创新发展，引导企业合理布局京津冀，形成以大数据中心、工具、平台、服务等为关键环节的大数据产业链，构建大数据生态系统。① 京津冀以"天河一号"和"天河三号"平台为基础，探索大数据处理、应用、安全等技术研究，协同解决大数据关键技术。② 京津冀大数据协同处理中心为电子商务产业提供应用服务，提高电商发展和服务水平，为电商区域一体化提供信息、技术、数据支撑服务。

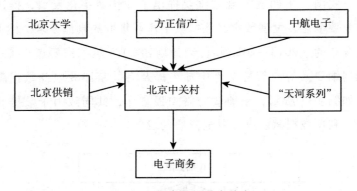

图 4-4　提高数据融合技术

优化数据应用服务。如图 4-5 所示，京津冀大数据创新应用中心以大数据为核心，整合数据资源、技术、应用方案，培育数据经济发展新业态，打造京津冀数据应用于专业的承载平台，通过物联网、人工智能等数字技术，全方位、多角度、实时实地进行数据的采集和分析，支撑智能化电子商务的应用。③ 京津冀主要城市共同打造大数据综合试验区，充分挖掘市场潜

---

① 《京津冀推进大数据产业协同创新》，中国经济网，2016 年 12 月 14 日，http：//www.ce.cn/xwzx/gnsz/gdxw/201612/14/t20161214_ 18668140. shtml。

② 中华人民共和国国家发展和改革委员会高技术司：《京津冀大数据协同处理中心赋能区域一体化协同》，中华人民共和国国家发展和改革委员会网站，2020 年 8 月 12 日，https：//www.ndrc. gov. cn/xwdt/ztzl/szhzxhbxd/zxal/202008/t20200812_ 1235864. html。

③ 《打造京津冀大数据应用与服务最具竞争力承载平台　京津冀大数据创新应用中心 5 月 18日投用》，人民网，2017 年 5 月 8 日，http：//house. people. cn/GB/n1/2017/0508/c164220-29261006. html。

能，形成大数据电商产业链条。针对京津冀协同发展的重大需求领域，提升大数据的服务能力，打造以北京为核心，天津为支撑，张家口、廊坊、承德、秦皇岛、石家庄为拓展的数据一体化格局，助力电商模式创新，促进传统产业转型升级。[①]

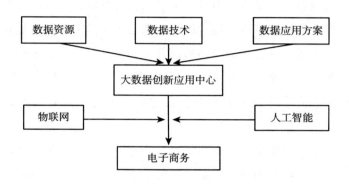

**图 4-5  优化数据应用服务**

## 第二节  资本合作与京津冀电商协同发展

资本是推动我国电子商务发展的重要因素，京津冀在资本支撑其协同发展中各有特色，拓宽京津冀电商协同发展的融资渠道，充分发挥市场在资源配置中的决定作用，需要优化机制和创新路径。比如，通过支持企业融资融券推动北京上市公司将部分资金转移到周边地区，为协同发展提供资金支持，建立京津冀协同发展新合作模式。[②] 本书将探索建立京津冀协同发展的资本合作机制和路径。

---

① 河北省科技厅：《京津冀将打造七个大数据应用示范区》，中华人民共和国科学技术部，2017 年 3 月 2 日，http：//www.most.gov.cn/dfkj/hb/zxdt/201703/t20170301_ 131515.htm。

② 朱宝琛：《发挥资本市场作用  建立京津冀发展新合作模式》，《证券日报》2015 年 10 月 17 日。

## 一　资本合作对京津冀电商一体化的意义

资本合作有利于打破京津冀行政壁垒。在京津冀地区中，北京市作为首都，是全国的政治中心、中央人民政府的所在地，而天津市作为直辖市，政治地位高于河北省。三地政府力量的不对等使得京津冀在协同发展过程中难免存在行政壁垒和体制障碍。通过政府和社会资本的合作，将私企部门的优势引进来，实现政府和私企部门的利益共享、风险共担。通过政府和市场的共同参与，发挥市场在资源配置中的主导作用，协调各参与主体的利益关系，转变中央政府强势和地方政府各自为政的思想，推动京津冀电商协同发展。①

资本合作是京津冀电商一体化的血脉。金融是现代经济的血脉，是京津冀协同发展不可或缺的力量。城市协同的最高境界是金融的协同，通过打造首都新型经济圈，服务于京津冀经济一体化、数字产业优化升级和创新发展。金融机构应主动融入京津冀协同发展战略，深化京津冀在电商一体化领域的金融合作。全面提升金融的服务和支持力度，加大对京津冀电商和基础设施的扶持，提高京津冀协同发展项目支出，推动金融市场快速发展，促进直接融资发展，帮助电商企业进行债务和股票融资，协调三地人民银行、金融局、市场交易商之间的关系，推进新型融资工具发展，有助于京津冀实现电商高质量协同发展。②

资本合作缩小京津冀电商发展差距。一个经济主体，其核心区到边缘区的经济产出，差距应该在两倍以内，但京津和河北的差距却在 6～7 倍左右。③ 缩小京津冀发展差距对实现京津冀电商一体化很有必要。在没有资本合作的前提下，北京的企业大部分会选择去天津。京津冀要实现电商高水平

---

① 张瑞、赵睿、傅巧灵、方可心：《京津冀协同视角下的 PPP 模式及其资产证券化》，《现代商业》2019 年第 1 期。

② 《京津冀：金融协同新作为》，中国金融新闻网，2018 年 4 月 23 日，https：//www. financialnews. com. cn/zgjrj/201804/t20180423_ 136965. html。

③ 《京津冀协同发展　缩小差距是关键》，人民网，2015 年 5 月 6 日，http：//scitech. people. com. cn/n/2015/0506/c1007-26956682. html。

一体化，必须通过资本合作进行产业转移和再布局。[①] 首届京津冀电子商务投融资项目对接会 2016 年 11 月举办，在河北站活动会上迎来了京津冀三地的包括文化产业投资基金、证券等在内的 10 余家专业投融资机构代表。他们积极同与会的电商企业沟通交流、共谋商机。此次会议为京津冀电子商务企业和投资平台、投资人搭建了信息交流、资本交互共赢的平台。自此，京津冀资本合作走向了繁荣发展。网经社、智研咨询整理数据显示，2021 年，中国零售电商融资总额超 706.4 亿元，较上年增加 263.9 亿元，同比增长59.64%。零售电商融资事件共 114 起。很多头部平台也受到资本关注，获得战略投资，朝着精细化运作的方向发展。[②]

## 二 资本合作促进京津冀电商协同发展的机制

如图 4-6 所示，中央财政资金引导社会资本共同参与京津冀农村电子商务发展。财政部、商务部、国务院扶贫办联合发布《关于做好 2020 年电子商务进农村综合示范工作的通知》，明确中央财政资金重点加强农村流通基础设施、农村电商公共服务体系、农村电子商务培训等农村电商相关基础设施建设，引导社会资本共同助力农村电商发展。[③] 京津冀农业农村地区辽阔，借助中央财政资金结合本地丰富的农产品发展农村电子商务，缩小贫富差距。例如，借助财政补贴开设农村电商课程；结合各方资本培育电商人才，吸引有志青年发展家乡电商事业；对从事农村电商培育的机构给予一定的经济支持。[④]

京津冀三地政府资本合作机制引领京津冀电商资本合作。政府资本支持推进电商资本合作进程，提高电商各主体资本合作的参与性和积极性。例如，

---

① 谢专、张佳梁、张晓波：《京津冀的产业结构现状、变迁与空间资本流动——来自工商注册数据的证据》，《人口与发展》2015 年第 21 期。
② 网经社电子商务研究中心：《2021 年中国数字零售投融资数据报告》，2022 年 3 月 1 日，http：//www.100ec.cn/zt/2021lsdssctrzsjbg/。
③ 《关于做好 2020 年电子商务进农村综合示范工作的通知》，中国政府网，2020 年 5 月 26 日，http：//www.gov.cn/zhengce/zhengceku/2020-06/01/content_ 5516613.htm。
④ 《中央财政支持打造农村电商"升级版"——助力农村电商跑得"又好又快"》，《经济日报》2019 年 5 月 28 日。

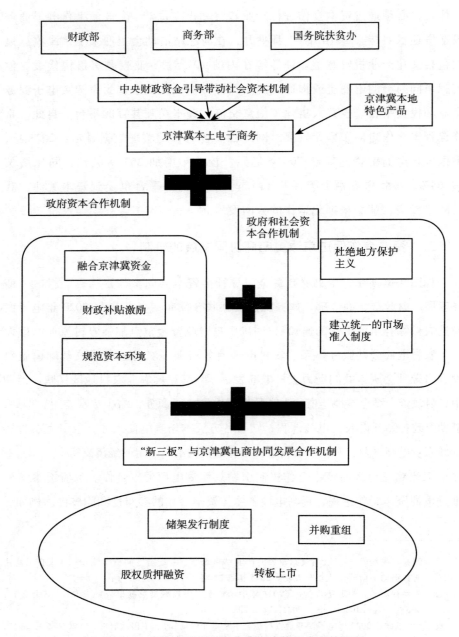

图 4-6　资本合作促进京津冀电商协同发展的机制

通过三地政府资本合作政策的引导，在数字贸易、电子商务等重点领域，积极推广资本合作，规范电商合作伙伴，通过资金的融合增强电商发展潜力。政府有关部门严格管理预算，通过财政补贴等激励措施，提高各主体资本合作的积极性。[①] 此外，三地政府资本合作为电商各主体资本的深度合作创造良好环境。例如，政府资本合作的顺利进行，离不开健全的法律法规；政府资本合作促进各生产要素的自由流动，提高资本配置效率，加大对发展电子商务的支持力度。

政府和社会资本合作机制规范京津冀电商资本合作进程。三地政府主动破除京津冀在资本流动方面存在的市场壁垒，通过建立统一的市场准入制度，规范开放与竞争并存的资本市场体系，整合京津冀区域资本，充分发挥市场在资源配置中的决定作用。政府相关部门杜绝地方保护主义，规范审批流程，消除资本合作障碍，为资本在京津冀的自由流动创造条件。[②] 通过政府和社会的资本合作，提高资本利用效率，助力产业转型升级，为京津冀协同发展电子商务创造有利条件。

"新三板"与京津冀电商协同发展合作机制，促进京津冀中小电商企业发展。"新三板"挂牌条件较主板低，且融资效率高，制度灵活，有利于中小企业成长。例如，"新三板"定向融资，引入储架发行制度，一次核准，分期发行；中小企业在"新三板"挂牌后，通过股权质押方式获得融资；中小企业借助"新三板"发展到一定规模后，转板上市，或进行企业间并购重组来谋求进一步发展。[③] "新三板"与京津冀电商协同发展合作机制，充分发挥北京的辐射带动作用，促进京津冀协同发展。电商企业在"新三板"市场挂牌融资，充分发挥资本市场的作用，协助推动北京上市公司将部分资金转移到周边地区，建立京津冀电商办同发展新模式。[④]

---

① 《国务院：建立健全政府和社会资本合作机制》，中国政府采购网，http://www.ccgp.gov.cn/news/201411/t20141126_4772258.htm。

② 《报告精读｜京津冀蓝皮书：京津冀发展报告（2018）》，社会科学文献出版社网站，https://www.ssap.com.cn/c/2018-07-16/1070254.shtml。

③ 雒倩倩：《京津冀新三板定向增发融资研究》，《合作经济与科技》2017年第21期。

④ 《建立京津冀协同发展新合作模式》，《中国证券报》2015年10月17日。

### 三　资本合作促进京津冀电商协同发展的路径

创新机制体系，协调资本合作。京津冀在资本合作上不能只盯着本地区的发展情况，而忽视了三地的共同发展。京津冀协同发展是国家战略，不仅造福三地，也带动北方乃至全国经济的发展。如图4-7所示，中央层面对三地政策进行统一协调，从根本上打破了三地各行其是的局面。中央政府设立高于三地政府的专门机构，对资本合作进行统一的调度和协调，根据三地实际情况制定具体实施细则，并做好监督与奖惩制度，通过顶层设计使京津冀一体化落到实处。[①]

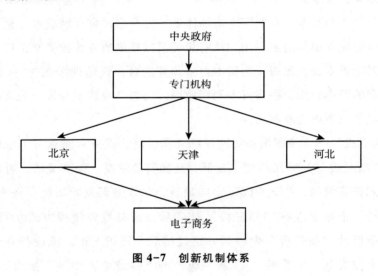

**图4-7　创新机制体系**

明确资本合作分工，实现京津冀电商合作共赢。如图4-8所示，北京作为我国的政治中心，其首都的地位具有天然优势，使其发展成为京津冀的资本中心，引领三地的资本合作有序发展。天津市拥有天然海港和滨海新区试验基地，是京津冀的市场中心，可以发展具有天津特色的金融业，形成现代化金融市场体系和资本改革创新基地。河北省环抱京津，人力成本较低，在自身资本发展以及金融市场壮大的同时，积极搭建平台促进和京津资本对

---

① 周也琪：《京津冀区域经济合作的路径选择》，《经营者》2016年第30期。

接，通过吸引京津金融机构的入驻，完成北京非核心金融资源的承接，深化三地资本合作。创造资本后台服务中心，明确三地资本合作的分工，实现优势互补，合力为京津冀电商一体化发展注入资本活力。①

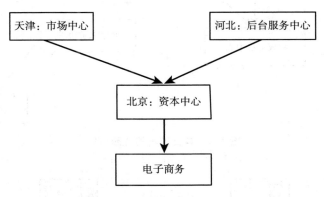

图 4-8　明确资本合作分工

　　建立统一的金融市场，实现京津冀电商市场化发展。如图 4-9 所示，通过建立统一规范的京津冀区域金融市场，制定符合金融市场发展要求的竞争与合作准则，形成开放统一、规范有序的资本合作体系。通过开放自由的金融市场，整合京津冀各自的资本资源，推动三地资本有效地合作和对接，建立京津冀区域多层次、全方位、多维度资本合作体系。对于股权交易市场，整合北京中关村、天津、石家庄三地的股权交易所，形成统一的京津冀股权交易中心。北京机构间私募市场可向天津、河北放开，在两地建立分支机构协同融资。通过制定相关政策，支持发展前景良好的电商初创企业进行挂牌融资，通过统一有序的金融市场助力电商发展。②

　　发挥三地资本比较优势，合力推进京津冀电商发展。如图 4-10 所示，北京作为全国的金融中心，汇集了几乎所有大型金融机构的总部，拥有巨大的金融资源，在资本数量上占有绝对优势。此外，北京作为首都，汇聚了大

---

①　刘静文：《京津冀金融合作的方式与路径研究》，《企业导报》2016 年第 15 期。

②　郭小卉、康书生：《京津冀金融协同发展的路径选择》，《金融理论探索》2016 年第 2 期。

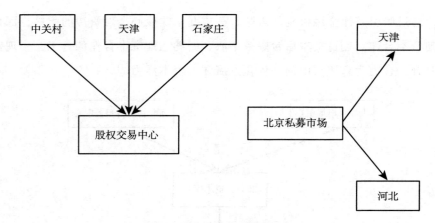

图 4-9　建立统一的金融市场

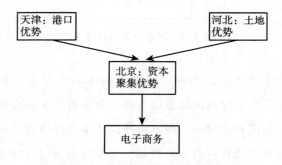

图 4-10　发挥三地资本比较优势

量国际金融机构的驻华总部，在境外资本方面具有天然优势。很多跨国公司也纷纷将总部建在北京，进一步扩大了北京资本的集聚优势。所以，北京在京津冀资本合作中发挥资本集聚优势，从京津冀电商资本合作的源头上注入资本活水。天津市作为国际港口城市，推进离岸金融市场的发展，吸收国内外经验，助力金融创新，推进金融市场的国际化。天津市利用其港口优势，为京津冀电商发展注入外资，提升其国际化水平。河北省利用土地资源发展金融基础设施和机构的建设，将北京、天津的资金转化为生产力，推进电商的发展壮大。①

---

　①　戴宏伟、张艳慧：《京津冀金融业发展与协作路径分析》，《河北经贸大学学报》2013 年第 5 期。

## 第三节　人才培养培训协同与京津冀电商协同发展

人才一体化发展是京津冀电商协同发展的新引擎。当前，优质教育资源在京津冀三地的分布不均衡。将京津冀协同发展落到实处，就要从根本上解决人才培养协同问题。[①] 打通电商人才培养、培训、流动中的痛点，均衡京津冀电商人才培养经费和资源，构建合理高效的人才培养培训协同机制，搭建开放共享的人才培养培训平台，促进京津冀电商人才培养均衡发展和人才服务协同发展。

### 一　人才培养培训协同对京津冀电商协同发展的意义

人才培养培训协同有利于发挥教育在京津冀电商协同发展中的先导作用。京津冀电商的协同发展，涉及经济领域的各个方面，任务繁重，在集中攻坚克难的同时也要统筹其他任务，以实现各领域相互促进、共同发展的新局面。当前，河北省与北京市、天津市在教育资源质量上差距明显，提高人才培养的均等化水平是实现京津冀电商协同发展的本质要求。推动人才培养的协同发展是实现京津冀电商协同发展的首要任务，有利于疏解北京非首都功能，合理优化教育布局，带动京津冀整体教育水平的提升；有利于教育与产业的融合发展，为产业转型升级提供人才支撑，充分激发教育的活力；有利于实现京津冀教育工作合理分工、优势互补，探索出人才培养协同发展之路，为京津冀其他生产要素的协同提供经验。[②]

人才培养培训协同有利于推动政策衔接，将京津冀电商一体化落到实处。京津冀人才协同培养，有利于实现政府与政府、政府与企业的有效沟通。京津冀人才协同培养，为三地政府间的有效沟通提供了平台，推动三地政府协同的相关政策衔接，明确三地协同发展的激励考核机制，打破三

---

[①] 石易：《京津冀人才培养一体化刻不容缓》，《光明日报》2015 年 9 月 15 日。

[②] 《发挥教育在京津冀协同发展中的基础先导作用》，光明网，2017 年 4 月 25 日，https：//epaper.gmw.cn/gmrb/html/2017-04/25/nw.D110000gmrb_20170425_3-13.htm？div=-1。

地各自为政的局面，打造首都经济圈，实现京津冀电商的协同发展。京津冀人才协同培养，有利于政府与科研院所、创业基地、行业协会等实现有效沟通。在协同思想的指引下，各主体间加强联系，既是政府政策的有效传导，又有助于政府及时掌握企业对人才的需求，实现政府和企业的良性互动。[①] 京津冀人才协同培养，为京津冀电商一体化政策的推行与修订提供了有利条件。

人才培养培训协同推进京津冀传统企业向电商方向转变。阿里巴巴淘宝大学在邢台市桥西区建立培训基地，正式启动京津冀地区第一个人才驱动模式示范区项目。桥西区与阿里巴巴开展电子商务人才培训合作，构建"人才驱动电商，电商驱动产业"的电商发展新模式，通过壮大电商人才队伍，吸引创业型人才聚集，同时带动其他产业向电商方向发展。[②] 电商人才培训基地将整合电商领域的优质资源，为电商发展提供理论知识和实践培训，满足电商人才培养需求，积聚电商人才，打造电商生态圈，促进传统产业转型升级，吸引优势数字化产业聚集。

## 二 京津冀电商协同发展需要的人才种类

技术型人才支撑电子商务技术运转。在电子商务中，技术型人才是基础人才。技术型人才熟练运用各种计算机技术，维持电子商务后台的运作。技术型人才主要是指具备网页的开发和设计能力，熟悉动画和视频的处理，可以应对网站和数据库的日常维护，熟悉和掌握网站的推广和营销手段，可以对 CRM、ERP 等熟练操作的计算机信息技术人才。在电子商务中，技术型人才在网站的设计与开发、网页的日常维护、核心技术顾问等方面起到重要作用。[③] 当前，大数据、云计算、人工智能等信息技术高速发展，电商平台

---

① 王熙、李明彧、刘佳英：《京津冀创新型科技人才协同培养的意义与路径》，《经济与社会发展》2015 年第 13 期。

② 《淘宝大学京津冀首个培训基地落户邢台 邢台市电商人才培训迎来新高潮》，长城网，2017 年 7 月 14 日，http://report.hebei.com.cn/system/2017/07/12/018436871.shtml。

③ 侍颖辉：《电子商务专业人才岗位与职业技能研究》，《商场现代化》2017 年第 14 期。

向技术转型是大势所趋。大数据的挖掘和利用、云计算、云处理等技术将对电子商务产生关键影响。[①] 只有充分利用技术型人才，才能使京津冀电商的发展面向现代化、面向未来。

商务型人才管理电子商务的应用。商务型人才是电子商务人才的主体，他们不需要掌握电子商务后台运转涉及的技术，只需要知道如何利用这些技术开展电子商务相关工作。商务型人才熟练掌握现代商业活动的规律，了解并熟悉各类商务需求，同时具备诸如电子商务营销、跨境电商贸易、电商产品和系统推广、电商创业等知识。商务型人才是一种复合型人才，一方面需要开展客户管理、财务管理、营销管理等商务活动；另一方面需要掌握与电子商务息息相关的网络技术和电商平台的基本运营操作，是电子商务人才的中坚力量。[②]

管理型人才统筹电子商务的全局。管理型人才通常是电商企业的领导层，极具战略思维能力，在宏观上把握电商企业全局。管理型人才能在战略上分析和把握行业发展的走势和特点，为电子商务企业的发展决策战略规划。管理型电子商务人才需要有广泛的管理学、信息科学与技术、经济学专业知识，具备电商企业整体规划、管理、运营的能力。[③] 同时，管理型人才具有极高的业务素养，可以和客户进行融洽的业务交流，具有极强的语言表达能力和深厚的文字功底。此外，学校无法直接培养出这种高素质的管理型人才，管理型人才需要在电子商务的实践中不断成长。[④]

## 三 人才培养培训协同支撑京津冀电商协同发展的机制

如图 4-11 所示，顶层设计机制是人才培养培训协同发展的基础。顶层设计是推进京津冀人才培养培训一体化的基础，只有做好顶层设计，才能把

① 《盘点 | 中国电商人才的两大影响及四大特征》，搜狐网，2017 年 6 月 28 日，https：//m. sohu. com/a/152658966_ 179557。

② 张亚翠：《我国电子商务人才需求分析》，《才智》2011 年第 17 期。

③ 张亚翠：《我国电子商务人才需求分析》，《才智》2011 年第 17 期。

④ 侍颖辉：《电子商务专业人才岗位与职业技能研究》，《商场现代化》2017 年第 14 期。

握好人才培养协同的大方向。要为京津冀人才培养的协同提供政策引导，重点是由中央政府、三地政府以及相关部门共同建立统一的人才培养工作机构，制订统一的三地人才培养一体化规划，形成协调沟通机制。强化京津冀人才一体化发展协调小组的职责，完善人才培养相关的统筹引导、政策研究、协调推进等工作，推进人才培养培训一体化的规划制订，形成三地人才培养协调小组的不定期会晤机制，以解决人才培养一体化进程中遇到的各种问题。[1] 健全京津冀人才一体化发展工作体制机制，将京津冀人才一体化发展列入相关职能部门考核内容，共同商议制定区域人才政策，形成京津冀人才一体化发展政策体系，共同推动重大任务、重点工程落地。建立京津冀人才一体化发展投入机制，完善财政投入政策措施，引导社会资本投入，优先保证重大任务、重点工程资金需求。

人才政策对接机制是人才培养培训协同的必要条件。京津冀地区要想实现人才培养培训协同发展，打破"一亩三分田"的旧式思维，必须要实现三地人才与政策的互融互通。政府作为规则的制定者和制度的建设者，要充分发挥政府的引导作用，推进京津冀人才政策的对接和衔接。由三地政府联合成立统一的人才培养培训工作小组，专门负责人才培养政策的研究和沟通。一方面，探索和研究人才培养协同的相关政策，破除人才合作培养培训的制度障碍，对不利于人才培养培训协同的政策予以修改。另一方面，围绕人才培养协同政策的对接工作，积极探索三地人才合作培育新模式，形成统一的京津冀人才培养、培训、应用的标准和政策，为发展电子商务提供源源不断的高质量人才。[2] 此外，对京津冀地区人才培养协同过程中出现的冲突、争端等事宜进行调解和协商，处理人才培养协同政策推进过程中遇到的各种问题。

多元一体合作机制是人才培养培训协同的有效途径。电子商务活动需要

---

① 张贵、刘雪芹：《京津冀人才一体化发展的合作机制与对策研究》，《中共天津市委党校学报》2017 年第 3 期。

② 邸晓星、徐中：《京津冀区域人才协同发展机制研究》，《天津师范大学学报》（社会科学版）2016 年第 1 期。

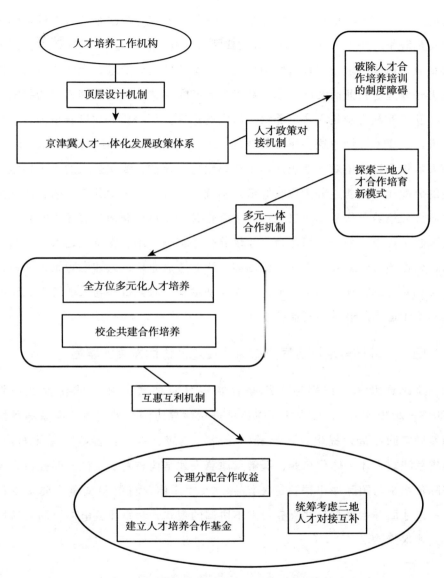

图 4-11　人才培养培训协同支撑京津冀电商协同发展的机制

既有知识理论又有实践能力的复合背景人才。在人才培养中，高校要充分利用一切资源，紧密结合行业发展现状，设计出递进式的人才培养模式。具体来说，从理论、演示、模拟、操作、实战五个维度进行多元化人才培养方案。

在此基础上，从电商基础、贸易理论、信息技术、创新创业多层次进行理论和实践培养，打造高知识素养、高实践能力的电子商务人才。[①] 高校可根据电商企业的岗位需求，有针对性地规划人才培养的具体要求，促进电商人才体系更好地适应行业的实际需求，从而达到校企共建、合作培养人才的目的。

互惠互利机制是人才培养培训协同的保证。京津冀人才培养培训一体化的推行，离不开利益这一纽带的驱动。制定合理的人才培养合作评价体系，在人才培养过程中对三地投入的生产要素进行评估，要素投入的多少确定收益的分配比例，通过分配税收等形式实现三地合作成果的共享。通过建立京津冀人才培养合作基金，对三地人才合作共建项目和异地科研成果转化项目的税收中提取一部分费用作为人才培养合作基金，用于支持三地人才的培养培训合作项目。此外，人才的流动和交流会造成原地区人才的短缺，三地政府应统筹考虑，加强对接互补，实现联动融合，对积极参与人才培养交流的机构给予适当的鼓励和利益补偿。[②]

## 四　人才培养培训协同支撑京津冀电商协同发展的路径

京津冀人才工作领导小组联合制定《京津冀人才一体化发展规划（2017—2030年）》，以人才一体化推进京津冀协同发展。为匹配京津冀协同发展空间布局，提出人才培养"一体、三级、六区、多城"总体布局。推进京津冀人才一体化培养，缓解京津冀人才结构与发展定位不匹配、人才国际化水平与国际城市群目标不统一、人才一体化机制与竞争力要求不符合、人才服务水平与公共服务要求不协调的现状，为京津冀电商协同发展提供人才保障。[③]

---

① 孟令玺、刘英伟：《"互联网+"背景下高校跨境电商人才"五位一体"培养模式研究》，《长江丛刊》2019年第22期。

② 张雪、李爽、张靖轩：《京津冀区域人才开发合作机制》，《河北联合大学学报》（社会科学版）2014年第6期。

③ 《〈京津冀人才一体化发展规划（2017—2030年）〉发布》，北方技术网，2017年7月7日，http://www.ntem.com.cn/show.jsp? informationid = 201707071039332879&classid = 200706041622467061。

　　政府主导强化协同培养新理念。如图 4-12 所示，政府在京津冀人才协同培养的过程中发挥重要引导作用。三地政府通过制定政策，营造人才协同培养的大环境，为电商人才的协同培养提供服务。首先，三地要深化对人才培养的认识，将人才培养培训上升到区域一体化层面。其次，政府要完善人才投资政策，设立三地的人才培养投资基金，通过财政手段支持三地人才协同培养。以政府为主导，协调政府、高校、企业等各主体间的关系。以政府投资为引导，组织三地社会投资，全面连接三地人才培养的各种机构。[①] 建立各主体的沟通机制，完善高校和企业的沟通，落实人才协同培养的各个流程，促进科研成果的有效转化，形成政府、高校、企业有机结合的人才培养培训整体。

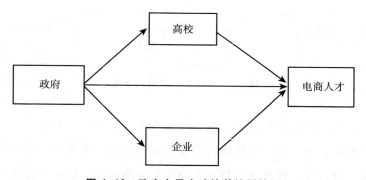

图 4-12　政府主导人才培养培训协同

　　建立京津冀人才库，实现跨区域协同培养。如图 4-13 所示，人才库建设是现代化企业建设的必然要求和重要保障，也是京津冀电子商务协同的重要支撑点。通过建立京津冀电子商务人才库，为京津冀电子商务发展提供充足的人才资源，确保京津冀电子商务发展稳定，防止出现人才断层。将高校与高校之间、高校与政府之间、高校与企业之间的人才培育资源协同融合，实现京津冀协同发展。北京、天津的人才资源比较丰富，河

---

　　① 　王熙、李明彧、刘佳英：《京津冀创新型科技人才协同培养的意义与路径》，《经济与社会发展》2015 年第 13 期。

北省的人才资源比较薄弱，但岗位多、人才需求大，[①] 通过人才库的建设，建立优势互补、各取所需的互惠互利关系。建立京津冀电商人才库，在解决就业的同时，提高教育资源的质量，加强政府、高校、企业间的联系，实现教育资源共享。

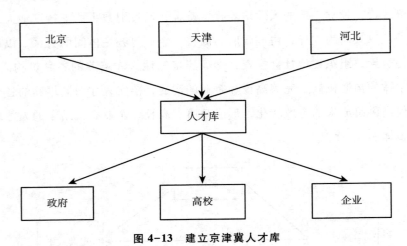

图 4-13　建立京津冀人才库

"产学研"联动培养应用型电子商务人才。如图 4-14 所示，加强学校和电商企业的合作，通过邀请知名电商企业的专家到学校开展专题讲座，为学生传授行业经验，提高学生对理论知识的应用能力。此外，高校与电商企业合作，通过实践教学基地、校企合作项目等开展校外实践活动，让学生不局限于实验室中模拟电子商务的运作，来到真实的电商环境中进行磨炼，提高学生的实战能力。高校应加强与科研院所的联系，利用科研院所的学术资源开展电子商务的深度研究，拓展学生参与科研的广度和深度。[②] 河北高校应充分利用"部省合建"的重大机遇，与京津高校、对口帮扶高校、科研院所建立紧密合作关系，通过科教融合、联合培养人才等形式，共同构建协同发展的平台。总之，通过"产学研"联动培养，开展校企、校研合作，

---

① 李佳、赵聪：《在我市打造高校艺术人才库的几点建议》，《明日风尚》2017 年第 6 期。

② 彭飞：《电子商务复合型人才协同培养模式研究——基于京津冀协同发展背景》，《天津中德应用技术大学学报》2018 年第 6 期。

打破高校、电商企业、科研院所之间的壁垒，充分利用各种资源开展电商人才的培养培训，为京津冀电商发展输送高质量人才。

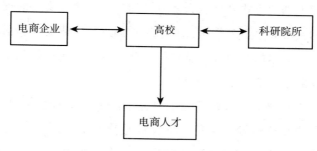

**图 4-14　"产学研"联动培养**

## 第四节　技术合作与京津冀电商协同发展

技术合作为京津冀协同发展提供了有力的科技支撑，通过建立中关村—渤海新区、中关村—保定等技术园区，技术资源在三地实现了更优布局。京津冀技术协同创新已引进到北京城市副中心和雄安新区的建设中。技术协同创新是京津冀电子商务协同发展的重要支撑，探索把北京、天津高校和大批科研院所资源整合，打造更加紧密的科研创新协作模式。

### 一　技术合作对京津冀电商协同发展的意义

安全技术保障电商交易安全。安全技术主要有智能防火墙技术、数据加密技术、身份认证技术和数字签名技术。[①] 防火墙技术是应用最广泛的安全技术，通过区域划分能力和识别能力，在公用网和专用网、内网和外网间形成保护屏障。对数据进行侦查、过滤和筛选，建立和保护电子商务网络安全系统，使电商交易过程更安全、可靠。数据加密技术通过对交易双方传输的信息进行加密，确保电商交易的数据更加安全、可靠。数据加密技术和智能

---

[①]　唐环：《计算机网络安全技术在电子商务中的应用》，《信息技术与信息化》2018 年第 2 期。

防火墙技术联合使用，确保电商交易的安全稳固。身份认证技术保证电商交易双方身份的真实性，限制合法用户使用特定授权的网络资源。电商通常采用口令和标记识别的方式来确认交易双方的身份，增强交易的安全性，保证交易双方的利益。数字签名技术针对原始数据进行密码变换，保障只有接受者可以获取原始数据的来源和完整数据，防止数据在传输过程中被窃取和篡改，更好地保障了电商交易的安全性。

交易技术维持电子商务的日常工作运营。首先，交易技术保证了电商运营过程中信息传递的顺利进行，确保信息交互的及时性和便捷性。通过数据库技术可以实现电商交易过程中信息的交流和共享，促进信息高效地传输，提升电商交易的效率，推动电商产业的发展。此外，在资金支付中，交易技术保障了网络支付的安全性、快捷性和高效性。支付系统、查询系统、结算系统等服务于电商交易的整个流程，确保了线上交易的安全性和便携性。在物流配送中，交易技术支撑了一整套完善的现代化物流配送体系，大大解放了劳动力，推动物流信息的高速运转。通过电子订货和数据交换技术，完成供货商和物流企业的线上对接，确保商品及时无误地送到消费者手中。①

数据挖掘技术可以提高电商的服务质量。数据挖掘技术采用文档挖掘的方法，在大量数据库中，将各种有价值的信息挖掘出来，主要有路径分析技术、关联分析技术和系统算法分析。② 路径分析技术针对用户访问情况的调查数据进行分析，通过挖掘用户的访问路径，获取用户的访问信息，针对用户的兴趣爱好提供有针对性的服务。关联分析技术可以找出数据间的关系，分析用户在网站的数据方位关系，做出关联规则。在系统算法分析中，利用 Apriori 等算法求出大量关联信息，可以提高管理效率，降低时间成本。

---

① 朱江毅：《计算机技术在电子商务中的应用》，《科技传播》2018 年第 11 期。
② 杨亚萍、郑广成：《WEB 数据挖掘技术在电子商务中的应用》，《信息技术与信息化》2020 年第 6 期。

## 二　支撑京津冀电商协同发展需要的技术合作

云计算促进提高电商的计算效率。云计算具有强大的计算能力和存储能力，可以充分满足电商用户的各种需求，同时，其严格的数据管理和保密措施保证电商运转的可靠性。此外，云计算还具有分层服务，为基础设施服务、电子商务平台服务和电子商务应用服务，[①] 多层次满足电商需求。电子商务的发展必然要进行技术创新，云计算将技术功能进行整合，应用于电子商务交易全过程。电子商务在进行网站建设、网页维护、大规模数据管理时，云计算突破传统技术的瓶颈，利用移动终端进行电子商务交易，提高运营效率。

人工智能为电子商务提供智能化服务。当前，电子商务发展日新月异，人工智能为电商发展提供了新路径。智能客服机器人融合机器学习、大数据、语言处理、语义分析等多种人工智能技术，自动回复顾客的问题，有效降低了人工成本，提升服务质量，优化客户体验，挽留夜间访客。[②] 智能搜索引擎利用深度学习技术，在海量数据集的基础上分析预测消费者的购买欲望，提出合理的购买建议，此外，根据图片的外形、颜色、商标等为消费者推荐同款或类似的商品，大大缩短了消费者的搜索时间。人工智能技术实现货物智能分拣、商品智能定价等，大大解放了劳动力，提高了电商企业的智能化水平。

通信技术为电商发展提供网络服务。网络技术对我国电子商务的影响巨大，它是一切线上商业活动的基础保障与技术支持。目前，在 4G 网络环境下，网络延迟、信息不畅严重影响了商业活动的效率。近年来，我国 5G 网络技术应运而生并不断发展成熟。2020 年全年中国新建 5G 基站超过 60 万

---

① 池金玲：《云计算在电子商务中的应用研究》，《吉林工程技术师范学院学报》2018 年第 4 期。

② 鞠晓玲、樊重俊、王梦媛、李若瑜：《人工智能在电子商务中的应用探讨》，《电子商务》2020 年第 10 期。

个，实现所有地级以上城市 5G 网络全覆盖。① 2021 年 1 月 20 日国新办举办新闻发布会，工业和信息化部科技司司长刘多表示，加快北京国际科技创新中心的建设是深入实施京津冀协同发展战略的重要举措，支持北京打造全球最大的 5G 试验外场，组织基础电信企业以及国内外企业开展技术研发试验。2020 年底，北京 5G 基站数量已经超过 3.7 万个，基本实现了城区和部分重点业务区的连续覆盖②。中国信息通信研究院估计，2020~2025 年，5G 网络技术预计会拉动中国数字经济增长达 15.2 万亿元。5G 的商用将成为中国经济增长的新引擎③。

5G 网络技术的诞生为我国电子商务的发展提供了更加便利的购物体验。最新的 5G 网络技术与电子商务领域相互融合，将带来电子商务的重大革新，让电子商务更高效，让数字经济更加"智慧"，促进社会不断向前、向好、向强的方向发展。5G 网络技术在电子商务上体现为用更加"智慧、便捷、效率"的服务体验来满足消费者各异的需求。例如，5G 网络技术可以有效避免网络数据延迟造成的下单不成功问题，商品入库、商品出库、商品配送的延迟操作；5G 网络技术可以参与设定人工智能机器人来替代人工工作，大大提高准确性，实现物流服务的自动化，促进电子商务的发展。④ 此外，5G 网络应用方向之一的 4K 超高清视频将给电商直播带货提供更多便利。据赛迪预测，2022 年我国超高清视频市场规模将超过 2.5 万亿元，加上各行业的应用，总体有望形成约 4 万亿元的市场规模。⑤

---

① 《中国实现所有地级以上城市 5G 网络全覆盖》，中新网，2021 年 1 月 26 日，https://www.chinanews.com/cj/2021/01-26/9396729.shtml。

② 《工信部：推动提高京津冀地区产业链现代化水平》，《证券日报》2021 年 1 月 20 日，http://www.zqrb.cn/finance/hongguanjingji/2021-01-20/A1611129901442.html。

③ 潘平平、牛大山、岳红新、回文静：《基于 5G 模式的沧州电子商务高质量发展策略研究》，《农村经济与科技》2020 年第 22 期。

④ 朱迪恺：《基于 5G 网络下电子商务物流管理的应用研究》，《今日财富（中国知识产权）》2021 年第 1 期。

⑤ 潘平平、牛大山、岳红新、回文静：《基于 5G 模式的沧州电子商务高质量发展策略研究》，《农村经济与科技》2020 年第 22 期。

### 三 技术合作支撑京津冀电商协同发展的机制

如图 4-15 所示，政府间技术合作机制引领京津冀电商技术合作。实现京津冀技术的合作，首先要打破三地各自为政、技术分割的格局，建立政府间技术合作机制，通过政府间的合作整合京津冀电商相关技术资源，探索京津冀技术合作发展新路径。例如，三地政府树立技术整体发展思路，开展技术协调、磋商机制，共同解决在技术合作中遇到的矛盾和问题。① 此外，三地政府共建技术信息共享平台和技术联席会议制度，降低技术信息交流的成本，完善信息交流的渠道，共同促进电商技术一体化发展，推动京津冀电子商务的协同发展。

技术联合创新和攻关机制为京津冀电商发展注入活力。京津冀是我国最具创新资源和技术成果的区域，在技术创新上各具特色，北京市技术创新能力突出，天津市技术转化能力显著，河北省技术承接能力明显，三地可利用技术创新的不同特点，为推动京津冀技术协同创新打下很好的基础。京津冀应采取有效措施，推动技术联合创新和攻关机制的建立与完善。例如，河北企业毗邻京津，可充分利用地缘优势，积极对接京津技术机构，调整产业结构，推广技术成果。河北省的科研院所应积极与京津的科研院所建立有效的交流和合作，增强技术实力，缩小与京津的差距。② 京津冀三地通过技术联合创新和攻关机制，为电商发展提供源源不断的新技术、新思想，共同搭建协同发展的新平台。

技术激励考核机制确保京津冀电商技术合作成果。对于京津冀开展技术合作以来，三地政府出台的关于技术合作政策文件的落实情况，进行全面系统地梳理和评估，③ 对与京津冀技术合作目标矛盾的政策提出改进措施。建

---

① 吴宇、孔东梅：《京津冀科技金融的合作机制研究》，《经济导刊》2012 年第 3 期。
② 《【京津冀代表委员共话协同发展】加强科技合作 推进协同创新》，河北新闻网，2018 年 3 月 17 日，http://hebei.hebnews.cn/2018-03/17/content_6813227.htm。
③ 《京津冀科技协同创新发展的机制与对策》，中国社会科学网，2020 年 7 月 22 日，http://www.cssn.cn/index/zb/xsdjjjgzlxtfzdllts/202007/t20200722_5158661.shtml。

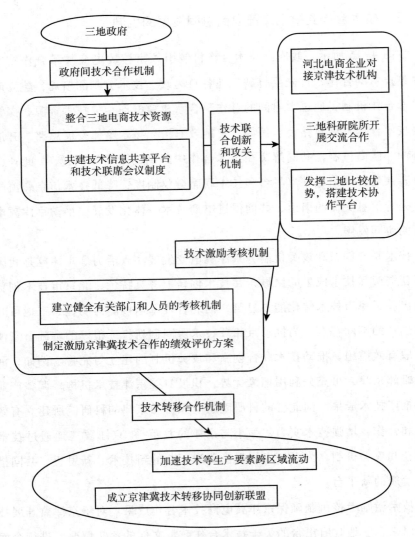

**图 4-15　技术合作支撑京津冀电商协同发展的机制**

立健全政府有关部门和人员的考核机制，确保技术合作政策的有序推行；制定激励京津冀技术合作的绩效评价方案，根据方案对相关人员施行奖惩措施。此外，技术合作成果抵充技术合作考核目标要求，对促进三地技术合作做出重大贡献的人员和机构予以奖励。

技术转移合作机制促进电商技术在京津冀的跨区域流动。突破京津冀原有的界限和壁垒，凝聚三地技术资源，促进人才、知识、技术等要素的跨区域流动和无缝对接，加速技术市场优势互补、互利共赢，激发技术的生产力，培育电商新的经济增长点。例如，2015 年，在科技部火炬中心、北京市科委、天津市科委、河北省科技厅的联合倡议下，京津冀技术转移协同创新联盟成立。该联盟加快推进京津冀协同创新共同体和改革创新试验区建设，开拓三地统一的技术市场，加速技术跨区域流动，在推动技术转移、区域合作、共同发展中发挥重要作用。[①]

### 四 技术合作支撑京津冀电商协同发展的路径

加强顶层设计，破除京津冀行政壁垒。如图 4-16 所示，三地政府与工信部、科技部等联合成立技术工作领导小组，就区域内技术规划、技术项目、创新平台等进行顶层设计，有效沟通，统筹协调，加快京津冀技术由分散化向一体化转变，形成区域技术合作一盘棋。通过政府的引领作用，借助市场的力量，探索京津冀技术开放共享机制，优化资源配置，充分利用三地的技术设施、数据文献、重点实验室等技术资源，打破行政壁垒，发挥北京市和天津市的辐射带动作用，促进技术在三地的自由流动，形成京津冀技术共同体。[②]

以企业技术合作带动京津冀区域技术合作。如图 4-17 所示，企业在京津冀技术创新和发展中发挥着重要作用，通过企业技术主体地位的确立，发挥企业技术合作对京津冀区域技术合作的带动作用。积极引导行业领导型企业与科研院所合作，共同推动重大前沿性研究，将技术研究的新突破转化为新产品，加强企业的技术研发能力，为企业发展打下坚实的基

---

① 《京津冀技术转移协同创新联盟正式成立》，中华人民共和国科学技术部官网，2016 年 1 月 5 日。

② 《加速推进京津冀科技协同创新》，新华网，2016 年 5 月 9 日，http：//www. xinhuanet. com/politics/2016-05/09/c_ 128969620. htm。

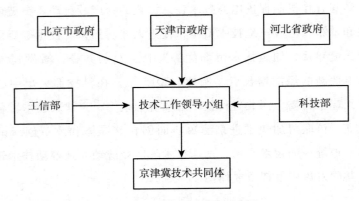

图 4-16 破除京津冀行政壁垒

础。① 通过财政补贴的方式激励京津冀电商企业参与应用型技术研发，完善对电商企业技术创新的优惠政策。积极鼓励京津冀民办研究机构的成立和发展，通过民办科研机构的兴起带动京津冀电商技术的自主创新和技术成果产业化，弥补京津冀部分地区技术资源的短缺，促进京津冀技术一体化进程。

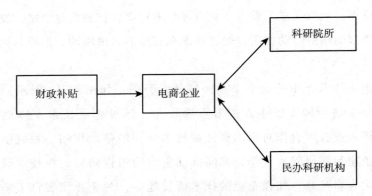

图 4-17 企业技术合作带动京津冀区域技术合作

---

① 张耘、毕娟：《首都科技引领京津冀协同发展的市场化路径》，《中国市场》2014 年第 32 期。

发挥北京技术高地的辐射作用，促进京津冀技术协同发展。如图 4-18 所示，京津冀区域内经济发展水平差距较大，技术资源分布不均，可利用地理位置优势，统筹协调区域内技术发展，充分发挥三地的比较优势，合理分配技术资源。北京市作为京津冀区域内的核心城市，应发挥带动、示范作用。天津市和河北省应充分调动当地技术企业的积极性，因地制宜，选取适宜自己的技术创新战略。[①] 北京市作为京津冀技术的制高点，建立技术策源地，提高对天津市和河北省的辐射与引领能力。此外，通过产业链引导创新链、创新链引导资源链的方式，探索技术支撑电商行业发展的新路径，通过掌握电商发展的关键环节，做大做强电商产业，建立技术合作体系，组织引领京津冀协同发展。

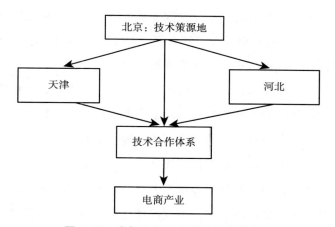

图 4-18　发挥北京技术高地的辐射作用

## 第五节　产业载体协同与京津冀电商协同发展

京津冀协同发展正在步入全面深化阶段，各种产业载体不断走向协同，

---

① 赵睿、杨燚、雨虹：《科技金融促进技术创新的路径探析——基于京津冀与长三角的对比》，《银行家》2020 年第 1 期。

作为网络化新型经济活动形式的电子商务将更加蓬勃发展。[1]"十四五"时期，北京致力于数字经济细分产业，实现信息与医疗的有机融合；河北致力于产业链现代化，实现制造业的高质量发展。京津冀统筹开展分工配合，深化协同创新机制，围绕新一代产业载体，打造京津冀互嵌耦合产业生态链。[2]

## 一　产业载体协同对京津冀电商协同发展的意义

产业载体是经济发展载体的表现形式之一，指对资金、技术、信息、人才等具有强大吸引力的产业集聚区，其表现形式有"商务区""经济开发区""工业园区""总部经济""产业城"等多种。具体到电商的产业载体，主要是承载电子商务发展的一些国家数字经济试验区，如电商园区、高新区内的电商园区、（跨境）电子商务产业园、电子商务示范基地、创业园、示范区、综保区等，也包括正在兴起的虚拟产业园。

京津冀产业载体推动传统产业向电商方向转型升级。在京津冀协同高质量发展时期，传统的资源密集型、劳动密集型产业正在向技术密集型、资本密集型发展转变。产业载体的协同有利于三地技术的消化、吸收和利用，将优质的成果和人才与企业精准对接，提高企业的创新能力，借以改造传统产业，加快发展新兴产业，推进产业转型升级。[3] 京津冀产业载体协同推动传统加工装备等制造产业转型升级，遏制产能过剩行业扩张，促进产能结构调整。京津冀产业载体协同促进产业整体素质和竞争力的提高，缩小了产业梯度差距。[4]

产业载体协同有利于缩小京津冀电商城乡差距。近年来，电子商务产业载体逐渐渗透到京津冀的城镇和农村，天津武清电子商务产业集群、河北电

---

① 《电子商务助推京津冀协同发展》，光明网，2017 年 5 月 2 日，https：//news. gmw. cn/2017-05/02/content_ 24352729. htm.

② 《打造京津冀三地互嵌耦合的产业生态链》，《河北日报》2020 年 11 月 23 日。

③ 田学斌：《以京津冀产业协同发展推动河北高质量发展》，《河北日报》2018 年 9 月 19 日。

④ 连连、叶旭廷：《京津冀协同发展需加强产业协同》，《人民日报》2015 年 4 月 7 日。

子商务示范基地、河北电商扶贫基地等电商产业基地的出现，促使京津冀城乡的生产生活方式发生了变化。京津冀电商产业载体的协同突破了传统信息流通困难等信息不对称限制，给京津冀贫困偏远地区带来了新的商业和就业机会。产业载体的协同助力信息、知识、技术的公平获取，缩小城乡居民获取关键要素的差距，提升落后地区的经济思维和社会感知，改变电商发展的不平衡性。电商产业载体协同推动农民的经济行为向市民转变，促进京津冀电商城乡融合和城镇化质量提升。①

产业载体协同助力北京非首都功能的疏解。天津市以产业载体为抓手，牢牢扭住承接非首都功能这个"牛鼻子"，构建滨海新区战略合作功能区、自贸临港新片区、海洋科技园、中新生态城等载体，以滨海－中关村科技园、京津中关村科技城等产业载体吸引北京高质量项目落户天津，着力打造京津冀配套产业园，并在海水、能源、科技、贸易等领域形成新的承接载体，推动京津冀协同高质量发展。河北省按照"京津冀协同发展要以疏解北京非首都功能为重点"的要求，推进产业转移协同，将京冀、津冀间战略合作协议落到实处，吸引科技成果到河北孵化转化，通过产业转移载体着力打造交通一体化和生态联防联控机制，助力电商发展。②

京津冀产业载体协同推进京津冀发展电子商务产业集群。京津冀产业协同不是简单的企业搬迁、产业转移，而是将三地的资源要素优势连接到一起。北京产业在对外疏解的同时，以金融业、文化产业、科技服务业为代表的新产业蓬勃发展，为天津和河北的产业发展和升级注入动力，形成涵盖材料、装备、大数据、环保等与电商融合的产业集群。③ 在智能制造方面，三地政府推进人工智能与制造业的深度融合，探索新型生产模式。在文创产业方面，通过京津冀文创产业园区，鼓励中关村等园区跨地区兼并重组，培育

---

① 李峰：《电子商务助推京津冀协同发展》，《光明日报》2017 年 5 月 2 日。
② 《坚持以疏解北京非首都功能为牛鼻子推动京津冀协同发展——三论贯彻落实省委九届六次全会精神　坚定不移推动河北高质量发展》，《河北日报》2018 年 1 月 2 日。
③ 《京津冀探路产业协同新境界》，《瞭望》2019 年 3 月 11 日。

核心文创产业集团。在服务业方面，三地合力研发设计、知识、商贸、物流等服务平台，围绕电商构建产业集群区域服务体系。①

## 二 京津冀电商协同发展的产业载体种类

京津冀通过"电子商务+特色农产品""电子商务+旅游""电子商务+外贸出口"等方式，能够促进实体经济与虚拟经济深度结合，增加产业间的感应度与关联度，通过渗透与融合推进传统产业升级，衍生出电商孵化器、电商服务平台及电商金融等新业态，成为京津冀区域经济发展的动力。

北京跨境电商产业园引领京津冀电商产业载体规模化。早在 2016 年，天竺综保区园区、北京邮政综合服务园区、马坊物流基地园区、北京 EMS 园区等首批 6 家中国（北京）跨境电商产业园授牌，打造跨境电商产业链体系，促进跨境电商集聚发展。2017 年，北京又在全市范围内开展第二批中国（北京）跨境电商产业园培育工作，已累计培育 11 个跨境电商产业园。根据 2018 年北京市政府办公厅印发的《中国（北京）跨境电子商务综合试验区实施方案》，北京市将打造 20 个跨境电子商务产业园，跨境电商进出口额占进出口总额的比重达到 20% 以上，同时，累计培育百家跨境电商综合服务企业、百个跨境电商海外仓及保税仓、百个跨境电商体验店。

天津电子商务产业园是京津冀电商产业园的重要节点。天津市电子商务产业园区依托互联网科技，助力科技型电商企业孵化，是京津冀电商交汇区域间的重要节点。例如，天津市武清区的天津京津电子商务产业园拥有京鹏孵化器、电子商务核心区、企业孵化器三大部分。天津京鹏科技企业孵化器主要承载企业办公场地、科技型企业孵化、休闲娱乐等服务，其中，电子商务行业及互联网科技行业占总体的 80% 以上；电子商务核心区针对中小型电商企业，打造集办公、仓储、结算、休闲、娱乐于一体的综合体建筑群；企业孵化器还针对小微型电商，设有培训区及线下展示体验中心等设施。

---

① 《加速发展京津冀未来产业集群》，《北京日报》2020 年 5 月 26 日。

共建电子商务产业园区辐射三地电子商务产业集群。例如，北京大兴区和河北廊坊市共同签署《电子商务产业全面战略合作协议》，在电子商务协同发展示范区、电子商务产业基金、电子商务人才培训、电子商务公共服务平台、电子商务产业联盟、电子商务宣传推广活动、电子商务投资平台等七大领域融合发展。此外，在北京国泰科园有限公司五矿观山产业园、兴远高科（三河）孵化器有限公司、河北燕郊兴远高科产业园、天津津南区海棠众创大街的智创工坊孵化器、智创工坊（天津）等电商孵化基地的支持下，京津冀协同发展商会联盟、京津冀产权市场发展联盟、石家庄京津冀产学研联盟、京津冀协同创新联盟、京津冀钢铁产业节能减排创新联盟等京津冀电商产业载体联盟不断涌现，逐渐形成京津冀电子商务产业集群。"十四五"京津冀产业协同规划工作将衔接"十三五"相关规划形成整体谋划，培育、合力打造有竞争力的先进制造业集群，加强产融合作，推动产业链、创新链、资金链和人才链融合发展。

### 三 产业载体协同支撑京津冀电商协同发展的机制

如图 4-19 所示，建立支撑京津冀电商优势互补的产业载体融合发展机制。当前，京津冀产业联系较弱，协同发展的力度不够，建立健全融合发展机制势在必行。建立京津冀政府间协调机制，通过三地政府轮值会议加强政府间密切合作，推进产业融合发展步伐。针对京津冀 13 个地市，联席会议促进城市间的交流，打破行政界线，保障产业载体融合发展。加强政企之间的联系，传导政府产业政策和目标，有针对性地发展产业集群。整合京津冀海陆空资源优势，发展现代物流，助力电商的现代化发展。利用京津冀高校与企业的高新技术，通过产业园区的建设，促进高新技术落地成果的转化，发展创新技术联合体，为京津冀电商发展持续注入活力。[①]

建立引领京津冀电商弥补短板的产业载体协同创新机制。京津冀一体化起步较晚，国企数量多，创新力度不够。借助政府、企业、高校、科研机

---

① 张黎黎：《京津冀协同发展视角下产业融合发展机制研究》，兰州财经大学硕士学位论文，2019。

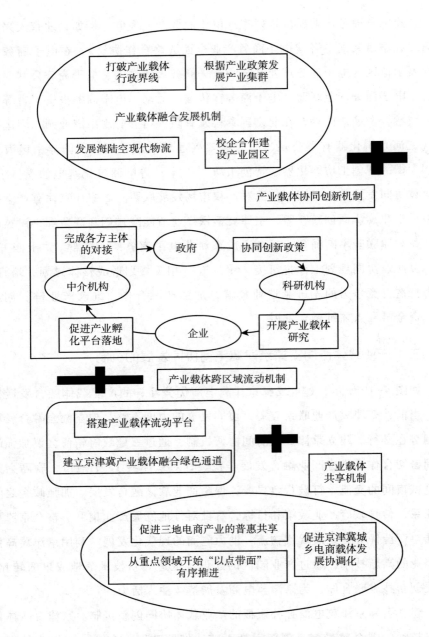

图 4-19　产业载体协同支撑京津冀电商协同发展的机制

构、金融机构、中介、用户等创新主体，构建协同创新平台，弥补经济发展的短板。三地政府根据各地技术和经济环境，制定协同创新政策，发挥调控作用。企业依据高新技术孵化平台和转化基地，促进科技成果转化落地。高校依据政府创新方针，为社会输送创新人才。科研机构大力开展应用技术研究，推动技术进步，提高自主创新能力。通过金融和科技的有机结合，发挥资本对技术产业化的支撑作用。中介机构发挥桥梁和纽带的作用，通过企业和用户的对接，促进生产要素的有机融合。[①]

建立打破京津冀电商市场壁垒的产业载体跨区域流动机制。通过产业载体跨区域流动机制形成京津冀"三方协同"的产业载体，促进京津冀三地产业和科技形成合力，共同探索电商产业载体新模式。产业载体跨区域流动立足三地功能定位和产业发展定位，实现功能发展、项目规划、政策方针等信息流动，活动、平台等资源流动。产业链的流动促进产业更合理地布局。[②] 削弱京津冀的行政传导效应，通过公平竞争制度消除市场壁垒，促进生产要素的自由流动。通过搭建产业载体流动平台形成跨地域的协同发展机制，提升资源配置效率。建立京津冀绿色通道，探索技术自由流动的新方式，实现京津冀资源共享、协同发展。[③]

建立推动京津冀电商普惠共享的产业载体共享机制。遵循生产要素的流动规律，建立互补、耦合、联动的产业载体共享体系，围绕关键领域开展产业载体跨区域流动共享机制，促进三地电商产业的普惠共享。针对京津冀产业载体一体化发展的难点，在重点领域优先建立共享目标，逐步向其他领域推进，"以点带面"形成立体式京津冀电商协同发展体系。[④] 在京津冀电商载体共享的持续推进中，针对电商发展薄弱的地区，探索协同发展新路径。

---

① 崔雪：《京津冀协同创新运行机制研究》，河北经贸大学硕士学位论文，2016。
② 《三地协同，京津冀产业链引资有了新机制》 北京日报客户端，2019 年 5 月 29 日，https：//baijiahao. baidu. com/s？ id=1634843811499316173&wfr=spider&for=pc。
③ 《构建京津冀协同发展新机制》，中国经济网，2019 年 12 月 13 日，http：//www. ce. cn/xwzx/gnsz/gdxw/201912/13/t20191213_ 33846693. shtml。
④ 《构建京津冀协同发展新机制》，中国经济网，2019 年 12 月 13 日，http：//www. ce. cn/xwzx/gnsz/gdxw/201912/13/t20191213_ 33846693. shtml。

创新京津冀城乡发展协调化机制，提升城乡间生产要素流动的活跃度；促进农村电商水平的提升，致力于电子商务的普惠共享。

## 四　产业载体协同支撑京津冀电商协同发展的路径

飞地园区探索京津冀电商协同发展新模式。如图 4-20 所示，飞地模式作为区域经济合作开发的典型模式，是京津冀协同发展的有力抓手。北京市依托"飞地"，建立产业园区，将土地、人才、产业高效率输出到天津、河北等地，双方 GDP、利润共享。飞地园区既能帮助天津、河北产业发展，又能实现北京的可持续发展。例如，北京市和天津市协商共建的示范区——京津合作示范区的地理位置属于天津，但行政区划属于北京，是一块典型的北京"飞地"。示范区以环境技术、健康医疗、文化教育、旅游休闲度假、高技术研发及高端商务商贸六大产业为支撑，由北京首创集团、滨海高新区和宁河区政府具体组织实施，立足京津冀产业链分工合作发展，是京津两地十大战略合作产业项目之一。[①]

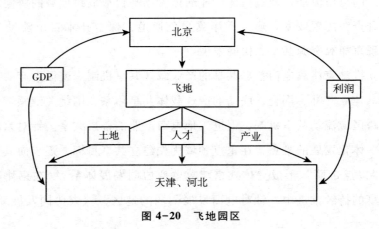

图 4-20　飞地园区

虚拟产业园支持京津冀个体电商发展。2020 年，国家发展和改革委员会等 13 个部门联合发布《关于支持新业态新模式健康发展　激活消费市场

---

① 《天津宁河依托"飞地"打造两个示范区融入京津冀协同》，新华网，2017 年 2 月 21 日，http://www.xinhuanet.com/2017-02/21/c_1120505456.htm。

带动扩大就业的意见》中提出"虚拟"产业园和产业集群这一概念，实现产业供需调配和精准对接，推进产业基础高级化和产业链现代化，建设数据供应链，推动订单、产能、渠道等信息共享，打造产业"数据中台"确保产业链、供应链稳定，发展产业服务化新生态（见图 4-21）。① 京津冀地区根据这一意见，发展虚拟电商产业园，迎来新个体时代。例如，河北唐山市路南区按照"虚拟产业园区→服务外包基地→虚拟产业聚集平台→楼宇纵深链接"四级发展架构及布局，创建"楼宇经济与虚拟产业园区"，重点发展金融保险、信息科技、研发设计、现代物流等外包业务，通过互联网、大数据、视频会议等现代技术手段对园区进行管理运营，打造国家级虚拟产业园区创新转型示范基地和承接京津服务外包产业转移示范区。②

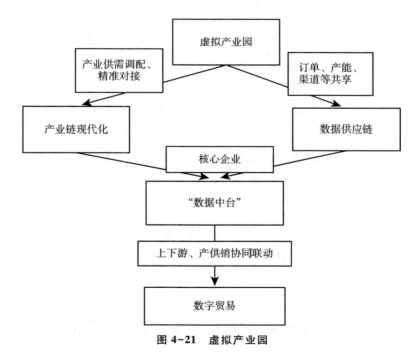

图 4-21 虚拟产业园

① 《关于支持新业态新模式健康发展 激活消费市场带动扩大就业的意见》，中国政府网，2020 年 7 月 14 日，http://www.gov.cn/zhengce/zhengceku/2020-07/15/content_ 5526964.htm。

② 《路南打造全省首家虚拟产业园区》，唐山市人民政府网，2017 年 8 月 31 日，http://www.tangshan.gov.cn/zhuzhan/zhengwuxinwen/20170831/419741.html。

合作共建产业园区是京津冀电商协同发展的突破口。如图 4-22 所示，合作共建产业园区集中选择一些有特色、有条件的承载地，让园区企业率先产出成果，发挥示范和集聚作用。例如，首钢京唐项目在曹妃甸落地后，物流、港口、运输等上下游产业得到了较大发展；此外，曹妃甸和北京城建重工的新能源汽车项目达成合作，汽车产业和京唐项目的钢材形成配套；之后，电池、电控、汽车服务等汽车周边产业也会发展繁荣。[1] 除了北京（曹妃甸）现代产业试验区，北京·沧州渤海新区生物医药产业基地、北京张北云计算产业基地等一批京津冀合作共建的产业园区，也切实发挥各自的资源禀赋优势，推动产业协同发展步入快车道。

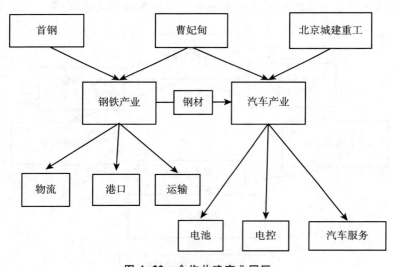

图 4-22 合作共建产业园区

## 第六节 结论及进一步讨论的问题

京津冀电子商务协同发展需要数据、资本、人才培养培训、技术、产业

---

① 《合作共建园区推动京津冀产业协同发展》，新华网，http：//www.he.xinhuanet.com/talking/cyzy2/index.htm。

载体等诸多生产要素共同支撑。

数据作为一种新的生产要素，合理利用可预测电商的需求，促进电商均衡发展，完善电商的信用体系，实现电商跨区域协同监管。通过构建数据导入机制、数据流通机制、数据共享机制和数据管理机制，建立健全数据融合推动京津冀电商协同发展的机制，数据融合引发深度应用，完善数据融合政策，提高数据融合技术水平，优化数据应用服务，整合京津冀政务数据、工业数据、后端数据，支撑京津冀电商协同发展。

资本是经济的血脉，资本合作打破京津冀行政壁垒，缩小京津冀发展差距，为电商发展提供资金支持。通过京津冀三地政府资本合作机制、中央财政资金引导带动社会资本机制、政府和社会资本合作机制、"新三板"与京津冀电商协同发展合作机制等创新机制体系，明确合作分工，建立统一的资本市场，发挥三地比较优势，促进京津冀电商协同发展。

人才培养培训为电商发展注入活力，发挥教育的先导作用，推动政策的有效衔接，促进人才驱动电商产业发展。通过顶层设计机制、人才政策对接机制、多元一体合作机制和互惠互利机制，强化区域协同培养新理念，建立协同培养人才库，加强"产学研"联动培养，协同培养技术型、商务型、管理型人才，支撑京津冀电商协同发展。

电商的发展离不开技术，技术保障电商交易的安全性，维护电商日常运营，提高电商的服务质量。通过建立政府间技术合作机制、技术联合创新和攻关机制、技术激励考核机制、技术转移合作机制，加强顶层设计，发挥企业技术的主体力量和北京技术高地的辐射作用，在云计算、人工智能、通信技术、5G网络等技术领域加强合作，推进京津冀电商协同发展。

产业载体作为新兴产业的前身，推动传统产业向电商方向转型升级，缩小京津冀城乡差距，助力北京非首都功能的疏解，推进京津冀电商产业集群的发展。通过产业载体融合发展机制、产业载体协同创新机制、产业载体跨区域流动机制和产业载体共享机制，探索飞地园区、虚拟产业园、合作共建产业园区等产业载体新模式，协同发展北京跨境电商产业园、天津电子商务产业园、共建电子商务产业园区等产业载体，助力京津冀电商协同发展。

　　京津冀电子商务的协同发展任重而道远，除了上述五种要素外，物流快递等其他生产要素的支撑必不可少。三地政府的协调沟通、协同政策的有效落实、新兴产业的顺利培育、高新技术的成功落地等都不是一朝一夕的事。未来，将有更多、更新的协同路径和机制等待着人们去探索，京津冀电子商务的发展必将实现高层次的协同。

# 第五章

# 京津冀快递物流协同与电子商务创新发展

京津冀快递物流协同与电子商务创新发展有三层含义：一是京津冀三地快递物流产业一体化是电商产业发展的重要支撑；二是京津冀快递物流业与电子商务产业相互促进、协同发展；三是京津冀快递物流业与电子商务的良性互动对整个经济活动的影响。本章主要从以上三个角度展开讨论。

## 第一节　京津冀快递物流协同发展

区域物流是区域经济系统的重要组成部分，与区域经济共荣共生。[①] 自京津冀协同发展战略提出以来，依托于京津冀经济发展水平的整体提升，伴随三地交通运输一体化程度的加深、区域快递物流基础设施的改造升级，快递物流产业协同持续推进，京津冀物流一体化工作全面展开。经过数年的探索与研究，京津冀快递物流协同发展模式已初步成形，但仍存在尚未突破的难题和障碍。

### 一　京津冀快递物流协同发展的现状

京津冀快递物流协同发展与京津冀一体化密不可分、相互支持。一方面，京津冀协同发展为快递物流业的发展提供了坚实基础，有助于加速区域物流

---

[①]　武淑萍、于宝琴：《电子商务与快递物流协同发展路径研究》，《管理评论》2016 年第 7 期。

的优化与融合；另一方面，京津冀快递物流协同将有效带动上下游产业成长，发挥拉动区域经济增长的引擎作用。作为中国北方最重要的城市群与经济发展核心区，京津冀城市群的区域经济发展水平与区域物流业一体化程度却明显落后于长三角地区、珠三角地区，三地快递物流业发展不平衡、不充分。

### 1. 京津冀快递物流协同发展历程

京津冀协同发展的历史由来已久。1986年，在时任天津市市长李瑞环同志的倡导下，最早的京津冀区域合作机制——环渤海地区市长联席会创立。直到2004年，京津冀三地达成区域经济合作共识，并在此后十年里编制完善区域发展规划。2014年，京津冀协同发展上升为国家战略，各项工作有序推进、加速落实。

依托于京津冀一体化程度逐渐加深，京津冀快递物流协同发展经历了从模糊到具体的过程。交通管理具有跨区域特征，交通建设是经济发展的先导与基础。2010年，《北京市-河北省合作框架协议（2010）》与《北京市天津市关于加强经济与社会发展合作协议》分别提出打通京冀、京津的运输通道。受益于交通基础设施的改善，此阶段京津冀快递物流运输效率不断提升。2014年，京津冀三地商会联合推出《关于建立京津冀流通产业协同发展服务机制的意见》，以支持区域快递物流业发展；同年，京津冀区域通关一体化全部启动，意味着企业可在三地自主选择通关模式、申报口岸与查验地点。虽然此后区域通关一体化模式被取消，全国海关通关一体化启动，但是当时这无疑是提高跨境物流效率的重大突破。2017年，国家邮政局编制《京津冀地区快递服务发展"十三五"规划》，对京津冀快递物流协同提出了具体要求，指导地区快递服务工作有序开展。

### 2. 京津冀快递物流协同发展模式

"十三五"时期，京津冀快递物流协同加强三地区域联动，找准地区定位布局，充分发挥各自优势。北京市内交通压力大，严重影响物流时效；土地资源紧张，库存成本高昂。结合疏解非首都核心功能的具体要求，京津冀快递物流协同强调中低端快递物流业向津冀转移布局。作为京津冀协同发展的核心，北京拥有得天独厚的资金、信息、人才、技术优势，持续发挥对天津与河北商贸物流业的辐射带动作用，同时逐步疏解区域性快递集散分拨功能，建设"国内领先，国际一流"的首都现代快递业。天津和河北发挥首都"护城河"作用，承接疏解的非首都功能，寻求错位发展、协调发展。天津是中国北方最大的港口城市，货运物流网建设完善，中高端制造业基础良好，致力于打造快递专业类国际航空物流中心、跨境快递基地和先进制造业与快递业联动示范区。河北土地资源丰富，劳动力价格与土地租赁价格低廉，仓储条件良好，结合环京津的区位优势建设全国现代商贸快递物流基地。

京津冀共同规划交通运输道路，形成公路、铁路、民航、海运多种运输方式无缝衔接的区域一体化运输网络。民航方面，三地依托首都国际机场、北京大兴新机场、天津滨海机场、河北石家庄正定机场，提升航空货运能力；铁路方面，京津冀城际铁路网建设有条不紊地进行，如 2019 年和 2020 年京张、京雄高铁先后开通运营，京唐城际高铁、京滨城际高铁建设不断推进，未来将形成以"四纵四横一环"为骨架的城际铁路网络；海运方面，天津、河北港口从竞争走向竞合，京津冀海铁联运通道开通，环渤海内支线运输网络初步建成；公路运输方面，三地着力打造"一环六放射"[①] 京津冀高速路网，打通"断头路"，促进高速公路运输互联互通。

在物流业基础设施建设方面，依据规划，京津冀以北京为核心，以天津、石家庄等城市为重要节点，开展"黄金三角"快递物流园区集聚带工程，合理规划布局区域内产业分工。围绕机场与港口建设快递功能区、快递园区和快件处理中心，如打造天津空港航空快递物流园、石家庄快件集散中心等，推动环京大型物流设施共建共享。支持搭建京津冀统一物流信息查询与服务平台，完善京津冀快递物流大数据中心建设，推动快递物流信息共享。

在提升快递服务方面，优化京津冀共同配送模式，推动快递服务转型升级。一是加快骨干节点和末端投递服务站点建设，解决"最后一百米"难题，推进快递进社区、进校园、进农村，提升配送服务质量。二是推动快递

---

① "一环"即首都经济圈环京高速走廊。"六放射"是指以北京为中心分别向京张、京唐秦、京承、京津、京开和新机场、京石六个方向放射的高速公路运输通道。

物流服务的数字化转型，鼓励企业运用新型数字技术打造无人货运网络、智能物流园区，推广使用无人配送车、智能快件箱，提供 24 小时自助服务，推动线上线下充分融合。

## 二　京津冀快递物流协同发展的问题

### 1.京津冀区域快递物流业协同发展程度低

一是地区物流业的短板。[①] 京津冀协同发展强调各地优势互补，促进互利共赢。对于具有跨区域、无边界特性的物流业，忽略了各自的区域劣势，未打破地区界限，难以形成系统内部统一整合规划、协同发展的良好生态，导致整体效率降低、发展不均衡程度加深。

二是协同与合作机制有待完善。京津冀三地快递物流行业相关法律法规差异较大，治理方式不一致。行政壁垒使各地物流业发展相对独立，区域市场一体化程度缓慢，跨区经营困难，市场运行效率低。政府行政层级的不对等导致缺乏对政策的反馈与改良，统一的对话与协商机制有待建立。

三是物流标准化与信息化的水平低。基本的物流设备标准没有进行规范统一[②]，存在法律法规的灰色地带。京津冀物流信息共享平台建设不足，区域间物流信息数据的孤岛现象严重，阻碍了三地间的即时物流信息共享与实时网络通信。

四是物流业能耗居高不下。传统的物流行业尚未摆脱粗放发展的模式：高效、低能耗的货运车辆由于成本高昂较少应用于中小型快递物流企业的运输，导致行业资源浪费与环境污染问题普遍。电商平台及物流企业过于担心差评，致使过度包装现象成为行业惯例，制造出大量垃圾。

五是生态补偿机制不完善。目前三地缺乏对物流产业环境底线、生态红线的统一认识；缺少合理、具体评估地区生态污染程度的制度，现有生态补偿标准较低，无法覆盖其实际成本；补偿形式多以经济补偿为主，难以弥补

---

① 史锦梅：《京津冀物流产业协同发展思路及对策》，《中国流通经济》2015 年第 11 期。
② 谢文燕：《京津冀协同发展与物流一体化研究》，《对接京津——战略实施　协同发展论文集》，2019。

实际造成的效益损失。

### 2.电子商务业与快递物流业的协同发展关联度低

一是成长速度不一致。相比于发展迅猛的电商行业，京津冀地区快递物流业成长速度较慢，问题凸显。尤其是在狂欢购物节期间，各平台电子商务订单数量激增，人流量密集地区的物流水平难以满足业务需求，爆单、爆仓现象严重，物流服务质量总体下降。虽然电商平台企业鼓励预售、拼单、共同配送等方式缓解物流压力，但实际效果与作用有限。

二是物流信息共建共享水平有待提升。目前，只有少部分电商企业与物流企业，建立了用于帮助商家、消费者、平台等相关主体进行物流信息查询与追踪的统一信息服务平台，但尚未全面普及。此外，物流信息共享统一平台对于丢件毁件风险估测、事故责任评定与仲裁等业务涉及较少，物流信息同步更新存在误差，亟须完善相应技术支持。

三是物流运输体系与电商发展模式不匹配。随着电子商务的战略发展，下沉市场日益得到重视，县域电商与县域经济发展迅速，龙头电商平台企业纷纷布局以生鲜肉禽、蔬菜瓜果为主的社区电商。京津冀物流运输体系没有及时做出相应调整，物流网络的更新与完善存在滞后性，主要的物流中心仍旧集中在北京、天津等一、二线城市，乡镇、农村市场的物流基础设施较为薄弱，快递进社区的"最后一百米"难题亟待解决。

## 三 京津冀快递物流协同发展未来改进方向：数字供应链

人们正在全面进入物理与信息二元共存的数字新时代，为突破工业时代的价值体系框架，应进行技术创新、观念创新、理念创新和思想创新，建立基于广义信息理论的现代供应链[1]。Korpela 等设想通过区块链技术达到云端整合与功能集成，实现数字化供应链与供应网的颠覆性转型。[2]

---

[1] 王智森、王心哲、周天宇、王樱子：《基于广义信息的现代供应链基本原理研究》，《供应链管理》2020 年第 11 期。

[2] Korpela, Kari, Jukka Hallikas, and Tomi Dahlberg, "Digital Supply Chain Transformation toward Blockchain Integration", *Proceedings of the 50th Hawaii International Conference on System Sciences*, 2017.

### 1. 内外因共同推动供应链数字化

进入工业 4.0 时代，新技术的多行业渗透逐渐颠覆了传统供应链模式，传统供应链发展成为高效的数字化供应链。根据 Kinnet[①] 的观点，数字化供应链（Digital Supply Chain，DSC）是一种智能的、价值驱动的网络，基于云端数字化大数据，创造新的收入和商业价值。数字化供应链出现的原因主要有以下几点。

根本原因是技术革新。一是网络基础技术，5G 的普及极大地提高了计算机的信息处理效率，改变了供应链各节点运作方式。二是物联网、人工智能、大数据、区块链等新技术的应用，使数字信息空间与价值空间无限增长，产生了新的物流产业模式，即通过标准化引领，最终达到产业技术发展。[②]

直接原因是物流业亟须解决的问题与面临的挑战。一是由粗放的经营方式导致的污染问题，如过度包装、无效运输、能耗过多等。二是信息互联共享的需要，智能化供应链信息共享平台的建立有利于降低业务差错率、提高协作效率。三是其他经济社会原因，如交通管制、劳动力成本上升等。

此外，电子商务的发展间接推动了供应链数字化。一是电商交易规模不断扩大，给供应链施压。二是人们的需求越来越偏向定制化、个性化，最小库存单元（SKU）的数量急剧膨胀，需要对仓储进行精细化的管理。

### 2. 全渠道数字化供应链

相比于传统供应链只是将货物、资金、信息分散地转移，数字化供应链将全部要素整合，形成网状智慧供应链[③]，体现出以下几个突出特点及优势[④]。

---

① Kinnet，"Creating a Digital Supply Chain: Monsanto's Journey"，*SlideShare*，2015，pp. 1 – 16. http://www.slideshare.net/BCTIM/creating-a-digital-supplychain-monsantos-journey.

② 刘珏：《标准化引领数字供应链发展》，《中国储运》2021 年第 1 期。

③ 卢立新：《数字供应链共生实践》，《中国物流与采购》2019 年第 24 期。

④ Büyüközkan, Gülçin, and Fethullah Göçer, "Digital Supply Chain: Literature Review and a Proposed Framework for Future Research"，*Computers in Industry*，2018，pp. 157–177.

一是大幅提升分仓与配送速度。机器接到订单后依据系统指令快速锁定业务，迅速匹配最合适的配送方式，自动化计划实施工作，准确完成一系列流程。例如，京东、美团等零售类、生活类电商公司积极研发无人车及无人配送系统并投入使用，在缩减人力成本的同时将货物交付速度提升至最优。

二是全流程透明可追踪。数字化供应链实现了供应链管理的全过程可视化，极大地增加了业务的安全性。区块链由于不可篡改、可追溯、公开透明等特性，有效减少供应链中信息不对称、信息造假等问题，未来有广泛的应用空间。

三是更强的灵活性。数字化供应链适应不断变化的内外部环境，整合信息，根据不同场景智能预测、建模、分析，及时采取有效的预警和应对措施。此外，由于数字化系统接受反馈的能力提升，客户可以灵活选择派送时间和目的地，适时修改尚未完成的业务。

四是大规模定制化管理。客户对定制化商品和服务的需求越来越高，数字化供应链强大的数据处理能力使其能做到精准记录每一项偏好，并实时更新调整顾客的专属化业务方案，达到大规模定制化管理的效果。

### 3. 京津冀数字化供应链

为适应数字经济加快渗透各行各业，建立京津冀数字化供应链，应加快京津冀快递物流数字协同发展，提升区域物流数字一体化水平。其中，物流产业互联网是数字化供应链产业互联中的核心组成部分。

一是提升京津冀数字物流服务。数字物流本质上是"数据物流"，强调以数字形式将整个社会供应链物流过程予以信息化。[①] 京津冀三地应加强数字技术协同与应用，加快对传统物流产业的全流程数字化升级改造工作，拓展物流企业经营的网络化覆盖范围，提高物流服务的电子化与智能化服务水平，为广大用户提供精细、准时、快捷的高质量物流服务。

二是加强京津冀协同数字智造。提升制造业创新能力，加快智能融合应

---

① 吴菁芃：《物流 3.0 时代：数字物流驱动行业大变革——我国物流技术发展纵横论之三》，《物流技术与应用》2020 年第 12 期。

用，需要推动工业互联网与物流产业互联网的协同发展，后者为前者的突破升级提供了坚实的供应链流通基础，有助于推进供应链优化与产业链提升，赋能京津冀数字智造，更好地发挥工业互联网在催生新业态、打造新模式、拓展新应用场景、释放新消费潜力方面的作用。

三是推进京津冀农业物联网建设。农业物联网是数字农业与智慧农业的重要支撑。促进京津冀现代农业发展，应加强农业物联网与物流产业互联网的系统协同，打通地区与地区间、农业与物流业间、农业与电商行业间的数据连接。依托京津冀优势产业基础，结合数字物流基础服务能力，构建完善的农业物流仓配体系与数字农业供应链体系，加强农副产品全产业链大数据建设，促进物联网在农业领域的应用与发展。

## 第二节　京津冀快递物流协同与电商新业态新模式发展

电子商务的蓬勃发展催生出一批全新的电商形式。从供应链视角看，这些新业态新模式的物流、商流、信息流、资金流都与传统电子商务存在差异。其中，物流贯穿整个供应链条，连接各个节点，是协调和保证各部分平稳运行的关键。网上购物用户分散，终端所在地区广泛，难以形成集中有规模的商品配送流量，导致物流配送难度加大，这已成为电子商务供应链中最薄弱的环节。

### 一　京津冀快递物流协同与直播电商供应链

#### 1. 特点

随着5G的普及、移动支付的发展与短视频的兴起，直播电商引爆了新一轮网购消费热潮。一部分直播电商通过 MCN 机构连接供货方与带货主播[①]，主播及其直播间代替品牌方，甚至电商平台，向上谈价格，向下稳固

---

① 《2020 年中国直播电商生态研究报告》，艾瑞网，2020 年，http：//report. iresearch. cn/report_ pdf. aspx？ id＝3606。

粉丝，吸引流量；另一部分直播电商的店家自主带货，通过手机直播的方式在工厂、实体店、专柜等各场景全方位展示商品。

直播电商供应链的基本形态发生改变。[①] 一是供应端去中间商，直接拉近产品货源地；二是销售端由商家变为带货主播；三是消费端主要是主播的粉丝团体，因此，粉丝流量及粉丝存量变成评判主播带货影响力的标准。

直播的特性导致可能出现货品短期需求激增的情况，但实际销量不如预期，提前备货将导致库存压力过大。[②] 同时，直播电商促成的冲动型消费居多，投诉率、退换货率直接影响主播声誉，这就对货品质量提出了更严格的要求。因此，优化直播电商供应链条，应保证供货充足、商品品质、货品供需平衡。

**2. 未来发展方向**

针对直播电商供应链的特性，京津冀快递物流协同应抓住核心变化，支持直播电商发展。

一是打造京津冀直播电商基地。直播电商基地汇聚直播电商人才，孵化、拉拢、聚集三地的头部 KOL，通过知名带货主播的流量吸引用户关注特色产品。在园区内，应打造选品专用快递物流通道，加强带货主播与货源地的沟通，严格把控产品质量。

二是针对销售高峰期与低谷期调整快递物流策略。加强三地间电商平台、物流企业与带货主播的信息流通，完善供应链端备案，保障供货充足，在销售额不佳的情况下及时清仓、减少囤积。

三是完善退换货物流。京津冀三地开展区域内退换货的标准化工作，提高退换货时效，提升消费者体验。主播、电商平台、物流企业在退换货流程中应协同合作、及时同步信息。

---

① 孙嘉旎：《探究供应链视角下的电商直播销售模式》，《现代营销》（下旬刊）2020 年第 9 期。

② 林昆：《直播带货电商模式的供应链构建探索》，《营销界》2020 年第 16 期。

## 二 京津冀快递物流协同与社区电商供应链

### 1. 特点

新冠疫情期间，为避免接触感染，人们外出购物需求减少，社区新零售具有便捷性和安全性，以物美价廉的优势获得了较大的流量关注。社区电商主要有生鲜类社区零售店、便利店与超市类新零售、前置仓、社区团购四种模式①，经营的主要商品为居民日常所需的果蔬蛋奶、生鲜肉禽、米面粮油、日用百货等。商品的新鲜程度与配送的时效是决定消费者满意度的关键，因此，供应链优化成为社区电商中的重要一环。

一是采购及批发。相较于传统生鲜零售，社区电商的货源繁多且复杂，产地丰富且分散。上游生产中以农户散户为主，难以实现品类的标准化。

二是仓储的优化。社区电商多数采用前置仓形式，有助于转移库存压力②，缩短末端配送距离，减少中转环节的时间损耗，提升消费者体验。

三是对物流配送环节的把控。农产品在常温配送下会出现腐烂变质的现象，冷链是保证产品质量的关键。但是，社区电商企业会面临全程冷链物流成本高昂、冷链物流覆盖范围不足、缺乏冷链物流服务商的难题。③ 此外，作为物流服务的最末端，社区物流采用送货上门或智能柜自取的模式，配送区域较为集中，但频次高，且直接触达社区，对配送服务的要求高。

### 2. 未来发展方向

加强京津冀快递物流协同，对优化三地社区电商供应链有着重要意义。

一是充分发挥河北农业与天津渔业优势。促进社区电商企业与农业、畜牧业、渔业供给资源的对接，尤其注意保障疫情期间的社区电商货源充足、选品优质与运输通畅。

---

① 《2020 中国社区零售供应链研究报告》，罗戈网，2020 年，https：//lognet. oss－cn－hang zhou. aliyuncs. com/zcTCHieIFYiK. pdf？ Expires＝1611585812。

② 谢芳、茂斌、陈佳娟：《电商企业前置仓货类选择研究》，《中国储运》2017 年第 12 期。

③ 陈镜羽、黄辉：《我国生鲜农产品电子商务冷链物流现状与发展研究》，《科技管理研究》2015 年第 6 期。

二是保障农副产品与生鲜产品的流通无阻，完善"绿色通道"。加快推进京津冀三地间的交通物流一体化进程，通过临时通行证、简化放行流程等，给予社区电商生活商品与农业物资优先通行保障，提高共同配送效率。

三是关注下沉市场这片新蓝海。在北京、天津、石家庄等大城市的社区电商新风口过后，市场趋于饱和，乡镇及农村消费者仍有极大的需求及消费潜力。根据不同城市社区电商快递物流经验，搭建出完整可供借鉴的社区电商物流网络框架，逐步向三、四线城市及乡镇下沉，根据不同县域自然地理与人文地理特点规划快递物流线路。

### 三 京津冀快递物流协同与跨境电商供应链

#### 1. 特点

跨境电商突破传统电商的范畴，地域扩展至全世界各个国家和地区，是数字经济时代下经济全球化的突出表现。根据海关总署数据，2021 年，我国跨境电商进出口额 1.92 万亿元，同比增长 18.6%，占进出口总额的 4.9%。其中，出口约 1.39 万亿元，增长 28.3%；进口约 0.51 万亿元，下降 0.9%。[①] 由于地域跨度广、运输时间长，跨境物流成为跨境电商供应链中的关键部分。

一是进出口通关手续的办理。海关是守护我国跨境电商贸易的第一道大门，对及时防止洋垃圾非法走私、打击跨境电商违规犯罪事件有着重要作用。尤其在疫情期间，为杜绝境外疫情输入，海关持续严格管理，清关加密加严，重点关注检验检疫。

二是跨境电商物流方式的选择。目前，跨境电商 B2C 常用的物流方式包括邮政小包、国际快递、海外仓、集中发货规模运输等。快递物流方式的选择不仅关乎配送时效及成本，还关系到顾客满意度及贸易信用机制的建立，进而影响卖方销售表现与最终收益。[②]

---

① 商务部：《中国电子商务报告（2021）》，中国商务出版社，2022，第 6 页。
② 曹淑艳、李振欣：《跨境电子商务第三方物流模式研究》，《电子商务》2013 年第 3 期。

三是跨境物流与跨境电商的协同发展。从二者的协同运作来看，由于发展滞后性、信息化欠缺、基础设施薄弱等，现阶段跨境物流仍然无法匹配跨境电商的需求。[①] 跨境物流的低水平现状减缓了跨境电商的发展速度。

### 2. 未来发展方向

京津冀跨境物流的协同发展是三地跨境电商发展的重要支撑要素。

一是推进京津冀通关一体化进程。加强跨关区海关的协调配合，实行跨关区互认，加强关检合作。[②] 企业在三地任何一个地方报关报检后，无须再次在异地重复操作，节省通关时间及人力成本。此外，应着手推进实施京津冀通关作业无纸化，提升通关效率。

二是完善跨境电商物流基础设施建设。支持京津冀空海铁公多式联运发展，注重发挥天津港保税区在跨境电商及跨境物流方面的优势。在国内建设服务京津冀、辐射北方地区的跨境电子商务仓储集散中心，在国外发展与当地口岸直接对接的京津冀公共海外仓。

三是扶持专业化第三方跨境物流企业发展。促进京津冀政策协同，从资金、税收、技术等方面加大政策支持力度，积极引导第三方物流企业成长，鼓励第三方物流企业提升信息化管理水平，促进物流服务标准化与规范化。

## 四　电商企业 O2O 自建物流重构供应链体系

### 1. 特点

随着电商行业走向成熟，快递物流业的问题也逐渐凸显，如暴力分拣、高峰期爆仓、运力不足、延时送达、管理混乱等。为增强对包括运输、仓储、配送等在内的全物流链条的管理，优化客户体验，缩减运营成本，一些拥有雄厚资金实力与人力基础的电商公司开始着手规划自建 O2O 物流网络及其配套基础设施，从而更好地支持电商平台的成长。

以京东为例，2007 年，即京东商城创立的第五个年头，京东开始斥巨

---

[①] 张夏恒、郭海玲：《跨境电商与跨境物流协同：机理与路径》，《中国流通经济》2016 年第 11 期。

[②] 张莉萍：《关于全面推进区域通关一体化的思考》，《对外经贸》2017 年第 1 期。

资着手自建物流体系。2009 年，京东先后在北京、广州、上海、成都、武汉设立一级物流中心，分别管理华北、华南、华东、西南、华中的物流业务，随后拓展至西北（西安）、东北（沈阳）、中原（济南），截至目前已在全国布局八大物流中心。2017 年 4 月 25 日，京东物流子集团开始独立运营。

近些年，京东构建智能供应链服务体系，自营仓配送全程可控，数字化供应链精准布局，仓配一体高效协同，有助于降本增效、全局统筹。针对业务模式的多样性，京东打造了生鲜冷链、大件、中小件、B2B 网络四个独有的物流网络①，分仓作业，全流程控制订单，满足多种物流需求。

**2. 未来发展方向**

电商企业自建物流对提升快递物流时效、提高消费者满意度与增加社会效益有着突出作用，但前期投入成本高、效益低、风险大，需要京津冀协同支持自建物流与电子商务融合发展。

一是发挥物流中心的辐射带动作用。电商平台自建物流通常在经济发达地区布局一、二级物流中心，物流配送辐射覆盖周围城市，越靠近中心物流，时效越高。京津冀自建物流协同应重视北京仓、天津仓、石家庄仓等重点城市仓位，形成核心城市网点服务周边城市的自建物流网络。

二是妥善处理自建物流与第三方物流的关系。随着电商市场扩大、快递运力饱和，自建物流与第三方物流将逐渐从竞争走向融合，发展成为具备两者优势的现代物流供应链。② 京津冀地区应完善自建物流企业与第三方物流企业、物流企业与电商企业的协同发展机制，在竞争中寻求合作共赢。

三是完善政策、技术、人才等要素支撑。对于电商企业来说，快递物流业是全新领域，从零开始的难点众多。京津冀应加强政策协同，将自建物流纳入三地城乡土地建设规划；对自建物流企业给予税收优惠，鼓励企业搭建

---

① 周强明：《京东物流：京东履约引擎——供应链管理标准化实践》，《中国供应链发展报告》，2017。
② 沈通：《电商企业自建物流配送、第三方物流配送及物流供应链配送对比研究》，《商业经济研究》2016 年第 19 期。

绿色物流配送体系；搭建技术交流平台，促进三地技术合作；建立京津冀物流人才培养培训基地，向电商企业输送物流人才。

## 第三节　京津冀电子商务助推产业集群转型升级

数字经济发出强大活力，电子商务激活了大众的消费能力，传统产业集群也借势开启了新一轮升级改造。通过运用数字与网络技术，农业、工业、服务业不仅实现了行业内部管理、运营与技术革新，还通过大数据逐渐掌握数字时代需求的走向与经济发展的脉络，并融合发展出农业电商、C2M 工厂制造电商、旅游电商等新形态。

### 一　京津冀电子商务发展与农产品产业链升级

#### 1. 数字农业

农业是民生之本，农业数字化是农业现代化的高级阶段。在数字经济新时代，实现数字农业发展是重要的民生工程。根据《中国数字经济发展白皮书（2022 年）》，相比于服务业与工业，农业由于其自然属性，数字化转型需求较弱，转型进程缓慢，2021 年农业数字经济增加值占行业增加值比重仅为 10%，数字农业未来发展潜力大。[①]

新型数字技术加快向农业农村渗透融合，将大幅提高传统农业全要素生产率，实现农业生产高产、流通高效。一是数字技术的应用对提高土地产出率与劳动生产率有着显著作用，运用历史大数据集建立生产模型，有助于创新作物种植与畜牧饲养模式，增质提效。二是融合大数据优化了农产品供应链，通过统一信息管理平台整合生产、仓储、物流信息，实现了全方位实施管控监管，减少信息不对称的风险，切实服务农户、消费者与企业。三是数字农业遵循了农业绿色可持续发展的要求，通过精准化运作最大限度挖掘动植物成长潜力，

---

① 中国信息通信研究院：《中国数字经济发展白皮书（2022 年）》，2022 年 7 月。

降低资源与人力投入，提高资源利用率，合理控制生产成本。①

实现京津冀数字农业高质量发展，应加强数字驱动农业标准化体系建设，促进农业数字化深度融合。一是加大数字农业技术与信息处理技术的投入、研发与应用，攻克农业数字化、智慧化关键过程难关，加快推进数字技术创新性转化。二是建设基于大数据的京津冀农业信息资源公共服务平台，整合政、企、农、商数据资源，实现三地多层级政策联动，使涉农数据真正服务政府决策、农户经营与企业开发。三是鼓励数字农业应用新场景，培育壮大数字农业经济，深入挖掘京津冀不同地区发展数字农业的地域性优势，催生农耕畜牧新模式，加快应用的落地与实施，尽快将创新成果转化为先进农业生产力。

**2. 电子商务带动农产品全产业链转型升级**

全产业链模式是一种以消费者需求为导向的模式，最早由中粮集团提出，经过上游环节的选种育种、作物种植、养殖畜牧、采摘屠宰，中游环节的采购物流、原料加工、养殖屠宰、食品加工，以及下游环节的分销物流、品牌推广、渠道销售，实现产业链纵向一体化融合，流程可追踪、环节可控、食品安全可追溯。

电子商务以特有的交易模式、强大的平台实力、广泛的产业资源带动农产品全产业链优化升级。传统农产品产业链相对松散，缺乏统一资质标准和定价标准。电子商务交易平台的兴起、物流运输体系的改善与移动支付技术的成熟，解决了农产品流通难、销售难的问题，优质农产品通过电商从线下走到线上，进而走进世界各地。

大型电商平台利用自身影响力，从种植／养殖标准、仓储冷链物流、营销推广手段、区块链技术溯源等方向着手整合农产品产业链，推行直产直销模式，实现农户收入增加、平台吸引力提升、消费者获得实惠的多赢成

---

① 王小兵、钟永玲、李想、康春鹏、董春岩、梁栋、马晔：《数字农业的发展趋势与推进路径》，《智慧中国》2020 年第 4 期。

果。[①] 上游环节，平台企业充分利用模型预测、大数据分析农产品市场热点，降低生产经营风险；选择与当地农户或政府合作，推行产销一体化模式；选址建立自己的育种、种植、养殖基地，委派农业专家指导生产，通过整合农业集群资源，降低了农户生产、经营、物流、销售的成本，实现规模效益。中游环节，企业利用先进技术对农产品进行深度包装和加工，实现价值增值，更加迎合消费者多元化的高质量消费需求；平台根据数据分析结果精准选品，利用差异化产品策略分散市场风险。下游环节，农户运用直播电商、内容电商等新型方式推广农产品，通过O2O模式、拼团电商给消费者带来更方便实惠的生鲜蔬果购物体验，电商平台还可以实时追踪售后信息，及时反馈给市场。

农产品对储存、运输有着较高要求，农产品的新鲜程度直接影响食品安全，在全产业链模式下，物流配送贯穿全程，起着关键作用。经过多年成长，部分大型电商企业开始逐渐向线下转移，纷纷布局物流产业，促进了冷链物流的发展。京东物流、菜鸟物流建设覆盖原产地与市场的生鲜物流网络，提供综合冷链物流服务，解决了农村基础设施薄弱的问题。盒马鲜生、7fresh打造O2O一体化生鲜超市，蔬菜瓜果从平台生产基地直采直供，经过全程冷链运输并精细包装后，快速进入线下超市，极大降低了物流运输时间，重构了线下生鲜超市形态。此外，企业致力于研发推广无人车配送等智能物流模式，节约人力资源与成本，有助于实现农产品的绿色配送。

### 3. 打造京津冀农产品电商产销平台

推进京津冀农产品电商发展，建立长期稳定的产销合作关系，投入资金推动建设京津冀农产品产销一体电商平台，发挥大平台资源优势，助力农产品产业集群转型升级。虽然京津冀地处华北地区，三地气候相似，但三地农业发展侧重点各有不同，应根据地区传统农业种植、养殖、

---

① 刘遗志、田靖雯、卢旋：《全产业链视域下农产品电商发展的运作模式及问题对策研究》，《物流工程与管理》2020年第9期。

加工优势，打造特色农产品品牌，通过电子商务渠道扩大农产品消费市场，创建以农村电商平台为核心的京津冀都市圈，形成生鲜农产品电商产业集群。

**专栏 5-1　河北省邢台威县：建设基于农村电商集群的威县产品品牌**

2017 年，河北省贫困县之一的威县入列全国电子商务进农村综合示范县，国家财政给予 2000 万元资金支持，用于县、乡、村三级物流配送体系建设、公共服务平台建设、电商服务站和品牌及质量保障体系建设、农村电商培训等。威县电商注重结合当地农业优势，打造基于农村电商集群的威县农产品品牌，发挥品牌普惠效应，使域内相关农村电商企业普遍受益，带动梨、葡萄、小米等一批特色优质农产品从县域走向市场，如召开梨电商大会宣传推广"威梨"、建设威县葡萄特色农产品优势区，以农村扶贫电商平台为支点，逐步拓宽农民致富道路。

资料来源：根据河北省人民政府网站及相关公开资料整理。

冷链物流是京津冀农业电商体系中的关键一环，应注重区域农产品电商与冷链物流的协同发展，优化三地农产品流通体系。根据储存物质的生物特性来配置仓储模式，合理使用常温库、冷库、冻库，完善数据化精细管理。[1] 建立强大的农产品供应链系统，打通农产品电商流通渠道，形成以冷链物流配送为核心的物流配送体系，加强冷链流通过程的数据监控，保障京津冀都市圈的农产品新鲜程度，使农产品以最快速度从"田间"来到"舌尖"。

此外，推进京津冀农产品电商标准化体系建设，筑牢食品安全防护网。电商平台应主动承担起食品安全责任，增加农田调研、农产品抽检的频率，落实中央关于食品安全的各项规定，消除潜在安全隐患。对于经营、资信良

---

[1]　黄卓、郑楠、杨斯然：《京津冀都市圈生鲜农产品电子商务供应链优化研究》，《全国流通经济》2018 年第 3 期。

好的商家，经过检验合格的农产品，电商平台可以在商品详情页给予官方认证，发挥平台"信用中介"作用，缓解农户与消费者间信息不对称的现象，引导消费者安全理性消费。

## 二 发展基于电子商务的京津冀协同智造网络

### 1. 产业数字化与智能制造

电子商务新模式的出现不仅改变了人们日常的生产生活方式，还通过技术创新效应、供需平衡效应和要素配置效应驱动产业结构升级[①]，引领人们步入数字经济新时代。随着数字技术与传统产业融合程度不断加深，产业数字化趋势明显加快，在驱动产业效率提升、推动产业跨界融合、重构产业组织的竞争模式及赋能产业升级四个方面显现出显著作用。[②]

制造业作为立国之本、强国之基，在与信息技术的深度融合中展现了新生力量，推动制造业产品、装备、工艺、管理、服务的智能化，引发技术经济的范式变革，信息技术深度应用对制造业的生产和运营产生了变革式影响。[③]

智能制造，即制造业的数字化、网络化、智能化，是新一代工业革命的核心技术。[④] 智能制造不仅大幅提高了车间生产效率，提升了生产系统的性能与自动化程度，还具备了柔性制造的能力，以应对大规模定制与个性化生产的需求。

在智能制造的生产要素中，除去资本、劳动、土地、企业家等传统要素，数据作为最核心的要素产生全局性影响。经过大数据中心实时高速的数据管理、计算、分析，基于人、机、物的深度融合，可视化智能数据形成，用于

---

① 李建琴、孙薇：《电子商务对产业结构升级的传导机制研究》，《产经评论》2020 年第 4 期。
② 肖旭、戚聿东：《产业数字化转型的价值维度与理论逻辑》，《改革》2019 年第 8 期。
③ 张伯旭、李辉：《推动互联网与制造业深度融合——基于"互联网+"创新的机制和路径》，《经济与管理研究》2017 年第 2 期。
④ 周济：《智能制造——"中国制造 2025"的主攻方向》，《中国机械工程》2015 年第 17 期。

全生命周期生产管理优化、系统功能改善和生产组织模式变革①，降低生产、运营、维护成本，减少能源消耗与资源浪费，提高制造业规模效益。

　　2. 反向定制模式

　　反向定制模式（C2M）是一种短路经济。随着人们收入水平与生活水平稳步提高，多样化、个性化消费成为主流，网购快件呈现多频次、小批量的特点，市场热点由供给侧转向需求侧，由需求侧拉动供给侧。依托于此轮数字信息技术的跨越式发展，顾客需求驱动的 C2M（用户直连制造）应运而生。

　　面对大量代工厂面临的高库存、低创新、处于价值链最低端的压力，C2M 电商深刻变革了上游供应链形态。② 消费互联网的商业模式已经无法满足社会需求，在产业互联网的大背景下，对于上游生产厂商，C2M 电商先订单后生产的模式使"零库存"成为可能；在平台模式下，入驻厂商与用户直接对接，帮助厂商打造自我品牌；厂商从后台调取、整合用户交易订单数据，分析消费者行为，帮助预测销量、改善工艺、动态调整生产计划，降低生产经营风险；电商平台基于口碑与资源优势建立自营品牌，与优质工厂合作打造商品。对于消费者来说，与生产商直接产生联系，会省去繁杂的中间环节，可以购买到既物美价廉又迎合个体消费者偏好的产品。对于电子商务行业，以大数据、云计算、物联网为核心技术的产业互联网 C2M 实现了上游供应链的智能化升级，契合用户的高品质与定制化需求，符合数字经济下网购消费升级的趋势，是一种可持续赢利、未来前景光明的商业模式，如表 5-1 所示。

表 5-1　近年来中国电商 C2M 实践

| 时间 | 名称 | 主要实践 |
| --- | --- | --- |
| 2014 年 12 月 | 必要商城 | 产业互联网 C2M 电商平台。商家入驻平台,用户与厂商直接联系,先下单后生产 |

---

① 吕铁、韩娜：《智能制造：全球趋势与中国战略》，《人民论坛·学术前沿》2015 年第 11 期。

② 《2019 年中国制造业产业互联网 C2M 电商行业研究报告》，艾瑞网，2020 年，http：//report. iresearch. cn/report_ pdf. aspx？id＝3375。

续表

| 时间 | 名称 | 主要实践 |
|------|------|----------|
| 2016 年 4 月 | 网易 | 网易严选。自营生活家具品牌,围绕一、二线中产,提供高性价比优质产品 |
| 2017 年 7 月 | 阿里巴巴 | 淘宝心选。自营生活品牌,委托制造商代工生产,对接设计师,孵化设计师原创品牌 |
| 2018 年 3 月 | 苏宁 | 苏宁极物。自营生活品牌,运用资源优势,整合顶级工厂资源,通过大数据精准实现商品精选;标准是品质、科技、爆款、高性价比 |
| 2018 年 7 月 | 拼多多 | 拼工厂。开放平台,邀请生产厂商以自主品牌入驻,平台负责引流,扶持中小微制造企业成长 |
| 2018 年 9 月 | 京东 | 京造(2020 年 12 月升级为京喜)。自营生活家具品牌,厂直优品与工厂直供。美好体验师计划 |
| 2018 年 12 月 | 拼多多 | 推出"新品牌计划"。2019 年 12 月升级为"新品牌联盟" |
| 2019 年 10 月 | 苏宁 | 发布苏宁 C2M 生态,依托平台打通消费端与生产端,支撑企业批量生产,重塑产业价值链。在 2020 年 1 月和首批 20 家企业签订 C2M 招商合作协议 |
| 2020 年 3 月 | 阿里巴巴 | C2M 战略三大支柱:淘宝特价版 App、超级工厂计划、百亿产区计划 |

### 3.京津冀网络协同智造

智能制造是新一轮产业变革与科技革命的核心方向,也是京津冀实体经济创新发展的重要引擎。电子商务从提高制造业企业的研发投入,促进技术创新[1];降低边际成本,提高盈利能力;完善组织模式,促进网络化变革三个方向推动制造业转型升级,[2] 直接作用于智能制造产业链的建设。京津冀地区应该紧抓电商发展的契机,加强对电子商务的政策引导,大力支持智能化生产,通过新型电子商务与传统制造业的融合发展,推动区域智能制造协同创新,逐步建立完整的京津冀协同智造网络。

---

[1] 张艳辉、庄贞贞、李宗伟:《电子商务能否促进传统制造业的创新行为》,《数量经济技术经济研究》2018 年第 12 期。

[2] 沈伟:《电子商务促进浙江省制造业转型升级研究》,浙江师范大学硕士学位论文,2019。

近年来，京津冀地区智能制造取得了一定成果，但存在发展不均衡的问题。北京作为国家首都和国际科创中心，拥有众多的科研院所和高校，有着其他城市无法比拟的优势，智能制造科研水平位列全国第一①。天津作为先进制造研发基地与近代工业的发源地，正处于产业结构调整的关键阶段。天津的智能制造企业广泛分布于 26 个行业大类中，远多于其他城市。智能制造已经成为天津市加快动能转换、实现高质量发展的重要引擎。河北尚处于工业化阶段中期，但在对接京津的过程中加快发展，作为产业转型升级示范区，钢铁、装备制造、石化等传统行业保持持续平稳增长，电子信息、新材料、新能源等新兴产业快速成长，逐渐开始探索、应用智能制造。

**专栏 5-2　天津滨海新区：打造智能制造生态体系**

天津大部分智能制造企业集中在滨海新区，滨海新区是天津智能制造产业的主要承载区。在过去的几年里，滨海新区响应国家与天津市政府关于进一步支持发展智能制造的有关要求，巩固扩大先进制造研发优势，同时也吸引了西门子、欧玛等一批国际、国内智能制造与智能科技企业入驻。捷尔杰智能工厂通过生产设备网络化与生产自动化，实现了车间"物联网"与生产现场无人化、智能化；联汇智造作为工业机器人应用领域的"先行者"，客户已经遍布汽车、电子、生物医药等众多行业中的世界 500 强巨头企业；卡雷尔机器人的商业服务机器人"米卡"，已批量投产并广泛应用于医疗、教育等各类新场景；滨海新区将大力发展战略性新兴产业、改造提升传统优势产业、前沿布局未来产业，持续提升智能创新能力，培育新一批智能企业，打造"技术＋产业＋应用＋模式＋空间＋支撑"六位一体的智能制造生态体系，推动国家智能制造示范区建设。

资料来源：根据《世界智能制造中心发展趋势报告（2019）》、天津市滨海新区人民政府网站相关资料整理。

---

① 标准排名城市研究院：《世界智能制造中心发展趋势报告（2019）》，2019。

京津冀传统制造业面临经营粗放、成本上升、污染严重的难题，工业化进程中对于智能制造的现实需求巨大。发展电子商务的京津冀网络协同智造，应基于以下路径。

一是充分运用三地优势，实现电子商务与智能制造的协同发展。京津冀三地加强在智能制造领域的协作，共同完善智能制造的产业标准和要素支撑，打造以大数据、物联网、人工智能为主要技术，以智能化为核心的电子商务智慧产业园区，以电子商务驱动智能制造进程，以智能制造巩固电子商务发展。北京充分利用高校与创新企业优势，加强对智能制造核心技术的攻破，共享科技成果；天津作为重要研发基地，充分运用制造业优势打造智能工厂；河北应用京津两地的科研成果，实现产业链的资源对接与技术共享，探索智能制造新模式。

二是积极支持技术创新，政企合力突破技术难关。技术创新是智能制造的基石，也是智能制造发展的核心。京津冀立足于整体战略布局，鼓励企业结合行业特点与自身现状逐步推进智能制造科技研发，加强智能制造的基础研究，攻克"卡脖子"技术，完善智能制造生产线与生产系统。京津冀应统一整合内外部资源，借助先进技术实现三地智能产业链上的集成和协同。

三是注重培养复合型人才。传统工业化人才向信息化过渡，应推进京津冀产学研合作，培养既掌握专业知识又具备技术能力的创新科技人才，应用人才与管理者。对于区域内人才发展不均衡的情况，北京应主动向河北和天津输送部分优秀人才，或利用联合办学、产学结合的方式共同培养智能制造急需的复合型人才。①

## 三　推进京津冀文化旅游康养数字化融合

### 1. 以旅游电商为核心的旅游供应链

旅游电商是互联网浪潮下传统旅游业与电子商务融合的产物。在互联网

---

① 吴瑞芳、辛巍巍、张广超、石俊涛：《疫情形势下京津冀智能制造发展路径研究》，《财富时代》2020 年第 5 期。

尚未普及时，由于自由行存在诸多不便，大多数游客通常选择旅行社预订、规划出游或"跟团游"，旅行产品较为单一。随着人们生活水平的提高，消费者开始追求个性化旅行服务与高品质旅游消费，交通条件的改善、数字技术的突破与电子商务的兴起，恰好给传统旅游业创新提供了支持。旅游电商有效整合线下门店资源、景点资源、交通资源、餐饮资源、住宿资源与线上信息资源、服务资源等，通过电商平台或品牌自有 App 为国内外用户提供多元化、定制化、一体化出游方案，旅游项目涵盖衣、食、住、行、娱，注重文化、休闲、购物、养生等。

旅游电商冲击了旅行社或传统旅游供应链[①]，建立以旅游电商平台为核心、从线上到线下的数字供应链，实现了旅游资源与市场需求的良性互动。以去哪儿、携程、途龙为代表的旅游电商企业，既抢占上游旅游服务供应商资源，同时在下游的 App 端和 PC 端展开激烈的价格竞争，争取市场份额，但低价资源供应出现恶意竞争问题，平台忽视产品创新与质量，导致旅游服务水平有限、客户体验差、平台投诉率较高。针对此问题，嵇雅楠、周刚通过建立无契约和契约情况下的旅游服务链协调模型，提出引入收益共享机制能够提升旅游供应链服务质量，提高各节点企业及整体利润。[②] 此外，易开刚、傅博杰[③]，吴金铃[④]，赵东平[⑤]分别从法律治理、大数据运营、人才培养的角度阐述发展旅游电商的建议。

京津冀地区旅游资源丰富，具有较好的区域合作基础与巨大的市场需求，加快推进三地旅游业与电子商务协同发展是大势所趋。根据京津冀各地

---

① 冯晓梅、王建喜：《电子商务环境下旅游供应链优化探讨》，《商场现代化》2010 年第22 期。

② 嵇雅楠、周刚：《以旅游电商为核心的旅游服务供应链协调研究》，《甘肃科学学报》2016 年第 3 期。

③ 易开刚、傅博杰：《对旅游电商平台交易中舞弊行为法律治理的思考》，《中国旅游报》2018 年 6 月 26 日。

④ 吴金铃：《大数据时代在线旅游企业网络营销改进策略探析》，《现代经济信息》2019 年第13 期。

⑤ 赵东平：《"家校企"三方联动的旅游电商人才培养与评价——基于协同教育理论》，《电脑知识与技术》2020 年第 5 期。

区旅游资源特色、优势产业特征、旅游企业类别、人口结构、消费水平、数字化程度，探索不同旅游电商企业在当地发展的商业模式与产业融合路径，统一整合对接资源与需求，建设以旅游电商为核心的京津冀数字旅游供应链。

### 2. 数字文旅康养跨界融合发展

数字文旅改变着人们旅游出行的方式与偏好选择，激发传统文化活力，加速推动旅游行业变革。自 2018 年 3 月文化和旅游部组建以来，文化和旅游产业融合发展一直是国家高度重视和社会关注的问题。《2019 中国数字文旅发展报告》指出，数字文旅的时代已经到来，依托雄厚的经济基础与技术基础，数字文旅发展规模巨大，已经成为文化建设的基础工程，也是旅游发展的产业动能，连接供给和需求，为业态赋能；培育和扩大新消费市场，实现产品增值；驱动产品和业态创新，重构产业格局。[1] 在未来的一段时间内，文化和旅游的数字化融合发展将是国内旅游产业转型工作的重中之重。

随着人口老龄化的加速与"健康中国 2030"建设的推进，健康、养生、休闲、养老等多维一体的康养旅游观念成为旅游产业发展新动向。早在 2014 年，《国务院关于促进旅游业改革发展的若干意见》提出要从积极发展休闲度假旅游、大力发展老年旅游等角度着手拓展旅游发展空间，为康养旅游产业的成长指明方向。[2] "十三五"规划根据消费大众化、需求品质化等发展趋势又进一步明确了康养旅游的发展路径与配套支持政策，[3] 同年具体细化到部署扩大国内消费，特别是旅游文化、体育健康、养老教育培训等服务消费的政策措施。[4]

数字化对文旅康养产业的变革不仅从供给端激活产品资源，还从需求端

---

[1] 中国旅游研究院、旅享视界：《2019 中国数字文旅发展报告》，2019 年 8 月。

[2] 《国务院关于促进旅游业改革发展的若干意见》，2014 年 8 月，http：//www.gov.cn/zhengce/content/2014-08/21/content_ 8999.htm。

[3] 《国务院关于印发"十三五"旅游业发展规划的通知》，2016 年 12 月，http：//www.gov.cn/zhengce/content/2016-12/26/content_ 5152993.htm。

[4] 《关于进一步扩大旅游文化体育健康养老教育培训等领域消费的意见》，2016 年 11 月，http：//www.gov.cn/xinwen/2016-11/28/content_ 5138955.htm。

激发用户需求，赋能公共服务领域。供应链正逐渐演变成一种端对端的能力，数据智能成为人和业务的重要驱动力，不断向客户端延伸，洞察用户需求并做出敏捷反应，衍生出新的服务模式和价值，例如定制游。[①] 对于文旅康养产业的公共服务与行业监管，相关部门依托大数据智能识别差异化公共服务需求，有效提升总体公共服务效率，改善服务质量。[②] 此外，小红书、抖音、快手等新型原创内容平台，既有助于宣传旅游产品，也为旅游产品和服务提供了新的投放渠道，有助于增加营销收益。

旅游、休闲等生活服务类的电子商务，顺应数字经济与产业深度融合渗透大趋势，逐渐融入经济社会的各个领域，助推文化、旅游、健康、养生的数字化跨界融合发展，形成了良好的产业融合生态系统。文旅产业中没落的自然人文景观、传统节日活动，通过休闲康养项目宣传，从线上吸引游客，不断拓展市场空间，得到有效传承和发展；休闲康养产业通过数字文旅产品和服务延伸产业链条，提升品质与内涵，实现融合发展与产业升级。[③] 但文旅产业的数字化进程在一些方面阻碍了康养产业的发展，例如，与不习惯使用智能设备的老年人产生"数字鸿沟"，因此，将服务老年消费群体放在重要位置，严格落实信息引导、人工帮扶等实施方案要求，细分老年旅游消费市场，鼓励旅游电商平台开发和提供更多适老化产品与服务，并保留必要数量的人工服务窗口，搭建"线上+线下"文旅康养产品与服务体系。[④]

### 3. 建设京津冀智慧文旅康养城市群

随着区域协同发展战略的贯彻与落实，京津冀旅游业由资源竞争、成本竞争、上下游产业竞争走向统一规划、资源互换的合作阶段。《"十三五"旅游业发展规划》指出要做强京津冀旅游城市群，发挥京津旅游辐射作用，构建城市旅游分工协同体系，推进跨区域旅游一体化进程。在国家战略推动

---

① 戴斌：《数字时代文旅融合新格局的塑造与建构》，《人民论坛》2020年第6期。

② 夏杰长、贺少军、徐金海：《数字化：文旅产业融合发展的新方向》，《黑龙江社会科学》2020年第2期。

③ 孟香香、刘德亚、刘姣：《文旅4.0时代休闲康养与文化旅游产业融合发展路径探析》，《职大学报》2020年第4期。

④ 马振涛：《让文旅数字化智慧化更好服务老年群体》，《中国旅游报》2020年12月1日。

的历史机遇下，京津冀旅游业应抓住数字技术、协同发展、转型升级三大要点，突破创新合作模式，合力打造世界一流旅游目的地。[1]

从旅游景区的数量来看，河北拥有最为丰富的景区资源，数量远高于北京与天津。通过计算三地 A 级旅游景区密度（数量/面积），得出北京市 A 级旅游景区密度最高，约为天津市的两倍、河北省的五倍。三地的旅游合作围绕景区展开，应加强对京津冀多样化旅游资源的高效利用；打通地区间交通线路，实现三地真正的交通联结；扩大旅游市场规模，合理把握区域旅游系统空间结构的发展节奏。[2]

**表 5-2　2020 年京津冀 A 级景区数量及密度**

单位：个，个/千米²

| 项目 | 北京 | 天津 | 河北 |
| --- | --- | --- | --- |
| 5A 级 | 9 | 2 | 11 |
| 4A 级 | 72 | 31 | 140 |
| 3A 级 | 115 | 41 | 192 |
| 2A 级 | 31 | 20 | 119 |
| 1A 级 | 0 | 0 | 2 |
| 总量 | 227 | 94 | 464 |
| 密度 | 0.01383303 | 0.00786874 | 0.00245763 |

资料来源：北京市文化和旅游局、天津市文化和旅游局、河北省文化和旅游厅。

旅游行业在数字时代迎来了全新面貌，京津冀三地顺应时代脉络，构建文旅康养一体化发展新格局。京津冀地缘相接、文化一脉，人们生活习惯与需求偏好相似度高，具备良好的文旅康养协同发展优势。以秦皇岛为代表城市的一批康养旅游项目，经过数年发展，其运营已逐步标准化、体系化，为文旅康养的可持续发展提供参考。

---

[1]　刘锋：《三大视角探析京津冀区域旅游合作》，《旅游学刊》2014 年第 10 期。
[2]　王渝、刘念、周大智、刘静、郭巍匀、许赟洁：《京津冀区域旅游协同发展的影响因素研究》，《旅游纵览》（行业版）2020 年第 2 期。

**专栏 5-3　河北省秦皇岛市：打造世界一流滨海康养旅游度假区**

优美的海滨城市秦皇岛以旅游业为支柱产业，近年来有志于打造成国内首屈一指的康养旅游度假胜地。2016 年 9 月，经国务院同意，国家发改委等 13 个部门联合在秦皇岛设立北戴河生命健康产业创新示范区。2017 年，第二届河北省旅游产业发展大会在秦皇岛开幕，明确提出"打造世界一流滨海康养旅游度假区"的目标，树立"秦皇山海　康养福地"品牌，从供给侧着力，打造"滨海度假、海上娱乐、康本养生、山地生态、文化体验、红酒休闲"六大业态。2019 年，秦皇岛作为地级市中的先行者率先开展康养产业相关统计与研究，编纂发布《秦皇岛康养产业统计分类标准及核算方法》。目前，秦皇岛正探索多方位发展路径，全力发掘康养与旅游产业优势，培育高品质康养旅游项目，吸引国内外广大消费者向这里集聚。

资料来源：根据秦皇岛市人民政府网站及相关公开资料整理。

建设京津冀智慧文旅康养城市群应把握机遇，形成政企合力。政府层面，京津冀三地应统一规划旅游资源，挑选设立优质文旅康养集聚区，培育一批文旅康养优先发展的示范景区。平台层面，平台企业积极完善网站及 App 建设，重点推荐修养身心的文旅康养项目，展现京津冀不同地区旅游特色，加强对旅游消费市场的洞察与研究，给予中小旅行社必要的支持。京津冀三地政府和企业通力合作，突破文旅康养产业发展的瓶颈，不断更新改良旅游产品及服务，切实提升广大旅游消费者的出游体验。

## 第四节　京津冀电子商务协同推动三地经济数字化转型

随着京津冀电子商务协同发展，将战略目光向下沉市场和垂直领域转移，持续发挥推动产业转型升级的能量，促进数据要素市场化，成为三地经济数字化转型的重要引擎。数字贸易、数字金融、数字治理、数据安全等围绕数据的利益纷争与规则博弈日益凸显，社会的数字化转型成为京津冀构建可持续竞争力的必然要求。

## 一 京津冀快递物流协同成为县域电商与县域经济的新动能

### 1. 县域物流、县域电商与县域经济

随着电子商务向县域地区的下沉与渗透，县域电商的指导政策与发展体系逐渐完善，县域电商逐渐进入高质量发展阶段。2020 年全国 2083 个县域网络零售额达 35303.2 亿元，同比增长 14.0%，占全国网络零售总额的比重为 30.0%，提高 0.9 个百分点，其中县域农产品网络零售额为 3507.6 亿元，同比增长 29.0%。[①] 电子商务逐渐成为带动县域经济发展的新引擎。

相比于江浙沪等华东地区，京津冀所在的华北地区县域电商发展略显滞后，优势和潜力还有待挖掘。根据 2020 年数据，天津的县域网络零售额位列全国倒数第 4，县域电商产业规模在国内垫底。虽然北京、河北分别列全国第 5 名和第 7 名，但是远远落后于"头部"的浙江、广东、江苏。全国县域电商排名前十的县均分布在东部沿海地区，这得益于地区完备的电商产业链条与政企合作机制。北京市怀柔区列第 38 位，河北省清河县列第 47 位，北京市密云区列第 58 位，北京市平谷区列第 64 位，河北省高碑店市列第 68 位，河北省冀州区、南宫市、霸州市分别列第 79、86、91 位。

物流效率的提升对于县域电商与县域经济的发展意义重大。以前，由于地形、基础设施、气候等因素，农村地区运输条件恶劣，通往外界的道路难以打通，阻拦优质的农产品与手工制品。农村物流直接影响了农村电商发展的进程、规模和效益，物流效率直接关系到农村电商的质量和层次。[②] 京津冀位于华北平原北部，平坦的地形有利于建造公路与铁路，陆上物流运输网可以触达周边大部分县城与农村。

因此，改善京津冀农村运输条件，加强京津冀物流协同，对县域电商与县域经济的发展有着重要意义。作为中国农业大省的河北，交通区位优势明

---

① 农业农村部信息中心、中国国际电子商务中心：《2021 全国县域数字农业农村电子商务发展报告》，2021 年 9 月。
② 吴娜、赵本纲：《物流效率提升对农村电商发展的影响研究——基于农村经济发展视角》，《商业经济研究》2019 年第 21 期。

显，农村人口众多（2021 年 5 月 11 日，第七次全国人口普查主要数据公布，居住在乡村的人口为 50979 万人，占总人口的 36.11%[①]），是县域快递物流发展中需要重点建设的省份。在京津冀一体化进程中，河北省同北京、天津协调配合，明确"全国现代商贸物流重要基地"的功能定位，全力推进物流产业建设。目前，河北省的快递派送主要通过在县城设立县级快递处理中心与乡镇代理，形成快递代售点"县乡两级"直送直取模式，快递下乡的频率远高于农产品进城的频率。[②] 结合河北省县域地区农村物流运营成本高、物流配送体系不完善、缺乏专业物流人才等问题，在承接京津两地快递物流产业过程中，河北应加强对县域物流的建设，强化县域物流与县域电商的数字化协同发展，着力打造符合地区特色的县域电商品牌，整合优质资源，构建电子商务生态体系。

2. 电商扶贫

电子商务是脱贫攻坚与乡村振兴过程中的重要力量，越来越多的农民通过电子商务走上了脱贫致富的道路。2020 年全国 832 个国家级脱贫县网络零售总额达 3014.5 亿元，同比增长 26.0%。[③] 一方面，党的十八大以来，以习近平同志为核心的党中央高度重视扶贫工作，坚定决心决胜全面建成小康社会。另一方面，近年来，随着互联网普及率不断提高，农村电商发展迅猛，已成为农村转变经济发展方式、优化产业结构、促进商贸流通、带动创新就业、增加农民收入的重要动力。[④] 2014 年底，"电商扶贫工程"被列为 2015 年"十大精准扶贫"工程之一。

电商在国内发展之初，学者开始着手研究贫困地区发展电子商务的相关问题。吴敏春认为电子商务全球性、信息化的特点有效解决了贫困地区农产品市场流通不畅、经营成本高昂等问题，贫困地区利用信息技术和电子商务

① 国家统计局：《中国统计年鉴 2021》，http://www.stats.gov.cn/tjsj/ndsj/2021/indexch.htm。
② 肖琦、洪丽萍：《河北农村物流现状及对策》，《商业文化》2020 年第 22 期。
③ 农业农村部信息中心、中国国际电子商务中心：《2021 全国县域数字农业农村电子商务发展报告》，2021 年 9 月。
④ 国务院扶贫办、国家发展改革委、中央网信办：《关于促进电商精准扶贫的指导意见》，2016 年 11 月 4 日。

发展贸易，有利于缩小与经济发达地区间的差别。① 但当时电子商务在我国刚刚起步，城乡互联网普及率低，农村地区信息闭塞，交通、通信和网络基础设施落后，该研究并没得到学术界的关注。

直到 2010 年前后，随着信息技术的飞跃式发展，各大电商平台相继成熟，网购电商逐渐在全国范围内流行，学者把研究目光转向电子商务与减贫扶贫的问题上。通过研究，当时国内涌现出江苏省睢宁县沙集镇、河北省清河县东高庄等一批电商减贫脱贫的典型案例，汪向东、张才明提出"农户+网络+公司"的沙集模式，以案例分析的方式较为系统地阐述了电商扶贫的主要路径。② 林广毅系统性地整合分析了电商扶贫作用体系、作用机制，结合电商扶贫的主要特点和问题，提出了农村电商扶贫的总体思路、体系和推进措施。③

综上所述，京津冀电商扶贫的主要路径如下。

拓宽销售渠道，破解滞销难题。多数农产品需求弹性小，受天气影响大，尤其在灾害年份，容易出现滞销的情况。滞销产品可以通过电商助农平台、主播带货等渠道增加农产品的曝光度，通过社会公益网络传导效应来扩大宣传辐射范围，有效缓解销售压力。此外，利用电商大数据平台，卖方可以直接与消费者对话，掌握消费需求动态变化情况，适时调整生产策略，降低经营风险。④

增加收入，实现多维减贫。⑤ 贫困地区不仅经济发展水平低，当地的教育水平、消费能力、信息通信等均落后。电子商务不仅通过平台为贫困地区提供了向外界推销产品的渠道，实现增收创收，还通过免费培训、传统基础设施改

---

① 吴敏春：《信息扶贫——贫困地区发展电子商务对策》，《社会福利》2002 年第 7 期。
② 汪向东、张才明：《互联网时代我国农村减贫扶贫新思路——"沙集模式"的启示》，《信息化建设》2011 年第 2 期。
③ 林广毅：《农村电商扶贫的作用机理及脱贫促进机制研究》，中国社会科学院研究生院博士学位论文，2016。
④ 杨锓瑶：《电商背景下农产品滞销破解之道》，《山西农经》2019 年第 17 期。
⑤ 张岩、王小志：《农村贫困地区实施电商扶贫的模式及对策研究》，《农业经济》2016 年第 10 期。

造、提供信息服务等方式，带动交通、物流、社会保障、信息技术发展，全方位帮助贫困地区人民参与电子商务活动，全流程信息化建设有助于提高地区的数字化水平，扩大农村创业与就业机会，培养专业化电商人才，降低返贫概率。

推动传统产业转型升级，助力特色产业发展。利用新一代数字信息技术，结合不同地区原先具备的产业基础，县域电商帮助贫困地区完成供应链的数字化升级。根据当地的资源禀赋优势，发展适宜的特色产业，利用电商直播的方式，弥补传统宣传与营销手段的不足，解决产品销售中存在的信息不对称问题，激发消费者购买潜力，[①] 促进消费转换，提高交易效率。

健全电商扶贫生态体系。集合三地政府、电商企业及社会力量，搭建起包括产品流通体系、商品销售网络、物流信息平台、售后服务平台等在内的农村电商扶贫生态系统，通过各主体间的良性互动来实现整体经济效益与社会效益的最大化。

### 3. 激发县域市场网络消费潜力

县域商业发展与消费下沉互相促进、互为因果[②]，前者通过网络购物等方式促进县域消费环境的改善，后者是县域经济发展的重要驱动力。随着城市网购市场日趋饱和，近年来，县域市场强大的消费力正逐渐凸显，各大电商平台纷纷加入下沉市场的竞争中，战略布局开始聚焦三、四线城市及周边城镇、农村。

大多数县域市场由于地区偏远封闭，传播渠道单一，广告营销环境相对简单，有利于电商企业的有效传播和流量转化。随着智能手机的普及，县域移动互联网覆盖率提高，5G 技术的成熟运用与移动支付的快速发展，促成了移动端网购的兴起。县镇居民只要拥有一部智能手机，便可随时随地购买来自世界各地的物美价廉的商品，享受和城市里一样的高质量服务。长尾效应导致持续下沉扩大流量规模，小红书、拼多多等社交电商企业通过存量用户、KOL、网红博主，在社交媒体平台上的互动进一步引爆流量，实现偏远

---

① 昝梦莹、王征兵：《农产品电商直播：电商扶贫新模式》，《农业经济问题》2020 年第11 期。

② 崔光野、蔡宏友：《县域经济和下沉市场的若干共识》，《商业经济研究》2020 年第 4 期。

地区用户与社群的变革。

此外，数字金融与县域电商的联动效应激发了消费潜力，应加强数字金融支持与电商嵌入。① 基于电子商务第三方移动支付的成长掀起了一场数字金融革命，小额贷、现金贷等各式网贷平台相继出现。数字金融通过大数据和人工智能记录用户支付、信贷、投资与资金融通行为，为每个人提供公平的线上金融服务，解决了传统商业银行与金融公司对职业、资产、信誉等方面要求导致贷款难问题，有效降低了借贷成本与金融服务门槛，便于消费者进行临时性借贷。②

在县域网购的过程中，物流基础设施薄弱、"配送难"的现状成为制约农村电商物流的难题。由于京津冀农村与郊区地广人稀、投递分散，直接送货上门需要付出高昂的成本，以集镇为中心的自助提货方式相对合理。③ 解决"最后一百米"问题，需要推进县镇骨干节点和末端投递服务站点建设，在信息化程度较高的交通枢纽区域设立智能取货柜，降低末端人工配送成本，避免投递失败。

## 二 电子商务推进京津冀数字经济全域应用场景布局

### 1. 数字商务

数字商务是数字经济的集中体现和核心支撑，涵盖流通产业数字化、制造企业采购与销售数字化等传统产业数字化转型，以及包括电子商务、共享经济、数字贸易、在线服务在内的商务领域新业态两部分，后者已成为当前创新创业的热点领域④。电子商务作为数字商务最前沿、最活跃、最重要的组成部分，在数字商务的发展中起创新引领作用。近年来，国家更加重视数字商务建设，商务部于 2019 年和 2020 年分别遴选出 60 家和 48 家数

---

① 姚跃华：《金融支持农村电子商务发展的调查与思考——以湖南省桃江县为例》，《武汉金融》2017 年第 10 期。
② 黄益平、黄卓：《中国的数字金融发展：现在与未来》，《经济学》（季刊）2018 年第 4 期。
③ 杨聚平、杨长春、姚宣霞：《电商物流中"最后一公里"问题研究》，《商业经济与管理》2014 年第 4 期。
④ 马彦华：《发展数字商务 推动经济动能转换》，《中国经贸导刊》2018 年第 26 期。

字商务企业，积极开展数字商务企业的培育和推广工作，并在相关文件中明确提出"充分释放数字技术和数据资源对商务领域的赋能效应，全面提升商务领域数字化、网络化、智能化水平，切实推动商务高质量发展"的政策要求。[①]

### 表 5-3　京津冀数字商务企业名单

| 地区 | 第一批 | 第二批 |
|---|---|---|
| 北京 | 北京京东世纪贸易有限公司 | 北京值得买科技股份有限公司 |
| | 小米科技有限责任公司 | 北京东港瑞宏科技有限公司 |
| | 北京三快在线科技有限公司 | |
| | 国美电器有限公司 | |
| | 北京小笨鸟信息技术有限公司 | |
| 天津 | 天津市岛本科技有限公司 | 天津拾起卖科技有限公司 |
| | | 云账户（天津）共享经济信息咨询有限公司 |
| 河北 | 河北新希望天香乳业有限公司 | 唐山报春电子商务股份有限公司 |

资料来源：商务部网站。

　　京津冀地区有着良好的数字商务产业基础，但内部发展存在明显不均衡。北京和天津的数字商务指数均位列全国前 10，数字商务支撑、促进、需求、融合四个维度均处在相对领先的位置，竞争优势明显。河北省商务领域数字化综合指数得分为 98.73 分，比 2020 年高 1.63 分，位列全国第 11 名。与 2020 年相比，提高了一个位次，属于"四级梯队"中的中坚梯队首位。[②] 因此，推动京津冀数字商务发展，解决三地间数字商务发展分化的难题，需要强化三地政策协同，充分发挥京津的辐射带动作用，以互联网平台为载体，以数据为核心驱动要素，以政府为重要支撑，不断进化区域数字商务生态体系，逐步实现数字商务区域均衡发展。

---

① 商务部办公厅：《关于加快数字商务建设　服务构建新发展格局的通知》，2021 年 1 月，http：//www.mofcom.gov.cn/article/zwgk/gztz/202101/20210103035240.shtml。

② 中国国际电子商务中心：《中国商务领域数字化发展指数报告（2021）》，2022 年 11 月。

### 2. 数字政府

随着以电子商务为代表的网络新经济的崛起，隐匿在网络灰色地带的违法犯罪行为更加猖獗，对政府提升治理能力提出了更严峻的考验。另外，电子商务的发展反向助推了数字技术革命，为政府完成数字化革新、提升治理能力提供了技术支持。

数字政府是信息化政府、管理网络化政府、办公自动化政府、政务公开化政府、运行程序优化的政府，建设数字政府是推进国家治理体系和国家治理能力现代化的重大举措。[1] 中国数字政府建设起步于 20 世纪 90 年代，起初并没有城乡之别，而是对各地各级政府部门政务服务的全面技术改造与升级。无论是对城市建设，还是县城农村，尤其是偏远地区的发展，建设数字政府的作用和意义重大。随着数字政府的信息化阶段基本完成，数字政府开始进入数据化与智能化阶段。

平台驱动的数字政府以人民为中心，以政务服务为导向，广泛联系社会、公众及政府部门。[2] 一是显著改善营商环境，尤其是网络营商环境。企业登录政府官方网站办理相关业务，实时上报数据，简化审批流程，政府及时整理和分析营商大数据，推动经济决策科学化。二是助推公共服务便民化。公众随时随地登录在线政务服务平台，办理卫健、社保、纳税等服务，政府后台广泛收集群众建议，推进政策决策民主化。三是推动社会治理精准化。数字政府接入第三方平台，实现统一管理和应用，从源头打击违法犯罪，形成从风险预警、科学防控、跟踪监管到结果反馈的管理闭环，提高履职能力。[3]

加强京津冀数字政府协同治理，构建省、市、县、乡四级数字政府治理体系，强调数据融通和"以民为本"。数字政府的建设并不局限于政府办公

---

① 周文彰：《数字政府和国家治理现代化》，《行政管理改革》2020 年第 2 期。
② 北京大学课题组：《平台驱动的数字政府：能力、转型与现代化》，《电子政务》2020 年第 7 期。
③ 赛迪顾问股份有限公司：《2020 中国数字政府建设白皮书》，2020 年 6 月，http：//image. ccidnet. com/ccidgroup/2020zhongguoshuzizhengfujianshenbaipishu0723. pdf。

"网络化"与政府服务"电子化",更是运用数字化思维,操作数字化工具,整合数字化资源,选择数据化战略,制定数字化规则,提供优质便捷的政府服务。[①] 京津冀数字政府需要打通地区之间的数据壁垒,推动政务协同与数据共享,释放数据活力,通过数据切实洞察分析社会真实需求,反哺政策制定,促进社会稳定与繁荣发展。

### 3. 数字生活

电子商务的发展不仅改变了传统商务活动,通过改善城市和乡村基建对实体经济产生重要影响,促使人们享受数字化生活方式。新冠疫情加速了数字经济的渗透,在全球防范疫情的状态下,数字经济应用场景开始渗透进社会生活的方方面面,更全面和广泛的数字生活已经到来:数字交通使大众出行更加便捷,各地市民通过下载移动端公交卡直接刷手机乘坐地铁和公交;二维码技术和移动支付技术的应用使"非现金支付"发展,各类无人便利店、无人售货柜遍布城市角落,节约了生产资源与人力资源;在线会议作为最高效、安全的沟通与交流方式,促使远程办公和在线教育的兴起;互联网医院突破地区限制,为各地市民提供在线诊疗服务,有效避免线下医院疫情传播扩散风险。

但是,数字科技给一部分人提供了便利,同时却给另一部分人带来障碍。截至 2022 年 6 月,我国网民规模达 10.51 亿,我国 60 岁及以上非网民群体占非网民总体的比例为 41.6%,较全国 60 岁及以上人口比例高出 22.5 个百分点[②],有近半数的老年人尚未接触互联网。老年人不习惯使用智能手机进行线上支付,不会操作健康码,疫情期间出行、购物都成了难题。在准备迎接老龄化社会的当下,应该积极帮助老年人群体跨越"数字鸿沟",提供更多"适老化"服务,鼓励老年人尝试和适应数字生活,使数字生活真正给每个人带来实惠。

丰富京津冀数字生活应用场景,建设数字城市,需要形成政府和企业的

---

① 戴长征、鲍静:《数字政府治理——基于社会形态演变进程的考察》,《中国行政管理》2017 年第 9 期。

② 中国互联网络信息中心:第 50 次《中国互联网络发展状况统计报告》,2022 年 8 月 31 日,http://www.cnnic.net.cn/n4/2022/0914/c88-10226.html。

合力。一是政府给予更多政策倾斜，鼓励大型互联网企业在 App 应用里开设生活服务类板块，大力支持垂直类、生活服务类 App 的研发和推出，为社会提供多样化便民服务。二是政府和互联网企业共享技术与数据，合作开发数字生活服务一体化平台。三是推进企业线下的数字化应用试点工作，优先布局核心城市，并逐渐向县域、农村下沉，使数字生活触及更多应用场景，让全民共享数字红利。四是解决推行数字过程中出现的"数字鸿沟"问题，尊重老年群体保持其原有生活方式的权利，并把数字生活内化至老年人的生活方式中。

### 三　以电商发展为契机建立京津冀大数据生态圈

#### 1. 数据融合

随着大数据、人工智能技术与实体经济融合程度的加深，数据需求发生改变，表现出关联、交叉、融合的特征。"大数据"不仅限于体量大，还呈现多类型、跨领域、跨媒体等特点。[①]电商用户数据包含浏览收藏、交易订单、快递物流、售后服务、绩效评价等各类 B 端、C 端到平台方的数据，具有零散庞杂、来源广泛、更新速度快的特点，因此电商大数据融合是在采集信息的基础上，对多源数据进行深层次、多维度、综合性的知识信息提炼，归纳总结隐藏在数据背后的规律，最大限度地精准挖掘数据价值。[②]

数据融合产生的个性化信息与共量信息实现了数据价值增值，随着数据要素市场需求的扩大，数据应用服务行业应运而生。第三方团队通过调研广泛收集市场、企业、政府、用户各方数据信息，或是直接接入企业或政府后台获取信息，经过对数据进行专业化整理分析后输出报告，有偿提供给需求方。在数字产业化的过程中，融合数据资源得到最大化利用，成为经济增长的新动力。

---

① 孟小峰、杜治娟：《大数据融合研究：问题与挑战》，《计算机研究与发展》2016 年第 2 期。
② 王越：《电子商务用户数据的知识融合研究》，《计算机产品与流通》2019 年第 5 期。

## 2. 京津冀大数据生态圈

在数据价值链的驱动下，各个角色在数据交易中普遍共享收益，形成了互惠互利的大数据生态圈。以电子商务发展为契机，牢牢把握住大数据的发展趋势，在大数据产业集群的基础上构建大数据生态圈，对京津冀融合创新发展、产业转型升级有着战略性意义。

大数据生态圈是对大数据产业集群优化的提升，以大数据平台和大数据应用为中心，依托大数据上下游产业链的数据资源，通过物流、人才流、资金流、数据流所形成的有效互动、紧密合作、优势互补的网络生态系统。[1] 用户是通过互联网电商平台连接若干个小节点，每个企业用户与个人用户的行为与偏好构成了数据集合，提供了数据价值链中最核心的部分。互联网电商平台既是数据的提供者也是数据的需求者，作为中心节点在大数据生态系统中扮演重要角色，既能提供权威、大规模、高频次、多类别连接系统内各节点的信息，又能动态的融合数据来帮助完成用户画像，指导战略方针制定。政府是监管者、支持者与政策制定者，不仅要维护数据交易市场秩序、完善电子商务发展环境，还要融合开发政务数据与商业数据，积极促进数据交互共享，鼓励企业主动分享数据、研究数据，出台政策推进数字产业集群建设。第三方数据应用服务企业将数据要素产品化，经专业化加工后提供给市场，实现对数据的再利用。通过政府和企业购买后，数据价值持续得到提升，形成完整的生态闭环。

推进京津冀大数据生态圈建设是京津冀协同发展的重要部分。政府推动有利于大数据产业圈优化，通过产业平台影响到大数据产业集群发展。[2] 京津拥有强大的科技资源与人才储备，在数字经济发展中优势凸显；河北有良好的制造业基础，但碍于技术、资金与市场，并未充分利用数据资源，数据价值空间很大。基于此，京津冀大数据综合试验区于 2016 年底开始批复建

---

① 吴薛、吴俊敏：《产业生态圈视角下大数据产业集群培育的研究——以苏州为例》，《常州大学学报》（社会科学版）2015 年第 1 期。

② 薛风平：《政府、平台与生态圈对大数据产业的影响——基于 31 个省（市）数据的实证研究》，《技术经济与管理研究》2020 年第 7 期。

造，五年内涌现出北京市政交通一卡通城市治理大数据平台、AI 政务大数据服务平台、国家苹果大数据公共平台等多个优秀案例，培育出"中国数坝"张家口、"大数据小镇"承德县等"京津冀大数据走廊"上的重要节点城市。同时，产业升级转移扎实推进，北京大数据产业链部分环节加快向张北云计算产业基地集聚，持续向外赋能。环京大数据基础设施支撑带逐步成形，京津冀三地大数据产业集聚效应愈发显著。

为促进京津冀数据资源流动通畅，京津冀仍需大力推进协同，突破大数据技术壁垒。大数据作为高科技时代的产物，对人才、科技的需求极高。京津冀大数据产业近些年快速发展，但一些核心技术与组件仍需从外进口，由此带来安全隐患。北京应借助地区高校优势，加大产学研合作力度，积极牵线搭桥促进知识资源跨区域流动，以大数据思维与产品突破行政壁垒，协同构建一体化大数据生态体系。

# 第五节　结论及进一步讨论的问题

京津冀快递物流一体化发展与电子商务产业创新发展相互促进、相互影响。从供应链角度，在二者的良性交互中，依托大数据、云计算、人工智能等前沿技术，以电子商务平台为核心，市场上涌现出直播电商、社区电商、跨境电商、生鲜电商等一批电商新业态、新模式，重塑传统供应链体系，逐渐打造出以数据为核心要素的数字供应链新格局。从产业链角度，京津冀快递物流与电子商务协同创新发展，显著推动数字技术与传统产业的深度融合，促进农业、制造业、服务业的数字化、网络化、智能化转型升级。从价值链角度，电子商务作为数字经济中最重要的组成部分，在推动三地经济数字化中起到引领作用，不仅成为县域、农村经济增长的新动能，乡村振兴的重要渠道，有助于加快推动数字经济全域应用场景布局，建立"数字城市"。随着数字产业化、产业数字化的推进，逐渐形成包括政府、平台、企业、用户在内的京津冀大数据生态圈。京津冀三地需要推进政策一体化，加强顶层设计，促进人才、资金、数据等资源有序地跨区域流通，着力构造以电子商务为核心的大数据生态体系。

疫情期间，"无接触物流配送"解决了人们衣食住行的难题，激发了人们的网购需求，给快递物流与电子商务行业带来了新一波流量红利，加快了数字化的全方位渗透。随着疫情形势好转，京津冀地区如何在保持协同发展的同时探索出行业内经济增长点，有待进一步研究分析。

# 第六章

# 京津冀电子商务协同发展的体制机制创新

　　制度经济学认为，制度在经济发展中发挥着不容忽视的作用。随着京津冀协同发展战略的持续推进，涉及京津冀三地关键领域和更深层次的体制机制问题亟须解决，成为阻碍京津冀协同发展的根本原因。为了发挥电子商务在京津冀协同发展中的先导作用，需要打破京津冀之间的行政壁垒，完善政府间横向合作，创新体制机制，形成有效的制度约束，为实现京津冀协同发展提供制度保障，提高京津冀协同发展效率。

## 第一节　探索京津冀电子商务发展的政务服务协同机制

　　区域协同发展，政务服务先行。高效便捷的政务服务对激发电子商务市场活力和社会创造力、营造良好的营商环境、推动传统企业数字化转型具有重要意义。实现京津冀电子商务协同发展需要三地政府部门优化政务服务，提高政务服务协同效率，加快政务服务一体化进程。首先，创新京津冀电子商务市场准入机制，破除地区之间电子商务领域的准入障碍，打破地区封锁，消除地方保护主义，营造宽松市场环境，构建区域统一的电子商务大市场；其次，建立标准化体系和政务服务共享平台，促进三地政务数据共享、业务协同、流程优化，保证三地政策相互对接，市场信息畅通；最后，创建京津冀"政务服务一张网"，从体制机制改革和技术创新两方面发力，实现"制度"和"技术"协同增效，为促进京津冀协同发展提供政务服务保障。

## 一 推动京津冀电子商务领域市场准入的创新改革

在市场经济体制下，完善企业市场准入制度，已经成为国家对市场主体进行调控和监管、维持良好的市场经济秩序的重要举措。电子商务具有普遍性、便捷性、协调性、综合性等特点，完善电子商务市场准入制度，提高电子商务市场准入便利性，有利于加快中小企业数字化转型步伐、规范电子商务市场发展、更大地激发市场活力、加快区域一体化进程。

**1. 全面落实市场准入负面清单制度，建立区域统一的市场准入标准**

目前，我国没有形成统一的电子商务市场准入制度。京津冀三地行政级别不对等导致三地市场环境不同，三地在电子商务领域的准入条件、技术规范、审批程序等方面有差异，造成了电子商务主体市场准入不平等，阻碍了地区间的公平竞争与合作。因此，实现京津冀电子商务协同发展，必须清理阻碍地区间开放和公平竞争的地方性法律法规，建立区域统一的市场准入规则，破除市场壁垒，营造宽松平等的市场准入环境，促进资源自由流动和合理配置，保证京津冀三地电子商务市场主体活力得到平等发挥。

第一，京津冀三地要统筹建立统一、透明的电子商务产业的市场准入负面清单制度。全面梳理京津冀电子商务产业发展指导目录，统一京津冀电子商务产业准入标准，全面落实区域"一张清单"管理模式，使区域内各类市场主体依法平等地进入清单之外的领域，加快京津冀一体化进程。例如，在疏解北京非首都功能过程中，天津、河北承接的不符合首都功能定位的企业，这类企业将会在当地进行生产和排污，通过建立区域统一的产业准入体系，不仅有助于缩小三地市场准入门槛差距，还倒逼三地政府统一污染物排放标准。

第二，清单的建立要处理好区域协同发展目标和地方产业发展目标之间的关系。建立动态调整机制，根据市场发展情况不断对准入负面清单进行增减，对于新业态、新模式不急于列入负面清单管理，地方政府确实需要纳入的，以"地方性许可事项"的方式明确增设于清单，为地方性市场管理措施预留空间，不断增强清单的完备性。例如，京津冀三地在电子商务产业发展、功能定位、资源禀赋等方面存在差异，允许三地政府调整负面准入清单和地方性许可事项，增强清单完备性。

第三，加快实现清单管理模式数字化。为达到更有效的市场准入整体性治理效果，京津冀三地政府相关部门应以清单电子化、数字化为手段，通过建立京津冀电子商务市场主体基础信息库和政务审批数据库，将清单管理模式与数据化深度融合，推进一张清单"应列尽列"和审批信息的数字转化进程，实现京津冀电子商务市场准入的数字化治理。①

### 2. 优化行政审批服务，提高电子商务领域市场准入效率

2015 年，国务院发布《国务院关于大力发展电子商务加快培育经济新动力的意见》（以下简称《意见》），提出在营造宽松发展环境中将降低电子商务准入门槛置于首要位置。② 与传统行业相比，电子商务特征突出，在网络零售、网约车、在线外卖、互联网医疗等领域，企业开展网上经营资质、准入程序等的要求过高，加大了电商企业的合规成本。因此，降低准入门槛，优化准入程序，是完善京津冀电子商务市场准入制度的主要趋势。③

第一，全面梳理京津冀区域内电子商务企业在设立、合并、重组等环节涉及的不合理行政许可事项，优化行政审批服务，破解电子商务企业经营涉及的行政许可难点和卡点。④ 行政许可作为前置型的管理手段，为经营者进入市场设置了较高的门槛，如果门槛过高会影响市场活力，加大市场主体经营成本，不利于新业态、新产业、新模式的发展。因此，避免直接套用传统的线下准入要求，精简京津冀电子商务领域市场准入事项清单，统一规范准入要件和程序，严禁地方政府在企业注册地点、注册资金、经营范围以及从业人员资质等方面，自己设立地方性行政许可事项和要求，增加"隐性市场壁垒"。

第二，深化电子商务领域"证照分离""先照后证""多证合一"行

---

① 陈升、李兆洋、唐雲：《清单治理的创新：市场准入负面清单制度》，《中国行政管理》2020 年第 4 期。

② 《关于大力发展电子商务加快培育经济新动力的意见》，新华社，2015 年 5 月 7 日，http://www.gov.cn/xinwen/2015-05/07/content_ 2858541. htm。

③ 桂阳：《电子商务市场准入及退出制度研究》，《农村经济与科技》2018 年第 6 期。

④ 杜庆昊：《深化"放管服"改革 助力数字经济发展》，《经济参考报》2019 年 6 月 19 日。

政审批改革，通过直接取消审批，改审批制为备案制，探索京津冀区域内全程网上登记模式，简化电子商务企业登记注册流程，破解电商领域准入条件高、办证数量多、审批手续繁以及准入不准营难题。例如，对京津冀区域内物流企业实行"一照多址"改革，对在区域内开办业务的审批手续和办理分支机构手续进行进一步精简，并全面实施快递末端网点备案管理。①

第三，降低电子商务准入门槛，放松事前监管，加强事中事后监管。首先建立严格的产品质量与安全追溯机制，对于区域内电子商务企业生产运营过程中危害人身财产安全、导致社会不稳定问题，必须守住监管底线，坚持从严管理。要避免"有底线无尺度"的现象，建立分级分类监管制度，采取弹性监管模式，② 根据行业特点、发展阶段以及可能触发的不良后果的危害程度，制定差异化的监管底线与负面清单，营造宽松的发展环境。③ 例如，对药品行业和金融行业等高风险的电子商务领域强化准入前监管，④ 对于一般领域的市场准入应适当放松。

**3. 规范区域内电子商务平台服务，降低电商经营主体的平台准入门槛**

电商平台企业向上连接供应端，向下连接需求端，为中小企业提供了注册审核、产品展示和搜索、交易撮合、投诉与争议处理等服务，但对平台权力不加限制，不利于维护中小企业权益。例如，阿里巴巴借助其市场力量、平台规则，对平台内企业提出了"二选一"要求，严重损害了平台内商家和消费者的合法权益，不利于平台经济公平竞争和创新发展。

规范电商平台企业市场行为可以从两方面着手。第一，政府部门要加强对电商平台设定的"准入权"监管，严禁平台企业利用服务协议、交易规则以及技术手段，对中小企业附加不合理条件、收取不合理费用或限制交易

---

① 马骏、马源、高太山：《优化数字经济营商环境：政策框架与重点任务》，《发展研究》2020 年第 10 期。

② 杜悦英：《优化营商环境 添翼数字经济》，《中国发展观察》2020 年第 13 期。

③ 郭海、李永慧：《数字经济背景下政府与平台的合作监管模式研究》，《中国新政管理》2019 年第 10 期。

④ 李康：《我国电子商务的监管机制研究》，吉林财经大学硕士学位论文，2016。

活动。第二，相关政府部门应为平台企业提供数据服务，包括法人登记信息、资质信息、许可审批信息、诉讼信息、知识产权信息、个人诚信记录等，为平台核验各类入驻主体提供支持。[①]

## 二 形成京津冀电子商务协同发展政务服务共享平台

区域协同发展，政务服务先行。近年来，国家层面推出一系列政策文件推动政务服务优化工作（见表6-1）。2018年7月，国务院印发《关于加快推进全国一体化在线政务服务平台建设的指导意见》（以下简称《指导意见》），对深入推进"互联网+政务服务"、加快建设全国一体化在线政务服务平台、全面推进政务服务"一网通办"作出重要部署。[②] 根据国家要求，京津冀三地政府也纷纷出台相关政策措施。京津冀地区依托国家政务服务平台的支撑功能，已初步形成了"京津冀+雄安（3+1）"政务服务"一网通办"线上线下服务框架，但在整合三地政务资源、进一步提升企业办事便捷程度上还有进步空间。

表6-1 国家推进政务服务改革的主要政策文件

| 发布时间 | 政策文件名称 | 相关内容 |
| --- | --- | --- |
| 2016年3月5日 | 政府工作报告 | 大力推进"互联网+政务服务"，实现部门间数据共享，让居民和企业少跑腿、好办事、不添堵 |
| 2016年4月26日 | 国务院办公厅关于转发国家发展改革委等部门《推进"互联网+政务服务"开展信息惠民试点实施方案》的通知 | 推进"互联网+政务服务"，促进部门间信息共享是深化"放管服"改革的重要内容；构建方便快捷、公平普惠、优质高效的政务服务体系 |
| 2016年9月19日 | 国务院关于印发《政务信息资源共享管理暂行办法》的通知 | 推动政务信息系统互联和公共数据共享……发挥政务信息资源共享在深化改革、转变职能、创新管理中的重要作用 |

---

[①] 马骏、马源、高太山：《优化数字经济营商环境：政策框架与重点任务》，《发展研究》2020年第10期。

[②] 《关于加快推进全国一体化在线政务服务平台建设的指导意见》，新华社，2018年7月31日，http://www.gov.cn/xinwen/2018-07/31/content_ 5310825. htm。

续表

| 发布时间 | 政策文件名称 | 相关内容 |
|---|---|---|
| 2016 年 9 月 29 日 | 国务院印发《关于加快推进"互联网+政务服务"工作的指导意见》 | 为加快推进"互联网+政务服务"工作,切实提高政务服务质量与实效,针对服务事项不全、信息共享程度低、可办理率不高、企业和群众办事仍然不便等问题提出意见 |
| 2017 年 1 月 12 日 | 国务院办公厅关于印发《"互联网+政务服务"技术体系建设指南》的通知 | 以服务驱动和技术支撑为主线,明确优化政务服务供给的信息化解决路径和操作方法 |
| 2018 年 5 月 23 日 | 中共中央办公厅 国务院办公厅印发《关于深入推进审批服务便民化的指导意见》 | 以更快更好方便企业和群众办事创业为导向……打造"宽进、快办、严管、便民、公开"的审批服务模式 |
| 2018 年 7 月 31 日 | 国务院印发《关于加快推进全国一体化在线政务服务平台建设的指导意见》 | 明确了全国一体化在线政务服务平台的建设任务,主要包括政务服务一体化、公共支撑一体化、综合保障一体化等三方面 14 项重点建设内容 |
| 2019 年 4 月 30 日 | 《国务院关于在线政务服务的若干规定》 | 建设全国一体化在线平台,依托其推进政务服务线上线下深度融合 |
| 2019 年 12 月 17 日 | 国务院办公厅印发《关于建立政务服务"好差评"制度提高政务服务水平》的意见 | 建立政务服务绩效由企业和群众评判的"好差评"制度;提供全面规范、公开公平、便捷高效的政务服务 |
| 2020 年 9 月 29 日 | 国务院办公厅《关于加快推进政务服务"跨省通办"的指导意见》 | 明确政务服务"跨省通办"重点任务。聚焦保障改善民生、助力惠企利企,推动个人服务和企业生产经营高频事项"跨省通办"。鼓励区域"跨省通办"先行探索和"省内通办"拓展深化等 |

为更好地服务于京津冀电子商务的产业衔接与项目合作,京津冀三地政府在市场准入制度方面进行创新,聚焦京津冀电子商务企业跨区经营、资源共享、人员交流等需求,通过优化"互联网+政务服务"模式,建立京津冀电子商务协同发展政务服务共享平台,打通业务协同、数据共享的"任督二脉",推动服务事项办理流程优化再造,降低企业跨地区的交易成本,打造京津冀电商最优发展环境,为京津冀电子商务协同发展增添新的驱动力。

1.建立京津冀"互联网+政务服务"信息共享机制

在信息经济学中，达到帕累托效率最优的条件之一，是要实现信息完全，京津冀区域内实现政务服务协同，更好地服务电子商务产业，需要实现政务信息的对称性。这要求三地政府摒弃"一亩三分地"的固定思维模式，基于整体性考虑，通过搭建京津冀跨层级、跨部门、跨地区的政务信息共享平台，有效整合三地电商相关的政务信息，以数据共享打通业务协同瓶颈，最大化数据应用价值，提高京津冀政务服务一体化水平和效益。[①]

第一，全面梳理京津冀政务信息资源，建立数据共享交换目录和责任清单，实现政务信息共享。[②] 政务信息共享不是抽象的概念，三地政府部门要加强京津冀三地政务数据的整合共享，建立有效的数据供需匹配机制，围绕企业全生命周期中办理业务和政府监管的需要，厘清业务流程中各个环节、各个部门的数据需求，将更多关系到企业开办、经营的应用高频数据纳入共享范围，[③] 形成京津冀政务数据共享目录；出台京津冀政务数据开放共享管理办法，实行数据清单化管理，建立政务数据共享清单，明确政务数据共享的范围和级别（无条件共享、有条件共享、不予共享），同时建立责任清单，明确数源部门和使用部门在数据共享过程中各个环节的权责关系，[④] 要求各地各级政府部门、事业单位严格按照共享目录，依法向区域内市场主体公开信息[⑤]。

第二，统一京津冀政务信息共享标准，这是实现政务信息共享的关键。政务信息共享标准不同，导致各地数据共享体系信息异构和重复建设，造成信息冗余；另外，一旦混入错误的干扰信息，增加政务数据流通共享和政务

① 刘秉镰、孙哲：《京津冀区域协同的路径与雄安新区改革》，《南开学报》（哲学社会科学版）2017年第4期。
② 翟云：《基于"互联网+政务服务"情境的数据共享与业务协同》，《中国行政管理》2017年第10期。
③ 卢向东：《加快推进全国一体化政务服务平台建设》，《学习时报》2020年1月30日。
④ 李声虎：《湖北省"放管服"改革政府协同研究》，华中科技大学硕士学位论文，2019。
⑤ 易龙飞、钱泓澎：《"最多跑一次"改革背景下政务数据共享机制建设》，《浙江树人大学学报》（人文社会科学版）2019年第6期。

信息系统运行过程中的安全隐患，阻碍数据流通共享。① 建立区域统一的政务数据标准，从源头上避免数据共享过程中出现的问题。② 因此京津冀各政府数源部门要树立标准化意识，按照国家标准，制定区域内政务信息资源接入、存储、流通、共享的数据标准和技术协议，提高各级政府、各政府部门之间数据系统的兼容性，提高数据传输质量和效率。③ 除此之外，京津冀三地政府统一实施标准与监督落实标准，更好地支持业务协同。

第三，建设京津冀统一的政务数据资源库，加强数据管理，保障政务信息共享。京津冀政务服务协同发展中涉及的信息量大、政府部门多，迫切需要建立区域统一的数据库，建立政务数据综合管理机构进行统一规划管理。④ 具体而言，一是在整合京津冀人口、法人等信息资源库的基础上，进一步梳理、采集区域内电子证照、电子签章、社会信用等数据，建设京津冀统一的信息库。京津冀初步梳理确定《京津冀政务服务通办事项电子证照共享应用清单》，但电子证照归集、管理、应用程度不够，通过建立完善的区域电子证照、档案库，推动电子证照、签章、档案等高频证照在企业登记注册、投资审批、跨区转移和经营等领域的跨地区、跨部门互通。⑤ 二是政务数据综合管理机构，承担京津冀数据整合、管理、开放、应用等职责。例如，在区域层面上建立主管部门，地方层面上设立分管部门。主管部门负责统筹规划，依法制定有关数据共享范围、标准等法规，地方分管部门负责收集、整合各地政府部门的政务信息资源，经主管部门审核、归集后统一上传到区域信息共享平台。⑥

---

① 刘焕成、李俞颉：《大数据时代下协同政务中的信息资源共享策略研究》，《创新科技》2018 年第 10 期。
② 王利强：《大数据时代下协同政务中的信息资源共享策略研究》，《国际公关》2019 年第 6 期。
③ 易龙飞、钱泓澎：《"最多跑一次"改革背景下政务数据共享机制建设》，《浙江树人大学学报》（人文社会科学版）2019 年第 6 期。
④ 欧伟强：《大数据时代推进政务数据共享协同的路径研究》，《新西部》2020 年第 9 期。
⑤ 李声虎：《湖北省"放管服"改革政府协同研究》，华中科技大学硕士学位论文，2019。
⑥ 刘焕成、李俞颉：《大数据时代下协同政务中的信息资源共享策略研究》，《创新科技》2018 年第 10 期。

第四，创新政务数据应用，这是实现政务信息共享的目标。基于共享数据，三地政府利用大数据、云计算等技术对海量信息资源进行预测分析，按照企业的生命周期精准挖掘企业潜在的政务服务需求，并对企业的需求类别加以细化，实现精准推送信息，提供差异化、个性化服务，最大限度发挥数据价值。[①] 进一步推动区域内政务数据共享开放，提高京津冀政务服务协同的水平和效益。

2. "互联网+政务服务"业务协同机制

第一，扩大京津冀"一网通办"、异地可办高频政务服务事项范围。"互联网+政务服务"的核心是从政府供给侧和市场需求侧两端发力，加快实现从"政府端菜"到"群众点菜"的转变。[②] 京津冀三地政府大力推进区域内高频事项"一网通办"、异地可办，经初步梳理，确定了《京津冀政务服务"一网通办"事项建议清单》，20个事项实现了一网通办，38个事项实现了异地可办。[③] 但从整体来说，京津冀通办事项还不够全面，覆盖城市、政府层级还不够广泛，很多便民利企服务事项未整合到区域政务服务平台。因此，下一步，京津冀三地政府应聚焦区域内群众和企业办事需求，向更多京津冀城市覆盖，加快推进"一网通办"政务服务全覆盖；在层级上向县区延伸，推动京津冀协同治理和服务重心向基层下移；在内容上向更多高频事项拓展，推动更多便民利企事项"尽上平台"。基于在线服务大数据以及京津冀一体化平台建设，最大化政务服务集约效应，实现京津冀整体服务水平的"效能叠加"，更好地为京津冀电商企业提供精准化、精细化服务。[④]

第二，统一京津冀区域内政务服务事项办理标准。业务办理标准统一是

① 陈涛、郜啊龙：《政府数字化转型驱动下优化营商环境研究——以东莞市为例》，《电子政务》2021年第3期。
② 蒋薇、唐晓阳、陈家刚、代凯：《地方政府整体性治理与公共服务创新——基于广州市海珠区"互联网+政务服务"的实证分析》，《党政研究》2016年第6期。
③ 《河北首批20个线上政务服务事项实现京津冀"一网通办"》，河北新闻网，2019年12月23日，http://www.caheb.gov.cn/system/2019/12/23/011905130.shtml。
④ 卢向东：《加快推进全国一体化政务服务平台建设》，《学习时报》2020年1月30日。

实现政务服务协同的基本条件，[①] 业务办理标准不统一，导致三地政府跨地区、跨部门开展业务难度增加，影响工作效率，增加企业、居民办事成本。尤其是在异地办理场景中，业务的跨地区办理超越传统的轨迹路线，[②] 因此，京津冀三地政府在现有"京津冀+雄安（3+1）"政务服务"一网通办"服务框架的基础上，推动各地政府结合资源，进一步梳理京津冀通办事项清单，制定统一办事指南，推进标准制定，加强服务事项、办理要件、办理时限等标准化管理，最大限度满足京津冀区域内通办的要求，避免在异地通办过程中标准不一而造成业务对接不顺和行政效率低下。[③] 在逐步实施京津冀"一网通办"的过程中，要注意求同存异、业务包容。具体来说，京津冀三地政府在设计区域内通办事项时，规范业务办理的关键节点，在满足通办要求的前提下，给予各地政府办理本地业务的空间。[④]

第三，精简优化业务办理流程，推进线上线下深度融合。优化业务办理流程的核心是要做好"减法"，以"减环节、减时间、减材料、减跑动"为着力点，以减少无效、非增值环节为目标，将面向政府部门职能管理向流程管理转换，以提高效率。[⑤] 以流程优化为思路，推进京津冀三地政府"放管服"改革，优化电子商务营商环境，简化政府部门内部审批环节，重组跨地区、跨部门、跨层级的业务办理流程，利用信息技术加快从串联审批到并联审批模式的转变；处置好前置审批、后置审批的要件关系，根据企业所处行业特点调整前置审批为批后监管。[⑥] 同时，统一线上线下服务标准，推进线上线下业务办理深度融合，保障少数群体的线下办事需求。

---

① 范静、牛华勇、裴艳丽：《基于演化博弈模型的电子政务业务协同标准扩散研究》，《上海管理科学》2013 年第 4 期。
② 魏房忠：《长三角地区政务服务"一网通办"的实践与思考》，《中国信息化》2020 年第9 期。
③ 翟云：《政府职能转变视角下"互联网+政务服务"优化路径探讨》，《国家行政学院学报》2017 年第 6 期。
④ 魏房忠：《长三角地区政务服务"一网通办"的实践与思考》，《中国信息化》2020 年第9 期。
⑤ 范静、牛华勇、裴艳丽：《基于演化博弈模型的电子政务业务协同标准扩散研究》，《上海管理科学》2013 年第 4 期。
⑥ 李声虎：《湖北省"放管服"改革政府协同研究》，华中科技大学硕士学位论文，2019。

### 三　实现京津冀政务服务的"制度"与"技术"协同增效

数字经济时代，互联网技术不断创新，在京津冀政务服务、公共治理中的应用范围不断扩大，京津冀三地共同颁布的规章制度不断完善，但三地的政务服务协同没有达到预期效果。为促进京津冀三地政务服务协同发展，将技术创新和制度变革有机结合，实现京津冀政务服务的"制度"与"技术"协同增效。[①]

1.应用信息技术，倒逼京津冀政务服务制度改革，提高服务效能

互联网信息技术已经成为政府治理的有效工具，积极应用信息技术，倒逼三地政府加快"放管服"改革，革新协同治理理念，优化协同治理机制，提高协同治理能力。[②]

第一，通过信息技术推动简政放权。互联网信息技术具有传播速度快、跨区域性、分散性等优势，能为京津冀推动简政放权提供有效的技术支撑。[③] 各地政府要充分利用信息技术推进"互联网+政务服务"建设。一方面，助力区域构建大数据中心，将各地区政务数据进行有效集合，并促进信息资源在区域内的开放共享，破解地区间"数据烟囱""信息孤岛"问题；另一方面，助力京津冀"一网通办"流程优化再造，加快实现政府行政审批和服务事项的咨询、申请、办理、反馈等流程向线上转移，促进京津冀政务服务线上线下深度融合、一体化办理进程。总的来说，基于"互联网+政务服务"技术应用的资源整合、开放共享和智能化，是实现制度创新、流程优化再造的重要基础。[④]

第二，利用信息技术提高政府行政监管能力和服务效率。借助现代网络

① 陈新：《制度与技术的有效协同：政务服务的优化之道——评〈整合与形塑：地方政务服务机构的运行机制〉》，《公共管理评论》2019年第2期。
② 孟庆国：《数字化管理推动"互联网+政务服务"效能升级》，《网络传播》2020年第6期。
③ 简·芳汀：《构建虚拟政府：信息技术与制度创新》，邵国松译，中国人民大学出版社，2010。
④ 邬勇：《三大视角解读技术创新和制度创新协同发展》，胶东在线网站，2019年10月17日，http://www.jiaodong.net/news/system/2019/10/17/013958059.shtml。

信息技术，着力打造京津冀行政审批电子监察系统，对行政审批事项的受理、承办、批准、办结和反馈等各个环节进行全程监控，通过网络采集相关数据并进行智能化统计分析，建立起行政审批动态监管机制，弥补行政审批过程中的薄弱环节，不断改进行政审批制度；同时，在互联网时代，人们表达意愿、看法的方式日渐显现多样化特征，由此产生了大量的"微数据"和"微事件"，各级政府充分利用智能终端设备、移动网络以及大数据、云计算等新兴技术，充分挖掘和掌握各市场主体多方位、动态化的立体数据，分析经济社会运行中的规律，完善公共政策的民意收集、动态调整、落地实施、评估反馈，明确公众需求和监管重点，提供个性化、精确性的公共服务。

2. 创新制度规则，为技术建立良好的应用环境，激发技术的收益递增效应

有学者认为，有利于创新的制度安排和体制机制，使得技术的正反馈机制明显，通过正反馈机制，技术可以实现收益递增。[①] 也就是说，信息技术只有在与现代社会经济发展相适应的支持下才能有效发挥作用，实现收益递增，因此政府应加快转变工作理念、创新工作机制，探索信息技术开发与电子政务建设有机结合的新模式，建设能够实现政府跨地区、跨部门安全互联互通、信息共享的协同治理机制。

第一，从法律层面上消除信息共享互认的体制机制障碍。数据资源是政务服务升级的基础性资源，[②] 为破解"信息孤岛"难题，创新信息技术应用的制度规则，着力解决好数据资源跨地区、跨层级、跨部门开放共享问题，加快完善京津冀信息开放共享机制。具体而言，从政府数据整合管理、开放共享原则、共享平台的治理、数据开放负面清单、数据开放的标准和风险评估等方面，完善既有的政府数据开放共享的法律法规，促进京津冀三地政府数据的共享和开发利用，提升区域治理能力。[③] 同时出台相关规定，解决京

---

① Arthur, W. B., *Complexity and the Economy*, Oxford: Oxford University Press, 2015.
② 孟庆国：《数字化管理推动"互联网+政务服务"效能升级》，《网络传播》2020 年第 6 期。
③ 张丙宣：《技术与体制的协同增效：数字时代政府改革的路径》，《中共杭州市委党校学报》2019 年第 1 期。

津冀三地电子证照、电子公文、电子签名、电子签章的法律效力和互认问题，为实现京津冀政务服务"一网通办"奠定基础。[①]

第二，从政策层面上保证技术的安全使用。信息技术在政务服务中的应用便利群众办事，优化营商环境，提升政府服务效能。但政府在提供数字化服务时，需要大型互联网公司作为第三方技术保障工作，地方治理面临着被技术公司绑架、操纵和俘获的风险，因此，信息保护和数据安全问题已经成为数字政府建设过程中的一个突出问题。[②] 基于此，政府在利用信息技术提供公共服务时，必须对互联网公司技术垄断引起的"数字利维坦"风险加以规范。在购买相关信息技术服务时，京津冀三地政府可以根据国家立法规定，采取行政监管、市场监管等措施，严格规范互联网企业的权限和范围，从区域治理的角度出发，对互联网企业提供的技术架构、标准以及方式进行重点监管，避免因资本逐利性而脱离政府服务平台最初设计的核心理念。[③]

### 3. 深化改革，实现"制度"与"技术"协同发展

数字经济时代，三地政府改革应该推动制度创新和信息技术应用的科学适配，根据信息技术的发展和制度环境的变化，不断调整政务服务协同机制，实现"制度"与"技术"协同发展。[④] 以浙江省的改革为例，从行政审批制度改革到"四张清单一张网"改革，再到2016年实行的"最多跑一次"改革，浙江省从转变工作作风提高服务效能到审批权力削减下放，从数据共享到机构整合，不断通过体制机制创新，融合技术发展效应，更深层次、更大范围推动了政府改革和政务服务优化，通过机构有机整合和政府流程再造，

---

① 孟庆国：《数字化管理推动"互联网+政务服务"效能升级》，《网络传播》2020年第6期。

② 陈新：《制度与技术的有效协同：政务服务的优化之道——评〈整合与形塑：地方政务服务机构的运行机制〉》，《公共管理评论》2019年第2期。

③ 陈剩勇、卢志朋：《信息技术革命、公共治理转型与治道变革》，《公共管理与政策评论》2019年第1期。

④ 张丙宣：《技术与体制的协同增效：数字时代政府改革的路径》，《中共杭州市委党校学报》2019年第1期。

改善地方治理结构，实现地方治理优化。① "最多跑一次"改革，超越传统政务服务机构"综合窗口"的物理整合，从目标、组织、资源、机制等多方面优化政务服务的"化学变化"②，实现制度变革与技术创新相互促进、相得益彰。由此可见，作为优化政务服务的两大关键变量，制度赋予了公共部门优化政务服务的政策空间，规范了公共行政运作，约束了公共权力的无序扩张；而技术赋予公共部门协同联动的行动能力，有效发挥公共服务供给中"互联网+"的"加数效应"和大数据技术的"乘数效应"。③

因此，加强京津冀三地政务服务体系建设协同，一方面，要持续推进京津冀"放管服"改革协同发展，深化行政审批制度改革，大力推进高频事项"一网通办"、异地可办，并将京津冀区域内信息共享机制纳入法制化轨道；另一方面，利用大数据等技术，优化综合性在线办事平台，增强平台的兼容性和稳定性，既能让信息化程度不高的部门一步到位，也能让信息化程度比较高的部门继续发挥优势，同时优化大数据平台，让数据流和业务流实时同步，用技术、参数推动部门放权，促进体制的精简高效，让数据共享与体制改革同步。另外抓好长效机制，杜绝个别地区、部门通过技术、参数等方式把减掉的重新收回去，使改革陷入死循环。④

## 第二节　形成有利于京津冀电商协同发展的数据共享机制

数字经济时代，数据资源越来越成为支撑科技创新和企业数字化转型的基础核心资源。随着电子商务产业迅速发展，京津冀三地政府和企业都掌握了海量的数据资源，数据的处理分析能为政府监督管理、企业经营决策提供

---

① 何显明、张鸣：《重塑政府改革的逻辑：以"最多跑一次"改革为中心的讨论》，《中共浙江省委党校学报》2018年第1期。

② 郁建兴、黄飚：《超越政府中心主义治理逻辑如何可能——基于"最多跑一次"改革的经验》，《政治学研究》2019年第2期。

③ 刘晓洋：《制度约束、技术优化与行政审批制度改革》，《中国行政管理》2016年第6期。

④ 张丙宣：《技术与体制的协同增效：数字时代政府改革的路径》，《中共杭州市委党校学报》2019年第1期。

支持。因此，推动京津冀电子商务协同发展，需要将数据开放共享作为切入点，通过完善政府、企业、社会数据共享模式和机制，打破数据壁垒，实现区域数据资源的互联互通，充分释放数据共享带来的红利。[①]

## 一　探索京津冀数据共享模式

在推进京津冀电子商务协同发展过程中，政府部门需要获取电子商务企业、平台的行业数据进行宏观调控与市场监督；另外，企业需要政府和行业中上下游企业掌握的海量数据指导其创新商业模式，加快数字化转型。[②] 京津冀电子商务协同发展有赖于数据资源的有序开放和有效开发利用，三地政府需要探索适应电子商务发展的数据共享模式。

### 1. 政府主导的政企数据共享模式

政府主导的数据共享模式依靠政府作为数据共享的推动者，对政府部门、事业单位等掌握的没有保密要求或进行脱敏处理后的数据，面向社会和公众开放，具有一定的公益性质。[③]

京津冀三地政府相关部门依据法律规定，要求电子商务企业上报相关经营数据，用于了解电子商务企业的运营状况，便于监管电子商务产业的运行，并制定相应政策指导产业发展。[④] 例如，《电子商务法》明确规定，电子商务经营者应向市场监督管理部门、税务部门报送相关信息。[⑤]

如图6-1所示，京津冀三地政府部门将收集到的产业数据进行整合，建立电子商务产业数据管理机构和共享平台，面向区域内的电子商务相关企业开放和共享。政府部门掌握的数据专业性、可靠性强，能够为电子商务企

---

① 邱菁、陈正举、富尧：《京津冀数据开放共享研究现状、问题及对策》，《数字通信世界》2018年第5期。

② 《对推进政务数据共享与公共数据开放的思考》，上海市法学会网站，2018年8月16日，https://www.sls.org.cn/levelThreePage.html? id=9844。

③ 章琰、杨一图、吴健、张辉：《我国科学数据共享运行机制模式创新探讨——以产业技术联盟为例》，《科学学研究》2021年第11期。

④ 郑志新：《大数据时代电子商务产业数据管理与共享机制》，《信息技术与信息》2016年第6期。

⑤ 殷利梅、赵令锐：《政企数据共享的现状及对策建议》，《中国信息化》2020年第7期。

业提供翔实有效的经营决策依据，有利于在数字经济领域培育新龙头，激发新业态，激活新动能。[①] 政府通过数据向社会共享，创造更大的社会和经济价值，增加社会财富，再通过税收的方式反馈给国家、地方财政，用于数据开发共享工作，形成产业数据、社会、经济的大循环。[②]

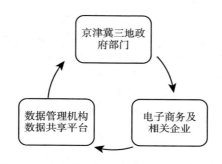

**图 6-1　京津冀政府主导政企数据共享模式**

### 2. 政府引领的产业数据共享模式

京津冀电子商务产业的迅速发展推动了制造业、零售业、快递物流业、金融业等相关产业向产业集群化方向发展，如图 6-2 所示。[③] 电子商务产业推动形成的产业集群在协同发展过程中产生了大量数据资源，这些数据来源广、结构复杂，主要涵盖了电商平台的交易数据、消费者的特征数据、工业数据、快递物流数据以及与产业集群相关的经济政策信息，[④] 形成了庞大的数据体系。虽然每个企业手中都掌握着不断更新的海量数据，但出于商业目的，每个企业对各自数据采取一定的保护措施，使得大量数据"关在笼子里"，无法发挥更大的社会价值。

因此，实现京津冀电子商务产业数据共享需要政府牵头，与电子商务产

---

① 李民吉：《进一步扩大公共大数据融合开放》，《北京观察》2021 年第 1 期。

② 章琰、杨一图、吴健、张辉：《我国科学数据共享运行机制模式创新探讨——以产业技术联盟为例》，《科学学研究》2021 年第 11 期。

③ 郑志新：《大数据时代电子商务产业数据管理与共享机制》，《信息技术与信息》2016 年第 6 期。

④ 胡洋：《大数据时代促进电子商务服务产业发展的对策研究》，《现代营销》（经营版）2018 年第 12 期。

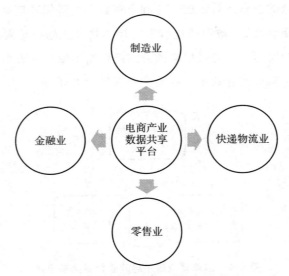

图6-2　政府引领产业数据共享模式

业集群领头企业合作，共同搭建一体化数据共享和服务平台，向上连接制造业，向下沟通物流、仓储企业参与，[①] 推动上下游企业以及不同行业之间数据的流通共享。

推动电商产业数据的深度应用和实体经济融合。对于区域内缺乏资金和技术实力的中小型企业，三地政府与应用大数据技术能力强的大型企业构建数据中心，存储、分析、应用数据，建立数据要素一体化的产业园区，并设计收费或免费大数据使用机制，为中小企业提供大数据应用服务，推动大数据在重点领域环节的应用，激励企业开放数据共享，引领整个电商产业数据互通、数据应用的"饕餮盛宴"[②]，促进整个链条健康发展，促进传统产业数字化转型，带动区域协同发展。

---

① 宫立新：《打造大数据时代能源行业利益共同体——中国油气数据生态圈的构建与思考》，《北京石油管理干部学院学报》2020年第1期。
② 郑志新：《大数据时代电子商务产业数据管理与共享机制》，《信息技术与信息化》2016年第6期。

### 3.政产学研多方参与构建电子商务数据共享生态圈

京津冀电商产业数据共享不仅需要政府主导、电商企业引领，更需要高校、科研机构、行业组织、第三方数据服务机构以及公众多方参与，共同构建京津冀电子商务数据共享生态联盟。电商数据共享生态涉及四个主体：数据生产者、数据消费者、数据分解者、数据传递者。电商数据共享生态联盟中各成员在信任的基础上建立数据共享服务架构，联盟成员内部业务的运营管理信息系统进行数据对接，共享电商大数据通道。① 京津冀电子商务数据共享生态服务架构，如图 6-3 所示。

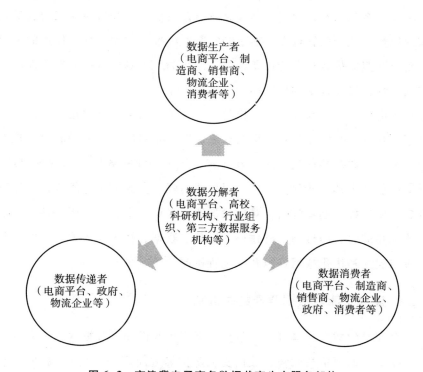

图 6-3 京津冀电子商务数据共享生态服务架构

---

① 刘潇潇：《构建基于供应链的电商大数据战略生态联盟研究》，《现代经济信息》2019 年第 24 期。

电商平台、制造商、销售商、物流企业作为数据生产者和数据消费者，需要上传原数据到共享平台，获取其他联盟成员生产、销售、库存、物流等反馈信息，以便深入挖掘和预测消费者需求，瞄准分析最佳营销接触点，为消费者提供精准化、个性化服务。[①] 传统的制造企业通过与电商平台上下游企业、物流企业的数据互联互通，对生产、销售、物流、库存等信息进行实时观测，推动其数字化、网络化、智能化生产，实现联盟成员之间生产协同、库存协同、物流协同。

同样作为数据消费者的还有京津冀三地政府部门，其获取的共享数据用于监督电商企业的经营状况，实现京津冀监管协同。同时对联盟内成员上传和获取原数据进行监管核查，通过制定行业标准、数据共享和使用的法律法规来规范联盟成员数据上传、获取、使用行为，以确保数据的准确性、真实性和安全性，保障数据共享工作持续推进。[②]

除了电商平台，高校、科研机构、行业组织、第三方数据服务机构等作为数据分享者，共同参与到数据共享过程中，是对以政府主导的政企数据共享模式和产业数据共享模式的有效补充，实现京津冀数据共享的重要环节。各参与单位利用其专业化人才多、服务能力强、资源集中等优势，进行数据整合、深度挖掘、创新应用，对接和沟通政、产、学、研、用等各方共享数据，建立相应的合作机制，搭建科学设备、数据、技术、人才、标准资源渠道，参与建立和优化数据资源共享配置机制。

## 二 建立京津冀数据要素共享机制

一个完整的数据共享过程，包括数据产生与汇交、数据共享的激励与分配、数据共享的评估与监督、数据安全防护等方面。[③] 在京津冀数据共享模式中，政府、企业、高校和科研机构、个人和其他社会机构都可以作为数据

---

① 王嘉豪：《大数据时代电子商务的机遇与挑战》，《产业创新研究》2020 年第 17 期。
② 刘潇潇：《构建基于供应链的电商大数据战略生态联盟研究》，《现代经济信息》2019 年第 24 期。
③ 谢艳秋、钱鹏：《国外科学数据共享政策的发展研究》，《新世纪图书馆》2014 年第 1 期。

的提供者、使用者，参与到数据共享全过程，享受数据共享带来的诸多利益，在此基础上，需要进一步建立完善的共享机制。

### 1. 数据对接合作机制

数据共享法律与机制的不完善、共享数据维度的不统一、共享主体的权责界定不明确，导致共享主体之间数据范围不广、应用不深的问题。[①] 因此，京津冀三地政府需要建立统一的数据对接合作机制。

第一，建立京津冀电子商务产业数据分级分类机制，根据数据的敏感程度和安全级别分别对政府数据和企业数据进行分级分类，确定数据共享清单，明确企业数据共享权责关系;[②] 第二，加强对企业、政府部门数据管理系统规划与数据共享需求相结合的指导，推进京津冀电子商务生态圈成员数据对接平台的兼容统一[③];第三，强化电商企业、制造业企业、数据服务机构等主体之间的合作，深化电商产业数据与实体经济的创新融合应用，进而提高产品研发效率，优化产品和服务质量，推动传统产业数字化转型。

### 2. 数据价值评估与利益平衡机制

数据共享的本质特征和要求，是使数据资源能够在利益相关者之间进行合理有效地分配，并产生良好的社会经济效应。[④] 但不同利益相关者在共享过程中地位不同，使其分配到的利益可能有较大差距，需要建立数据评估机制进行利益平衡。[⑤]

第一，加强京津冀电商产业数据价值评估体系建设，从影响数据价值释放的获取途径和获取技术出发，研究数据的价值属性，构建包括数据质

---

① 殷利梅、赵令锐：《政企数据共享的现状及对策建议》，《中国信息化》2020 年第 7 期。
② 殷利梅、赵令锐：《政企数据共享的现状及对策建议》，《中国信息化》2020 年第 7 期。
③ 皮亦鸣：《共建工业互联网平台 共享数据要素 推进成渝地区双城经济圈合作》，《人民邮电报》2020 年 7 月 16 日。
④ 章琰、杨一图、吴健、张辉：《我国科学数据共享运行机制模式创新探讨——以产业技术联盟为例》，《科学学研究》2021 年第 11 期。
⑤ 盛小平、武彤：《国内外科学数据开放共享研究综述》，《图书馆情报工作》2019 年第 17 期。

量、数据规模、数据新鲜度、价值密度等维度的数据价值评估体系，推动建立区域公平公正的数据交易规则，培育壮大电商产业数据交易市场。[①]第二，探索数据共享激励机制，将数据质量、数据贡献度纳入政府和企业的数据共享评价体系，对于政府数据共享开放，探索数据共享与财政支出挂钩的共享模式，促进政府数据共享与地方财政收入的良性循环；对于数据共享突出的企业，通过税收抵扣、开放高价值公共数据等方式进行支持，进一步激发企业共享开放数据的积极性。[②]第三，按照依法合规、权责对等原则，明确政府部门、企业、公众参与数据共享获得的收益和支付的成本，依托第三方服务机构为供需双方提供客观公正的价值认证服务，促进数据的开发利用。[③]

### 3. 数据共享监督与安全防护机制

大数据时代，随着数据量的增加，数据利用率和价值的提高，加之电子商务产业数据共享中涉及多个环节和主体，数据共享必然面临信息泄露、数据滥用、非法交易、黑客攻击等安全风险，弱化了数据共享意愿。京津冀数据信息的监督和安全防护工作任重而道远。

第一，制定适应京津冀电子商务产业发展的数据资产保护的制度约束，规范数据管理，明确界定数据使用的范围、方式，实现数据"有条件、有原则"共享，同时明确数据共享参与主体之间的权责利关系，对侵犯个人隐私、违法使用数据的行为加大惩戒力度，以保障数据合理、合规、合法使用。[④]第二，加强数据安全风险的监测预警和风险防控，将数据安全问题扼杀在萌芽状态，对于数据共享过程中可能出现的数据安全问题制定应急预案，提升数据安全防护工作的针对性和有效性。[⑤]第三，建立数据共享监督与问责机制，形成由政府主导，鼓励电商平台企业、行业组织、公众等多方

---

① 宫立新：《打造大数据时代能源行业利益共同体——中国油气数据生态圈的构建与思考》，《北京石油管理干部学院学报》2020年第1期。
② 殷利梅、赵令锐：《政企数据共享的现状及对策建议》，《中国信息化》2020年第7期。
③ 殷利梅、赵令锐：《政企数据共享的现状及对策建议》，《中国信息化》2020年第7期。
④ 李民吉：《进一步扩大公共大数据融合开放》，《北京观察》2021年第1期。
⑤ 殷利梅、赵令锐：《政企数据共享的现状及对策建议》，《中国信息化》2020年第7期。

参与的监督体系，加大信息技术的应用，发挥社会主体的监督作用，切实保障企业权益。[①]

### 三　完善京津冀数据要素共建共享保障机制

**1. 加强政策引导，促进京津冀大数据产业协同发展**

京津冀三地电商产业、大数据产业发展不平衡，如北京市大数据产业发展最好，数据开放共享程度最高，天津次之，河北相对较弱。这种不平衡给三地之间公共数据的开放共享带来困难，阻碍京津冀电子商务实现真正意义上的协同发展。因此，未来京津冀三地政府应加强政策引导和财政投入，发展京津冀大数据产业。

第一，加快制订与完善京津冀大数据产业发展规划和布局，加快打造以北京为创新核心、天津为综合支撑、河北做承接转化的大数据产业一体化格局，实现京津冀大数据产业协同发展。[②] 具体来说，北京发挥全国科技创新中心的资源优势和中关村国家自主创新示范区的创新体系优势，打造国家大数据产业创新核心区；天津以滨海新区、武清和西青等电子信息产业基地为依托，构建完善的大数据发展和产业支撑体系；河北省依托大数据产业功能定位，明确协同发展功能格局，加快与京津的大数据产业对接，做好京津大数据产业承接转化工作。

第二，明确京津冀大数据开发应用与创新发展的方向、模式和路径，支持和培育大数据领军企业。随着京津冀电子商务向产业集群化方向发展，培育和发展京津冀大数据电子商务产业集群，可以促进整个电商产业的大数据应用，通过有步骤、分阶段地支持和培育一批大数据采集、分析、应用、保护的领军企业，推进产学研深度融合，发挥企业在技术创新和产业化应用的

---

① 殷利梅、赵令锐：《政企数据共享的现状及对策建议》，《中国信息化》2020 年第 7 期。
② 《京津冀大数据综合试验区建设正式启动》，河北新闻网，2016 年 12 月 23 日，http：//hebei. hebnews. cn/2016-12/23/content_ 6171665. htm。

主体作用,① 打造以电子商务产业数据为资源要素的开放性价值链体系。②

### 2. 培养与引进大数据专业人才

实现京津冀数据开放共享的精细化、精准化和科学化,除了理念上的转变和体制机制上的创新之外,还需要有充足的专业型人才提供基础保障。当前,我国在大数据专业人才储备上还存在缺口,懂电子商务运营的大数据人才较少。在区域一体化的背景下,第一,京津冀政府应继续加大对大数据人才培养的投入,完善与创新人才培养机制。三地政府教育部门应鼓励高校深入电子商务相关企业,了解岗位的知识和技能需求,依据需求开设相关课程,加大数据分析和应用人才的培养力度,从而培养出符合电商产业岗位需求的高素质、复合型专业人才③;支持有条件的科研机构、企业打破人才培养的地域限制,搭建技术交流平台,如建立大数据工程中心和培训实习基地,设置专门的数据开放管理岗位,建立数据开放共享的专职队伍,制定专职数据开放管理人员的评价机制和标准。④ 第二,进一步畅通、拓宽京津冀人才流通渠道,打造京津冀大数据人才交流平台。各个区域的地方政府为了有效进行区域大数据人才共享,需要完善人才共享政策,衔接三地包括社会保障、薪酬福利、住房补贴、职位评优等政策,⑤ 加大对河北省人才引进政策的支持力度,实现大数据人才资源在京津冀区域内的合理配置和流动;使区域科技人才更自由、更平等地进行对话和交流,方便科技人才浏览共享信息,找到协同创新的契合点,找到合作的切入点,更精准更有效地开展协同创新工作,充分发挥人才资源的作用。⑥

---

① 李民吉:《进一步扩大公共大数据融合开放》,《北京观察》2021 年第 1 期。
② 王钦敏:《充分发挥数据资源在数字经济中的引擎作用》,《信息化建设》2021 年第 5 期。
③ 郑志新:《大数据时代电子商务产业数据管理与共享机制》,《信息技术与信息化》2016 年第 6 期。
④ 邸菁、陈正举、富尧:《京津冀数据开放共享研究现状、问题及对策》,《数字通信世界》2018 年第 5 期。
⑤ 付斌、程亮:《京津冀协同发展背景下人才共享路径研究》,《河北工程大学学报》(社会科学版) 2018 年第 2 期。
⑥ 李秀文、王雪梅、李倩倩、刘晓钰:《协同创新视域下区域科技人才共享对策研究》,《淮阴工学院学报》2019 年第 4 期。

### 3. 强化数据共享技术支撑

解决数据共享难题，需要积极应用新技术。首先，京津冀要大力发展大数据产业，利用大数据技术来确定数据共享需求，对共享频率高、共享时效好的数据信息进行归纳整合，通过技术分析，充分挖掘数据价值。其次，加快区块链技术在京津冀政务服务、电商产业以及传统产业的应用，充分利用区块链技术的可追踪性、不可篡改性和安全性完善数据共享模式，为解决京津冀数据共享难题提供新思路。[①]

## 第三节　建立京津冀电子商务协同发展补偿协调机制

产业协同发展是京津冀协同发展的实体内容，实现京津冀电子商务协同发展，京津冀地区达成产业分工合作共识。由于京津冀三地行政级别不对等，局部利益和具体目标取向不同，相互关系错综复杂[②]，又缺乏合理的区域利益补偿协调机制，使得区域内产业同构、区域公共物品供给不均衡、政绩竞争、生态恶化等问题严重，较难达成产业分工合作共识。区域利益补偿协调机制的建立尤为重要。区域利益补偿协调机制是一种区域利益再分配机制，主要通过横向转移支付来实现，这种机制不仅对于缩小省际差距十分重要，还是化解省际经济利益矛盾、推进区域经济一体化必不可少的工具。本节认为，可以从区域互助、产业转移税收共享、基础设施建设成本共担、土地跨地区配置、生态补偿的角度完善京津冀横向利益补偿机制。[③]

### 一　完善区域互助横向财政转移支付制度

从京津冀经济圈当前发展的现状来看，由于经济发展上的差距，河北省存在一些特困地区，不仅阻碍了京津冀经济可持续发展，也加大了京津冀电子商务产业协同发展的难度。为实现京津冀产业协同发展，首先要促进落后

---

① 陈永伟：《政企数据共享到底难在哪儿》，《经济观察报》2019 年 9 月 9 日。
② 刘戒骄：《京津冀产业协同发展的动力来源与激励机制》，《区域经济评论》2018 年第 6 期。
③ 叶堂林、祝合良、潘鹏：《京津冀协同发展路径设计》，《中国经济报告》2017 年第 8 期。

地区加快发展和发挥区域比较优势，缩小区域发展差距。通过横向财政转移支付，完善区域间的互助机制，增强落后地区发展的内生动力，推进产业的合理分工与合作。[①] 按照问题区域性质和重要程度，将京津冀环首都贫困区、工业衰退区、非首都功能疏解区等作为区域援助对象，构建相应的援助机制与政策。

一是针对环首都贫困区的政策援助。河北省燕山、太行山山区都是贫困地区，交通闭塞，生活水平较低。通过建立横向财政转移支付制度，充分利用贫困地区相对较好的生态环境和农林业资源，引导京、津两地绿色农业开发企业、农副产品精深加工企业、旅游开发企业到这些地区投资兴业，建立产业对口帮扶机制，探索产业扶贫模式，逐步解决燕山、太行山山区的发展问题。[②]

二是针对工业衰退、重化工业退出区域。京津冀地区散布着一批历史悠久、积淀深厚、产业退化的老工业基地，面对这些老工业基地振兴发展的艰巨任务，京津冀三地政府抓住京津冀电子商务协同发展的重大机遇，建立衰退产业援助基金，通过加速折旧、财政贴息、税前列支等手段，促使企业技术创新和产业升级，加快推进老工业基地数字化改造、转型和升级。

三是针对非首都功能疏解区。对因非首都功能疏解、产业转移、老城重组等带来就业岗位、财政税收、土地流转等方面的压力，应探讨给予相应的扶持政策[③]。

除了以上救济式区域互助的横向财政转移支付，京津冀经济圈内政府间建立开发式区域互助的横向财政转移支付制度。在过去一段时间内，京津冀经济圈内政府间实行更多的是救济式"兄弟支援模式"，这种方式并不能够有效地利用京津冀经济圈内不发达地区的自然资源优势，解决技术和知识上

---

① 贾若祥：《"十四五"时期完善我国区域政策体系和区域治理机制》，《中国发展观察》2020年第7期。

② 叶振宇：《京津冀产业转移协作的实现机制探讨》，《当代经济管理》2018年第8期。

③ 叶堂林、李国梁：《体制机制创新：京津冀协同发展的制度保障》，《学习时报》2019年3月11日。

的短板，使辖区内的居民真正实现脱贫致富。而开发式的区域互助能通过向不发达地区支援资金、技术、人力、教育培训，充分挖掘不发达地区的自然资源优势，实施全面的开发性建设，带动不发达地区形成自我发展的能力，真正实现京津冀经济圈的协同发展。开发式扶贫横向财政转移支付应包括京津冀三地政府间以自然资源开发和市场开拓为重点的所有资金、物资、技术、人力等支出和转移，该项转移在现阶段是京津冀扶贫类横向财政转移支付的重要方式，不发达地区完全脱贫才能完成其历史使命①

## 二　完善产业转移税收分享机制

疏解北京非首都功能，促进京津冀电子商务协同发展过程中必然会伴随着区域间产业的转移，导致税收收益在京津冀三地之间的转移，各地政府出于对各地经济利益的考虑，在产业转出地和承接地的税收分享问题上展开了激烈博弈：一方面，产业转出使转出地损失税收来源和收益，降低了政府主导产业转出的积极性；另一方面，产业转入增加了承接地的税收来源和税收收入，但承接地面对产业转入带来的产业重塑压力，需要加大基础设施建设，增加配套公共服务供给，将面临更大的财政支出压力。为此，2015 年 6 月 3 日，财政部、国家税务总局印发的《京津冀协同发展产业转移对接企业税收收入分享办法》（以下简称《分享办法》），就分享税种、分享范围、分享方式等方面作出了相关的规定。《分享办法》具体规定如表 6-2 所示。

《分享办法》使用范围比较有限，例如《分享办法》中规定的分享税种为企业所得税、营业税和增值税三税，但在 2016 年 5 月 1 日，营业税已经全面改征增值税。为进一步缓解地区间税收争夺问题，避免资源浪费和产业重建，促进京津冀电子商务协同发展，需要继续完善税收分享办法，深化财税体制改革，构建合理的横向税收分享制度。

### 1.完善税收分享办法

第一，明确税收分享的企业范围。产业转移的新设企业和市场行为下自

---

① 段铸、程颖慧：《京津冀协同发展视阈下横向财政转移支付制度的构建》，《金融发展研究》2016 年第 1 期。

主迁移的企业，都应该纳入税收分享范围。产业转移的新设企业是指在迁出地存续的企业，通过投资新设的方式，在迁入地新设企业，实现原有企业重心或部分职能的转移，但迁出地对于新设企业的贡献相对较低，税收分享的时间范围、分享比例和上限都应该适当降低。自主迁移的企业，《分享办法》中没有将其划入税收分享范围，企业这种"自主"行为仍然是政府引导下区域协同发展过程中产生的产业结构调整和产业集聚，所以应该将其纳入税收分享范围，对"自主"迁移企业和"被动"迁移的企业实行差异化税收分享方案，平衡迁出地和承接地的利益关系。

**表 6-2　京津冀协同发展产业转移对接企业税收收入分享办法**

| 项目 | 具体方案 |
| --- | --- |
| 分享税种 | 纳入地区间分享范围的税种包括增值税、企业所得税、营业税三税地方分成部分（以下简称"三税"） |
| 分享范围 | 由迁出地区政府主导、符合迁入地区产业布局条件且迁出前三年内年均缴纳"三税"大于或等于 2000 万元的企业，纳入分享范围。具体企业名单，由迁入地区、迁出地区省级政府分别统计、共同确认。属于市场行为的自由迁移企业，不纳入分享范围 |
| 分享方式 | 以迁出地区分享"三税"达到企业迁移前三年缴纳的"三税"总和为上限，达到分享上限后，迁出地区不再分享。具体办法是：<br>1. 迁出企业完成工商和税务登记变更并达产后三年内缴纳的"三税"，由迁入地区和迁出地区按 50%∶50% 比例分享；<br>2. 若三年仍未达到分享上限，分享期限再延长两年，此后迁出地区不再分享，由中央财政一次性给予迁出地区适当补助 |

　　第二，税收分享期限应该充分考虑企业发展规律。例如，对于在前期投入较大、产生收益较慢的企业，设定较长的税收分享期限，以保障迁出地获得税收分享权利；对于新兴互联网企业、高新技术产业，鉴于其发展通常较快、赢利周期短，应设置较短的税收分享期限。

　　第三，税收分享比例应该根据不同企业特点来制定。在确定迁出地和承接地之间的企业税收分享比例时，充分考虑企业对所在地的影响，例如，服装纺织、仓储物流等对迁入地的土地占用要求大，重工业对迁入地的环境影响比较大，因此税收分享比例应向迁入地倾斜；而一些高新技术产业对迁入地的公共物品占用较少，发展潜力巨大，能带动当地其他产业发展，因此在税收分享上应该向迁出地适当倾斜。[①]

### 2.完善相关配套措施

第一，建立区域统一的税收征管制度。京津冀税收分享政策尚未形成统一的税收征管执法标准，未建立京津冀三地的税收征管信息共享机制，使得京津冀税务协同程度不高。[②] 首先，规范统一税务行政目录，建立规范标准的审批流程和环节，推进办税服务一体化；其次，建立区域统一的税收征管信息化平台，建立三地常态化数据信息交换机制，实现三地纳税信息互联互通；[③] 最后，建立京津冀区域协同发展税收分享实施效果评价机制，将评价结果应用于财税政策的修订与完善，为探索适合京津冀电子商务协同发展的财税体制改革提供方向。

第二，平衡三地的税收优惠政策，避免出现"政策洼地"。根据企业所属行业给予不同的税收优惠，以激励迁入地、迁出地政府积极参与产业转移，制定更合理的产业税收优惠政策；全面清理京津冀三地间不合理税收优惠政策，不得为吸引企业的迁入而滥用税收优惠政策，制造"政策洼地"；在平衡三地有关税收优惠措施的同时，通过建立惩罚机制来遏制恶性税收优惠竞争行为，进一步缩小地区间经济差距，促进协同发展。

### 三 建立基础设施共建成本分担机制

完善区域内基础设施建设是促进京津冀电子商务协同发展的重要保证。我国重大基础设施建设主要采取政府投资、区域对接的方式，这样往往会造

---

[①] 龚亚洲：《地区协同发展过程中税收分享政策研究》，山东大学硕士学位论文，2017。

[②] 芦俊成、王思月：《关于京津冀协同发展中税收分享机制的探讨》，《税收经济研究》2019年第24期。

[③] 谷彦芳、王坤、李克桥：《京津冀协同发展下产业转移税收分享政策研究》，《经济研究参考》2018年第46期。

成建设口径、标准不统一等问题，另外，跨界基础设施的外部性问题和"免费搭车"现象，导致省际基础设施供给不足。建立基础设施建设成本分摊机制，帮助京津冀三地政府解决省外与省内基础设施建设口径不一致的问题，界定省际基础设施建设"产权"，增加地方政府对跨界基础设施的投资，促进京津冀电子商务协同发展。①

京津冀地区电子商务协同发展需要完善的交通基础设施作为有力支撑。与长三角地区、珠三角地区相比，京津冀地区的交通网络体系建设相对滞后，为了缓解京津冀地区经济合作造成的交通运输紧张状况，应建立京津冀地区交通基础设施建设协调机制，优化京津冀地区轨道交通网络；充分开发利用天津、秦皇岛、曹妃甸等港口的设施建设，提高港口的最大吞吐量，畅通京津冀地区生产要素流动渠道，为京津冀地区电子商务产业合作提供便利的交通运输条件。除此之外，京津冀地区还要在通信设施、电子商务产业园区、跨境电商示范基地等基础设施建设方面加强合作，共同出资，统筹规划，根据各地获益大小合理设计成本分担机制。

完善成本分担机制需要创新投融资体制，拓宽资金筹集渠道。一是建立京津冀共同发展基金，由三地联合出资，用于支援区域跨界重大基础设施建设、区域信息平台建设等公共服务领域，重点支持限制开发区域、禁止开发区域的公共服务设施建设和生态环境保护。二是设立京津冀开发银行，助力京津冀协同发展。积极利用债券市场等多渠道募集资金。鼓励京津冀三地共同出资设立京津冀基础设施建设基金。三是建立多元化可持续融资保障机制。鼓励商业银行、民企、外资等社会资金参与区域内大型跨界基础设施建设、大型公共服务设施建设等；对邮电通信、交通运输、能源和原材料等基础设施行业的所得税进行减免、加速折旧及再投资退税等，促进区域基础设施完善。②

---

① 齐子翔：《首都圈省际经济利益协调机制研究》，首都经济贸易大学博士学位论文，2014。
② 叶堂林、李国梁：《体制机制创新：京津冀协同发展的制度保障》，《学习时报》2019 年 3 月 11 日。

## 四 探索土地配置的跨地区利益补偿机制

京津冀协同发展战略实施以来，土地的开发强度不断提升，土地利用效率不断提高，但城市扩张、工业发展等对土地需求越来越大，尤其在我国保持18亿亩耕地的大框架下，建设用地的规模对区域协同发展作用越发突出。京津冀电子商务协同发展促进地方政府间通力合作、相互协调，制定区域共同的土地利用政策，完善区域内土地配置的利益补偿机制，以土地要素的一体化提高区域协同发展水平。[1]

在土地资源配置与利益中，政府规划是必要的，应通过中央与地方政府的协调与规划，完善利益补偿机制，提高京津冀土地利用水平。北京与天津经济发达，建设用地需求大，但土地规模有限，耕地占补平衡难以维持，耕地保护成本高昂。河北整体用地规模大，耕地充足，但经济社会发展水平相对落后。由于京津冀各地的建设用地与耕地划拨缺乏统一考量，建设用地与耕地的供需分布存在矛盾，应建立京津冀三地联动的耕地保护措施，通过完善土地配置跨地区利益补偿机制，实现整个区域的耕地占补平衡，破解各地用地供需分布不均衡的问题，为实现京津冀电子商务协同发展提供土地保障。例如，北京、天津建设用地需占用耕地，通过跨省的方式在河北购买耕地指标，共同应对耕地保护问题，保障区域内耕地面积不低于国家要求水平。充分认识到非首都功能疏解为北京带来的环境红利、交通红利和土地红利，对于跨行政主体项目的建设用地问题，除了中央层面上统筹解决土地指标，作为占用河北建设用地指标的补偿，设立京津冀转移支付基金，在充分考虑河北财力限制、基建压力的基础上，给予功能疏解承接城市一定的资金支持。同时，北京、天津需加大资源、公共服务、高端产业对河北的转移与辐射力度，强化三地经济社会的一体化程度，促进整个区域的电子商务协同发展。[2]

---

[1] 刘秉镰、孙哲：《京津冀区域协同的路径与雄安新区改革》，《南开学报》（哲学社会科学版）2017年第4期。

[2] 刘勇、王光辉、刘洋：《京津冀土地管理一体化的现状、问题与创新机制》，《经济体制改革》2020年第5期。

另外，土地政策的制定，充分考虑到市场的供应机制、竞争机制和价格机制，增强市场机制在土地配置中的作用。2019 年 11 月，国家发布《关于构建更加完善的要素市场化配置体制机制的意见》，提出通过建立健全城乡统一的建设用地市场，深化产业用地市场化配置改革，推进土地要素的市场化配置，为京津冀土地资源市场化配置提供了依据。土地资源配置中增强市场机制的作用，明确土地利用中政府与市场的边界，建立政府规划与市场的衔接机制。一方面，政府需要做好规划，尤其出台措施避免过度开发，重点做好生态空间与农业空间的规划保护，为京津冀电子商务协同发展留足用地；另一方面，政府规划需要不断吸收市场信息，根据市场变动制定与修改规划，通过政府与市场运行共同决定如何利用土地，避免出现以地控人等违背经济规律的做法。例如，通过建立统一的土地市场体系，深化产业用地的市场化配置，提高京津冀电子商务产业园区的产城融合度，避免河北省部分地区盲目进行产业园区建设，提高产业园区的利用效率。

## 五 建立生态补偿横向转移支付机制

京津冀区域面临严重的生态环境挑战，生态环境保护是京津冀协同发展和区域治理的重点，促进京津冀绿色崛起是实现协同发展的关键。实施协同发展战略以来，河北省承接了北京、天津转移的一些工业产业，对当地自然环境造成污染，产生的环保成本，需要在京津冀进行合理分摊。在生态利益共享机制下，下游京津对上游河北的对口支援和生态补偿力度逐年加大，但仍存在体制机制上的障碍，尚未形成区域整体空间格局。[①] 在推进京津冀电子商务协同发展的背景下，要解决京津冀生态环境协同发展问题，必须建立合理的省际横向生态补偿机制。推动地区间建立横向生态补偿制度，可以从以下三个方面展开。

### 1. 明确生态补偿利益相关者的责任和权力，确立生态补偿标准

京津冀生态环境的密切相关性决定了实施横向生态补偿力度，首要明确

---

① 于军党：《京津冀区域协同发展财政支出政策》，《区域治理》2020 年第 3 期。

生态补偿利益相关者的权利和责任，生态补偿中主客体是构建生态补偿机制的先决条件。① 作为京津冀生态环境支撑区，河北省为京津提供了水资源和绿色生态环境，如在非首都功能疏解过程中，河北省承接北京转移的一些工业产业。因此，按照"谁受益、谁出资"的合作补偿原则，京、津两市作为资源和环境的受益者是生态补偿的主体，给予提供资源和环境的河北省相应的资源和利益补偿。确立生态补偿标准是构建生态补偿机制的重要内容，是横向生态补偿的重点问题。建立合理可行的生态补偿标准，根据生态系统服务价值、生态保护成本、发展机会成本进行横向转移支付，激励区域内政府保护生态环境的积极性，真正实现跨区域的利益共享机制。② 同时政府要引导多元利益相关者积极参与，建立协商沟通平台，拓宽参与渠道，保证公民依法表达自己利益诉求的权利，确立既体现公平正义又符合实际的生态补偿标准。

### 2. 探索多样化横向生态补偿方式，拓宽补偿资金来源

目前，京津冀区域横向生态补偿方式单一，主要采取以政府为主导的补偿模式，补偿资金以财政专项资金为主，这种补偿方式虽然操作简单，容易见效，但忽略了生态环境问题的多样性和跨域生态保护的长期性和复杂性，没有充分发挥市场对资源配置的决定性作用，无法形成长久有效的机制。③ 在借鉴国外生态补偿实践的基础上，从长远来看，京津冀生态补偿应将政府和市场有效融合。政府应扮演生态环境补偿者的角色，待机制完善后，引导市场从事有利于生态环境保护的产业发展，并给予一定的税收减免优惠政策，形成政府和市场多渠道参与的生态补偿模式。④ 要探索灵活多样的补偿方式，

---

① 陶红茹、马佳腾：《京津冀区域横向生态补偿机制研究》，《绥化学院学报》2019 年第 12 期。

② 段铸、程颖慧：《京津冀协同发展视阈下横向财政转移支付制度的构建》，《金融发展研究》2016 年第 1 期。

③ 陶红茹、马佳腾：《京津冀区域横向生态补偿机制研究》，《绥化学院学报》2019 年第 12 期。

④ 段铸、刘艳：《以"谁受益，谁付费"为原则 建立横向生态补偿机制，京津冀如何破题》，《人民论坛》2017 年第 5 期。

同时要扩大资金来源。征收生态补偿税,既可以增加生态补偿资金,又能加强企业对生态环境保护的责任感;建立京津冀生态环保专项资金,由国家有关部委、京津冀三省市以及相关受益部门共同出资,来实现京津冀生态建设的成本共担和效益共享;① 通过建立京津冀生态环保基金、发行生态保护彩票等方式,鼓励社会资本进入,保证资金的充裕和稳定,满足不同利益相关者的利益诉求,通过市场机制,更好地实现生态资源的配置,实现互利共赢。②

### 3.完善横向生态补偿的法律制度和监管、评估机制

首先,京津冀目前没有完整的生态补偿法律法规,对于区域内的生态补偿具有很大的临时性和主观性。由于生态环境的公共性特征、行政壁垒以及三地经济社会发展水平不同等,制定区域统一的生态补偿法规,对补偿主体、补偿原则、补偿标准等做出更加详细的法律规定,结合三地发展情况,制定符合实际情况的地方性法规,减少区域性生态补偿混乱的现象,实现区域性生态补偿的进一步发展。其次,京津冀区域缺乏横向生态补偿的监管机制和规范有效的绩效评估机制,导致补偿结果不理想。对于补偿资金的使用,资金提供方应建立各种机制,对资金使用进行监督检查。同时,由于生态项目的专业性和核查工作的严谨性,为了保证核查效果,不影响相关部门的正常工作,政府有关部门通过内部委托第三方进行监督核查。③ 最后,完善生态补偿的政绩考核制度。将生态补偿的目标分派到政府或者相关部门政绩考核之中,建立起生态治理的绩效考核和责任追究制度,调动三地政府或者部门之间参与协商补偿的积极性,有利于保障生态补偿效果,最终实现京津冀横向生态补偿机制的构建,实现区域经济和生态环境的协调发展。④

---

① 张岩峰、王翔宇、孔维昊:《京津冀一体化生态补偿机制构建途径》,《时代经贸》2019 年第 1 期。

② 陶红茹、马佳腾:《京津冀区域横向生态补偿机制研究》,《绥化学院学报》2019 年第 12 期。

③ 张小平:《京津冀生态环境一体化治理中的横向转移支付——实证与反思》,《区域环境资源综合整治和合作治理法律问题研究——2017 年全国环境资源法学研讨会(年会)论文集》,2017。

④ 陶红茹、马佳腾:《京津冀区域横向生态补偿机制研究》,《绥化学院学报》2019 年第 12 期。

## 第四节　完善京津冀电子商务协同发展的治理模式和体制

实现京津冀电子商务协同发展要聚焦于治理协同。而电子商务商业模式的兴起依托于高科技，随着计算机技术和网络技术发展成熟，传统的行政管理模式、监管机制和治理手段难以适应这一新生事物的特点。只有理顺政府与市场、政府与政府、部门与部门等多主体之间的博弈关系，达成有效的治理契约，才能保障区域协同的健康运行。[1] 本节主要从优化京津冀电子商务治理模式、完善监管机制、创新治理手段三个方面展开论述，推进协同任务的具体实施。

### 一　适应京津冀电子商务协同发展的治理模式

#### 1. 从属地治理到区域协同治理

京津冀对于电子商务市场的治理以属地治理模式为主，但电子商务市场是一个广域性的市场，具有"一个平台，服务全国"的运营特点，[2] 电子商务市场的广域性和治理的局域性之间矛盾日益凸显。例如，在电子商务市场中，电子商务市场主体的登记注册地、实际运营地可能不在同一个行政辖区，在运营过程中发生纠纷或者违法行为容易造成"有权无法管"和"能管无职权"的维权和处罚"两难"境地，[3] 这就要求三地政府形成合力，建立适应互联网发展的区域协同治理机制，提高京津冀三地的电子商务协同治理效率。

第一，完善区域层面顶层设计，从取证、查处和处罚角度确定京津冀区域内电子商务管辖权，并分类进行监管。许可准入、常规检查和网站管理等电子商务企业日常监管工作，以经营者工商注册登记内容为根据确定管辖

---

① 刘秉镰、孙哲：《京津冀区域协同的路径与雄安新区改革》，《南开学报》（哲学社会科学版）2017 年第 4 期。

② 闫德利：《数字经济的治理创新思路》，《人民邮电报》2019 年 4 月 26 日。

③ 张薇：《电子商务监管研究——以天津市为例》，天津大学硕士学位论文，2015。

地；对于违法行为的查处，以违法行为发生地、经营者所在地共同确定管辖地；对平台经营者的查处工作，将管辖权同时赋予平台所在地和经营者所在地的监管部门，当经营者所在地部门查处出现困难时，平台所在地的机关部门可进行管辖。[①]

第二，探索建立区域管理机构和区域网络监管系统，针对网络商品质量抽检信息共享机制、网络投诉举报信息共享机制、电子取证共享机制等内容达成共识，形成协议，建立联动。同时，应当主动加强与周边省份或其他区域的业务联系，建立共享的网络监管系统，实现信息交换、协作办案、共治共赢的监管效果。[②]

### 2.从行业治理到部门联合治理

除属地管理外，行业管理是传统监管体系的另一种重要方式。电子商务作为一种新兴的商业模式，往往涉及多个行业和领域，打破了传统条块分割的行业监管模式，对行业监管产生新要求。例如，每日优鲜、盒马鲜生等零售新模式，基于移动互联网技术融合了零售、餐饮、快递等不同行业，涉及商务、交通运输、卫生、市场监督、金融、信息通信等多个监管部门。在对各行业长期的监管实践中，我国政府形成了多部门分工合作、共同监管的"分工共管"模式，但由于电子商务涉及监管部门众多，行政管理的监管资源相对有限，部门间的合作还不够紧密，尚未形成协同治理合力，容易出现"真空监管"和"多头监管"现象，使得违法经营者有空可钻、消费者无途径维权。因此，电子商务的监管要求京津冀建立起有效沟通、协调联动的跨部门联合治理机制。

首先，明确政府监管部门间的分工与职责，结合专项分工监管和一般综合监管，完善多部门监管联动机制。电子商务治理涉及诸多政府部门，为了最大限度地避免监管过程中的重复和冲突，明确政府监管部门的职责。对于电子商务中一些比较重要或亟须解决的问题，可以设置专门的监管机构进行

---

① 张洪岩：《对电子商务监管体制改革的几点建议》，《经贸实践》2017 年第 16 期。

② 张薇：《电子商务监管研究——以天津市为例》，天津大学硕士学位论文，2015。

专项监管；对于其他一般问题，则需要在监管体制中明确规定责任部门。[①] 在划分监管职责的同时，应该做好各行政区之间相关管理部门的有效衔接，在监管内容、监管范围、处罚方式上达成共识，形成政策合力。

其次，要求各监管部门间进行电子商务信息共享，加强联动。目前各部门的信息部分实现了共享，但仍然处于互不兼容的数据孤岛状态，与大数据思维和智慧监管的要求相比甚远。实现京津冀电子商务协同治理，更进一步完善市场主体信息资源共享与应用服务平台建设，深入推进市场监管、商务、工信、公安等各监管部门信息深度融合，及时进行数据交换，同时通过数据挖掘技术进行智能信息识别与分析，为后续监管提供支持。[②]

### 3. 从单一政府治理到多元共治

电子商务行业各类活动具有复杂多变的特点，决定了电子商务的治理是一项系统工程，三地政府相关管理部门的责任日益繁重，在京津冀尚未健全统一有效沟通、协调联动机制的情况下，仅靠三地政府的行政治理难以应对复杂多变的电子商务市场。党的十九大报告指出："打造共建共治共享的社会治理格局。加强社会治理制度建设，完善党委领导、政府负责、社会协同、公众参与、法治保障的社会治理体制，提高社会治理社会化、法治化、智能化、专业化水平。"[①]这为电子商务的政府治理提出了一个多元共治的新视角。

因此，要规范京津冀电子商务市场有序发展，完善适应京津冀电子商务协同发展的治理体系，应该改变政府传统治理的理念，改革监管体制，既要保障政府监管部门行政力的作用，也要考虑参与电子商务活动各类主体的能动性，充分发动社会公众对行业监管热情，打造社会共治的开放性治理模式。[③] 结合京津冀电子商务发展状况来说，第三方交易平台自治功能和行业自律的强化，对于电子商务治理发挥了至关重要的作用，例如京东、淘宝。

---

① 王鹤霏：《多元共治视角下电子商务的政府监管问题探析》，《延边大学学报》（社会科学版）2018 年第 3 期。
② 杜鹏雄：《泉州市电子商务市场的监管研究》，华侨大学硕士学位论文，2019。
③ 杜鹏雄：《泉州市电子商务市场的监管研究》，华侨大学硕士学位论文，2019，第 14 页。

因此，在加强政府职能部门监管能力的同时，也要以市场变化和发展趋势为依据不断更新治理理念，充分发挥企业平台自我约束的作用，使电子商务平台的管理作用得到充分体现。<sup>①</sup> 不能忽视行业组织、新闻媒体和广大消费者等社会力量在治理中的作用，进一步完善群众举报机制，引导行业协会加强行业自律和约束，指导消费者协会发挥消费者维权保护作用，处理好消费者和企业之间的纠纷问题，同时与新闻媒体建立起协作机制，发挥好舆论监督重要作用。<sup>②</sup>

## 二　完善京津冀电子商务协同发展的监管机制

当前我国对电子商务市场的监管制度，仍然以政府部门为监管主体。在京津冀协同发展过程中，面对电子商务呈现的一系列监管挑战，单靠传统监管理念与政府监管模式，难以保障监管的有效性。<sup>③</sup> 由政府部门负责市场监管的体制不再符合发展规律，更多市场主体参与的多元化治理监管模式得到大力推行。<sup>④</sup> 从京津冀电子商务发展状况而言，应重视多元共治监管模式的建设，减少政府单一规制手段，增强平台自治、行业自律的监管模式，充分发挥社会公众参与监管的能动性，共同维护市场秩序，从而充分发掘市场主体的自主性和灵活性，<sup>⑤</sup> 形成京津冀电子商务市场多元共治的监管格局。

### 1. 政府层面

第一，建立相对完善的京津冀电子商务监管法律体系。2019 年 1 月 1 日正式实施的《电子商务法》为了保障从事电子商务活动各方的合法权益，对各个监管部门按照职责进行了分工。市场监督管理部门作为市场经济秩序的主要维护者，承担起了市场准入监管、电子商务平台监管、知识产权保

① 张洪岩：《对电子商务监管体制改革的几点建议》，《经贸实践》2017 年第 16 期。
② 张薇：《电子商务监管研究——以天津市为例》，天津大学硕士学位论文，2015。
③ 郭海、李永慧：《数字经济背景下政府与平台的合作监管模式研究》，《中国行政管理》2019 年第 10 期。
④ 杜鹏雄：《泉州市电子商务市场的监管研究》，华侨大学硕士学位论文，2019。
⑤ 杜鹏雄：《泉州市电子商务市场的监管研究》，华侨大学硕士学位论文，2019。

护、消费者权益保护、反不正当竞争等诸多职责。[①] 实现京津冀电子商务协同发展还要进一步整合三地政府现有的法律法规和政策，为多元主体履行监管职责提供法律依据，规范和引导电子商务行业自治和自律，加强电子商务的自我监管；建立沟通对话协商机制，鼓励社会组织和公民参与监督。[②]

第二，建立京津冀综合监管机制。推进大部制改革思路，整合政府各监管部门，规范政府监管行为，弱化行业特色，整合分散在不同部门的相似监管职能，成立大金融、大交通、大信息等综合性监管部门[③]。为了更好地协调中央与地方的关系，防止三地政府的属地监管突破国家统一监管的政策底线，应该逐步构建超越部门和地区利益的综合性数字经济监管机构，明确三地政府和有关部门制定政策的底线，强化问责机制，防止地方政府人为提高监管门槛和扭曲市场竞争的监管行为，确保监管政策的区域标准统一和地方灵活适用的最佳组合。[④]

第三，依据互联网和电子商务的特性，提出包容审慎的监管原则。以电子商务为代表的数字经济的创新实践往往领先于制度建设，其创新发展需要宽松开放的市场环境，如果政府监管的强制性较强，将阻碍甚至扼杀早期数字化创新。因此，三地政府应尽量缩小其行政手段的应用范围，弱化资质审核和行政审批等事前监管，将事前监管职责更多放权给平台，并鼓励创新发展；利用外部性管理和强制性行政手段的优势，加大事中和事后监管力度，发展利用数字技术和信息化手段监管的能力，完善制度建设。[⑤] 只有把握好政府介入市场的尺度，克服监管责任的"越位"和"缺位"，才能保障京津冀电子商务平稳、有序的发展，形成兼容并蓄、协同发展的格局。[⑥]

---

① 杜鹏雄：《泉州市电子商务市场的监管研究》，华侨大学硕士学位论文，2019。
② 王鹤霏：《多元共治视角下电子商务的政府监管问题探析》，《延边大学学报》（社会科学版）2018 年第 3 期。
③ 戚聿东、李颖：《新经济与规制改革》，《中国工业经济》2018 年第 3 期。
④ 唐要家：《数字经济监管体制创新的导向与路径》，《长白学刊》2021 年第 1 期。
⑤ 郭海、李永慧：《数字经济背景下政府与平台的合作监管模式研究》，《中国行政管理》2019 年第 10 期。
⑥ 杜鹏雄：《泉州市电子商务市场的监管研究》，华侨大学硕士学位论文，2019。

## 2. 平台层面

在数字经济背景下，作为数字经济活动的主要参与者，平台对于数字技术的发展和应用要比政府强[1]；平台企业的边界范围不断延伸，所涵盖的数据和技术资源日益增多，已成为连接政府与多市场主体的重要枢纽，在电子商务监管中具备独特性。例如，阿里研究院报告显示，阿里巴巴利用大数据资源，每年向浙江执法部门推送大量制售假货信息，并协助政府部门破获了数起涉及金额上亿元的大案要案。[2] 可见平台为完善电子商务领域的监管提供了强大支撑，但是平台监管行为可能导致外部性管理松懈问题，平台监管面临严峻考验。总之，考虑到平台的监管权力有限，[3] 京津冀市场监督管理部门在对区域内电子商务领域进行规范和监管过程中，应当重视构建政府与平台的合作监管模式，政府可以事前鼓励创新，事后重视合法性建设，平台则应事前关注合法性，事后推动制度创新，从而解决数字经济监管中"一放就乱、一管就死"的创新与管控矛盾。[4]

第一，在法律层面上明确平台经营者的责任和义务，要求平台企业制定完善的平台管理规章制度，根据所处行业特点及自身业务属性，设定不同的资质条件和准入门槛，对潜在风险进行事前控制。

第二，平台发挥技术优势进行监控，并利用信息优势，灵活制定交易机制和规则，强化平台企业对于平台内交易行为安全、纠纷处理、消费者权益保护等相关保障，实施有效的事中、事后监管。

第三，由于平台行政权力和监管手段的局限性，需要依靠政府的辅助干预，平台积极配合政府监管部门的查处工作，主动举报入驻平台内经营者的违法行为，通过完善反馈协商机制，推动创新监管体系。

---

① 沈岿：《互联网经济的政府监管原则和方式创新》，《国家行政学院学报》2016年第2期。
② 郭海、李永慧：《数字经济背景下政府与平台的合作监管模式研究》，《中国行政管理》2019年第10期。
③ 王勇、冯骅：《平台经济的双重监管：私人监管与公共监管》，《经济学家》2017年第11期。
④ 郭海、李永慧：《数字经济背景下政府与平台的合作监管模式研究》，《中国行政管理》2019年第10期。

### 3. 社会层面

行业协会、新闻媒体等非政府组织起到宣传和监督作用，通过行业协会进行自律管理在很大程度上促进对电子商务行业的监管。目前，京津冀三地建立了电子商务协会、互联网协会、大数据产业协会以及其他相关行业协会，三地协会要继续加强合作，制定更加完善的电子商务行业自律制度，充分实现协会对于电子商务企业的管理和约束机制。新闻媒体发挥对京津冀电子商务全方位监督作用。对于电子商务发展过程中出现的假冒伪劣商品、虚假广告宣传、第三方支付风险等诸多问题，要进行及时、全面、客观的媒体报道，促进电子商务市场健康有序发展。目前，信息技术获取的手段越来越便捷，群众可以通过微博、微信以及各种自媒体平台发布和接收各类信息，这也给电子商务的市场监管提供了便利渠道。建立监督奖励机制，鼓励消费者对网络交易违法行为和不正当竞争行为进行举报，实现电子商务社会监督无死角化，创建一个全面、动态的监管环境。[①]

## 三　强化京津冀电子商务协同发展的数字化治理能力

互联网技术在电子商务领域的应用，使得网络交易中信息流、资金流的交换能够瞬间完成，大大提升了交易效率，而传统监管手段的滞后性，导致电子商务交易的违法行为，发现难、取证难、定性难的“三难”问题。为了使京津冀电子商务网络监管工作真正落实到位，[②] 京津冀三地政府应紧跟时代的步伐，加快“数字政府”建设，将大数据、人工智能、区块链、云计算等监管科技核心技术应用于市场监管前沿领域，以科技手段赋能监管创新，与时俱进强化网络交易监管，[③] 为京津冀电子商务协同发展创造良好的市场氛围，如图 6-4 所示。

### 1. 风险监测预警体系建设

依托大数据和云计算等技术构建京津冀电子商务市场监管数据中心，通

---

① 马骏、马源、高太山：《优化数字经济营商环境：政策框架与重点任务》，《发展研究》2020 年第 10 期。

② 张薇：《电子商务监管研究——以天津市为例》，天津大学硕士学位论文，2015。

③ 荣翌：《强化监管，为数字经济护航》，《人民日报》2020 年 11 月 26 日。

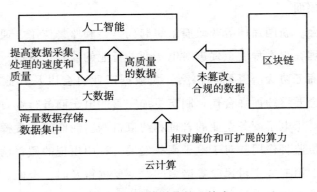

图 6-4　监管科技核心技术

资料来源：中国信息通信研究院。

过对市场主体行为进行大数据挖掘分析，辅助监管者了解市场整体态势，全面观察市场经营行为。[1]

通过人工智能平台构建相应的模型，及时掌握网络市场主体经营活动的规律与特征，及时发现违法违规线索，提高预测预判能力，做到早发现、早预警、早处理，减少和防止无效监管，制定有针对性的监管应对预案。[2]

基于区块链技术构建市场监管行为追溯系统，将传统市场追溯行为与区块链技术进行融合，实现对电子商务市场主体经济行为源头追溯、流向追踪、信息查询、责任追究，形成对电子商务交易全过程的监管，保障公众经济行为安全，为监管部门执法人员提供便利。[3]

2. 社会信用体系建设

充分运用大数据收集、分析企业信用数据，完善企业诚信信息库，加强大数据信用分析应用，发展大数据信用服务市场，提供专业化服务。[4] 建立

---

[1] 夏志方、李栋：《数字经济时代市场监管工作研究》，《中国经贸导刊》2019 年第 12 期。

[2] 李睿：《市场监管部门监管思路须跟上！浅析人工智能在网络市场监管中的应用》，《中国工商报》2018 年 6 月 28 日，https：//baijiahao.baidu.com/s? id = 1604495564048472821&wfr = spider&for=pc。

[3] 夏志方、李栋：《数字经济时代市场监管工作研究》，《中国经贸导刊》2019 年第 12 期。

[4] 张春飞、张倩：《以信用管理创新数字经济时代市场监管的思考》，《信息通信技术与政策》2019 年第 4 期。

企业失信行为的预警机制和失信行为联合惩戒机制；同时，加快落实信息公开制度，提高市场透明度。①

利用区块链技术加快实现区域内信用信息共建共享，解决社会信用体系长期以来面临的"信息孤岛"难题，保障信用信息的完整性。例如，利用智能合约技术保障信用信息应用的主动性，通过数据算法实现信用信息应对措施自动触发执行，便于监管部门主动、精准实施信用监管；利用防篡改技术保障信用信息流转高效可靠，提升信息录入效率，降低人工审核难度和成本。

在电子商务交易过程中，市场主体违法行为电子数据信息易篡改的特点，使得传统取证模式无法满足信息化办案需求，因此，电子取证成为电子商务市场监管工作的必然选择。

区块链技术具有不可篡改、安全性高、可信任等特点，利用区块链技术建立全国统一的电子取证、存证平台，为市场监管执法提供在线电子数据取证、数据保全等服务，实现了电子数据的全流程记录、全链路可信、全节点见证。推进京津冀市场监管执法工作中电子证据的互通互认，进一步提升协同监管执法能力。此外，促进市场监管执法中区块链证据存证与司法的衔接，保障其在司法中的应用与确认。②

## 第五节　结论及进一步讨论的问题

本章聚焦于京津冀电子商务协同发展的体制机制创新问题，分别从政务服务机制、数据要素共享机制、利益补偿机制、监管治理机制四个角度展开讨论。探索京津冀电子商务协同发展的政务服务协同机制，加快京津冀政务服务一体化进程，实现体制机制改革和技术创新协同增效；同时创新市场准

① 张韬、李鸣涛：《数字经济时代网络市场监管创新的思考》，《信息通信技术与政策》2021年第3期。
② 张韬、李鸣涛：《数字经济时代网络市场监管创新的思考》，《信息通信技术与政策》2021年第3期。

入机制，打造区域统一的电子商务大市场；建立标准化体系和政务服务共享平台，促进三地政策相互对接与市场信息畅通，为京津冀电子商务协同发展营造良好的营商环境。

形成有利于京津冀电子商务协同发展的数据要素共享机制，从两方面入手：一是打破三地政府部门之间的行政壁垒，建立"互联网+政务服务"跨层级数据协同机制，实现政务数据共享；二是探索京津冀政务数据和社会数据等公共数据的共享模式，促进京津冀政务数据和社会数据的有效对接，最大限度发挥出数据要素的使用价值。同时通过促进京津冀大数据产业协同发展，培养引进大数据专业人才，强化数据共享技术支撑，完善京津冀数据要素共享保障机制。

推动京津冀电子商务协同发展，在三地之间达成产业分工合作共识，建议从区域互助、产业转移税收共享、基础设施建设成本共担、土地跨地区配置、生态补偿的角度完善京津冀横向利益补偿机制，化解省际经济利益矛盾，缩小省际差距。

实现京津冀电子商务协同发展，聚焦于治理和监管协同，基于电子商务商业模式的兴起和发展特点，变革传统的行政管理模式，探索适应京津冀电子商务协同发展的治理模式；完善多元监管机制，形成政府、平台、社会共治；创新治理手段，加大大数据、人工智能、区块链等数字技术在监管领域的应用，推进协同发展的具体实施。

# 参考文献

［1］ 白俊红、王钺、蒋伏心、李婧：《研发要素流动、空间知识溢出与经济增长》，《经济研究》2017 年第 7 期。

［2］ 包则庆、林继扬：《技术创新、工资增长与产业结构升级——基于PVAR 模型的动态分析》，《东南学术》2020 年第 3 期。

［3］ 卜质琼：《"互联网+"形态下农村电子商务发展与创新创业活动的开展》，《农业经济》2019 年第 4 期。

［4］ 曹淑艳、李振欣：《跨境电子商务第三方物流模式研究》，《电子商务》2013 年第 3 期。

［5］ 茶洪旺、左鹏飞：《信息化对中国产业结构升级影响分析——基于省级面板数据的空间计量研究》，《经济评论》2017 年第 1 期。

［6］ 车卉淳、阚娇阳、付旋：《京津冀协同发展背景下农产品流通模式研究》，《商业经济研究》2019 年第 3 期。

［7］ 陈宾：《电子商务与快递业的互动关系研究——基于 VAR 模型的动态实证分析》，《福建师范大学学报》（哲学社会科学版）2016 年第 1 期。

［8］ 陈畴镛、杨文霞：《电子商务对制造业与物流业协同集聚的影响——基于浙江省设区市面板数据的实证》，《科技管理研究》2019 年第 11 期。

［9］ 陈镜羽、黄辉：《我国生鲜农产品电子商务冷链物流现状与发展研究》，《科技管理研究》2015 年第 6 期。

［10］陈倩：《数字经济背景下的政府支持、产业集聚与跨境电商发展》，《商业经济研究》2020年第24期。

［11］陈升、李兆洋、唐雲：《清单治理的创新：市场准入负面清单制度》，《中国行政管理》2020年第4期。

［12］陈剩勇、卢志朋：《信息技术革命、公共治理转型与治道变革》，《公共管理与政策评论》2019年第1期。

［13］陈涛、郜啊龙：《政府数字化转型驱动下优化营商环境研究——以东莞市为例》，《电子政务》2021年第3期。

［14］陈小辉、张红伟、吴永超：《数字经济如何影响产业结构水平》，《证券市场导报》2020年第7期。

［15］陈小荣、韩景旺、任爱华、孙忠艳：《战略性新兴产业的金融支持效率研究——来自京津冀区域237家上市公司的实证》，《金融与经济》2020年第5期。

［16］陈新：《制度与技术的有效协同：政务服务的优化之道——评〈整合与形塑：地方政务服务机构的运行机制〉》，《公共管理评论》2019年第2期。

［17］陈原、刘惠、周文豪：《大数据在淘宝网电子商务模式创新中的应用研究》，《价值工程》2015年第35期。

［18］陈长彬、陈泉：《第四方物流运作主体的信用机制构建研究》，《工业技术经济》2016年第1期。

［19］成晨、丁冬：《"互联网+农业电子商务"：现代农业信息化的发展路径》，《情报科学》2016年第11期。

［20］程丽辉、崔琰、周忆南：《关中城市群产业协同发展策略》，《开发研究》2020年第6期。

［21］崔光野、蔡宏友：《县域经济和下沉市场的若干共识》，《商业经济研究》2020年第4期。

［22］崔彦哲、周京奎：《效率与平衡视角下京津冀城市群产业发展水平测度》，《科技进步与对策》2019年第20期。

［23］戴宏伟、张艳慧：《京津冀金融业发展与协作路径分析》，《河北经贸大学学报》2013 年第 5 期。

［24］戴长征、鲍静：《数字政府治理——基于社会形态演变进程的考察》，《中国行政管理》2017 年第 9 期。

［25］但斌、胡军、邵汉华、张旭梅：《电子商务与产业集群联动发展机理研究》，《情报杂志》2010 年第 6 期。

［26］淡梅华：《我国移动电子商务发展的制约因素及对策分析》，《现代商业》2020 年第 19 期。

［27］邱菁、陈正举、富尧：《京津冀数据开放共享研究现状、问题及对策》，《数字通信世界》2018 年第 5 期。

［28］邸晓星、徐中：《京津冀区域人才协同发展机制研究》，《天津师范大学学报》（社会科学版）2016 年第 1 期。

［29］刁丽琳、张光辉：《广东省农业电子商务发展的对策研究》，《商业研究》2007 年第 10 期。

［30］丁煌、汪霞：《地方政府政策执行力的动力机制及其模型构建——以协同学理论为视角》，《中国行政管理》2014 年第 3 期。

［31］丁文剑、王建新、何淑贞：《协同理论视角下高职创新创业教育多元协作研究》，《教育与职业》2018 年第 23 期。

［32］董敏、倪卫红、胡汉辉：《产业集聚与供应链联盟——两种创新战略的比较研究及发展趋势分析》，《现代经济探讨》2003 年第 3 期。

［33］董志良、张永礼：《电子商务在京津冀协同发展中的重要作用及其发展对策》，《河北学刊》2015 年第 2 期。

［34］杜传忠、曹艳乔：《金融资本与新兴产业发展》，《南开学报》（哲学社会科学版）2017 年第 1 期。

［35］杜卫华、黄炯华：《电子商务发展影响我国第三产业的机制及溢出效应分析》，《商业经济研究》2020 年第 10 期。

［36］段铸、程颖慧：《京津冀协同发展视阈下横向财政转移支付制度的构建》，《金融发展研究》2016 年第 1 期。

[37] 樊霞、陈娅、贾建林：《区域创新政策协同——基于长三角与珠三角的比较研究》，《软科学》2019年第3期。

[38] 范静、牛华勇、裴艳丽：《基于演化博弈模型的电子政务业务协同标准扩散研究》，《上海管理科学》2013年第4期。

[39] 方创琳：《京津冀城市群协同发展的理论基础与规律性分析》，《地理科学进展》2017年第1期。

[40] 方孜、王刊良：《基于5P4F的电子商务模式创新方法研究》，《中国管理科学》2002年第4期。

[41] 付斌、程亮：《京津冀协同发展背景下人才共享路径研究》，《河北工程大学学报》（社会科学版）2018年第2期。

[42] 高明、郭施宏、夏玲玲：《大气污染府际间合作治理联盟的达成与稳定——基于演化博弈分析》，《中国管理科学》2016年第8期。

[43] 高彦彦：《互联网信息技术如何促进农村社会经济发展》，《现代经济探讨》2018年第4期。

[44] 高远秀、姜阀：《京津冀都市圈创新与经济高质量发展的协同路径研究》，《产业与科技论坛》2020年第3期。

[45] 谷彦芳、王坤、李克桥：《京津冀协同发展下产业转移税收分享政策研究》，《经济研究参考》2018年第46期。

[46] 郭凤娥：《国内外科技创新驱动发展模式比较研究》，《中国经贸导刊》2020年第9期。

[47] 郭海、李永慧：《数字经济背景下政府与平台的合作监管模式研究》，《中国新政管理》2019年第10期。

[48] 郭皓月、樊重俊、李君昌、王来、吴海春、杨云鹏：《考虑内外因素的电子商务产业与大数据产业协同演化研究》，《运筹与管理》2019年第3期。

[49] 郭金花、郭淑芬：《创新人才集聚、空间外溢效应与全要素生产率增长——兼论有效市场与有为政府的门槛效应》，《软科学》2020年第9期。

［50］ 郭明军、王建冬、安小米等：《政务数据与社会数据平台化对接的演进历程及政策启示》，《电子政务》2020 年第 3 期。

［51］ 郭小卉、康书生：《京津冀金融协同发展的路径选择》，《金融理论探索》2016 年第 2 期。

［52］ 韩彪、张兆民：《区域间运输成本、要素流动与中国区域经济增长》，《财贸经济》2015 年第 8 期。

［53］ 韩瑾：《环杭州湾大湾区中心城市产业协同发展评价》，《经济论坛》2019 年第 9 期。

［54］ 韩炜、邓渝：《商业生态系统研究述评与展望》，《南开管理评论》2020 年第 3 期。

［55］ 韩月辉：《电子商务环境下的信用机制研究》，《中国商论》2017 年第 7 期。

［56］ 何甜甜：《移动电子商务下的技术创新、人力资本发展与经济增长》，《商业经济研究》2015 年第 36 期。

［57］ 何显明、张鸣：《重塑政府改革的逻辑：以"最多跑一次"改革为中心的讨论》，《中共浙江省委党校学报》2018 年第 1 期。

［58］ 何哲军、朱茂然、王洪伟：《企业电子商务采纳与应用关键影响因素实证研究》，《计算机工程与应用》2009 年第 2 期。

［59］ 贺灵、程鑫、邱建华：《技术创新要素协同对企业创新绩效影响的实证分析》，《财经理论与实践》2012 年第 3 期。

［60］ 贺小丹：《京津冀高端生产性服务业集聚形成及效应分析》，《首都经济贸易大学学报》2017 年第 3 期。

［61］ 赫尔曼·哈肯：《协同学——大自然构成的奥秘》，凌复华译，上海译文出版社，2005。

［62］ 洪雨萍：《电子商务的产业联动及其增收效应测度》，《商业经济研究》2020 年第 2 期。

［63］ 胡岗岚、卢向华、黄丽华：《电子商务生态系统及其协调机制研究——以阿里巴巴集团为例》，《软科学》2009 年第 9 期。

[64] 胡岗岚、卢向华、黄丽华：《电子商务生态系统及其演化路径》，《经济管理》2009 年第 6 期。

[65] 胡晓鹏：《产业共生：理论界定及其内在机理》，《中国工业经济》2008 年第 9 期。

[66] 胡洋：《大数据时代促进电子商务服务产业发展的对策研究》，《现代营销》（经营版）2018 年第 12 期。

[67] 胡园：《电子商务环境下的信用机制研究》，《中国战略新兴产业》2016 年第 28 期。

[68] 黄萃、苏竣、施丽萍、程啸天：《政策工具视角的中国风能政策文本量化研究》，《科学学研究》2011 年第 6 期。

[69] 黄蕊、张肃：《梯度转移理论下我国区域创新极化效应与扩散效应的非对称性影响研究》，《商业经济与管理》2019 年第 12 期。

[70] 黄小勇：《区域经济共生发展的界定与解构》，《华东经济管理》2014 年第 1 期。

[71] 黄益平、黄卓：《中国的数字金融发展：现在与未来》，《经济学》（季刊）2018 年第 4 期。

[72] 黄卓、郑楠、杨斯然：《京津冀都市圈生鲜农产品电子商务供应链优化研究》，《全国流通经济》2018 年第 3 期。

[73] 吉俊虎：《人才、规范与策略：后发展地区文化产业发展的三大要素——基于政府治理视角的分析》，《经济问题》2019 年第 4 期。

[74] 纪淑娴、李军艳：《电子商务生态系统的演化与平衡研究》，《现代情报》2012 年第 12 期。

[75] 贾若祥：《"十四五"时期完善我国区域政策体系和区域治理机制》，《中国发展观察》2020 年第 7 期。

[76] 简·芳汀：《构建虚拟政府：信息技术与制度创新》，邵国松译，中国人民大学出版社，2010。

[77] 江义火、袁晓建：《大数据促进电子商务发展探究》，《电子商务》2019 年第 12 期。

［78］靳大伟、蒋斌：《"互联网+农业"在农产品电子商务发展的制约因素与建议》，《农业经济》2018 年第 7 期。

［79］鞠晓玲、樊重俊、王梦媛、李若瑜：《人工智能在电子商务中的应用探讨》，《电子商务》2020 年第 10 期。

［80］孔宪丽、米美玲、高铁梅：《技术进步适宜性与创新驱动工业结构调整——基于技术进步偏向性视角的实证研究》，《中国工业经济》2015年第 11 期。

［81］旷开萃、尤建新：《信用机制的博弈论及其应用》，《同济大学学报》（自然科学版）2004 年第 8 期。

［82］雷兵、钟镇：《农村电子商务生态系统结构及其共生关系研究》，《科技和产业》2017 年第 11 期。

［83］冷志明、易夫：《基于共生理论的城市圈经济一体化机理》，《经济地理》2008 年第 3 期。

［84］冷志明、张合平：《基于共生理论的区域经济合作机理》，《经济纵横》2007 年第 7 期。

［85］李蓓蕾：《电子商务环境下的信用机制研究》，《品牌》2014 年第11 期。

［86］李灿：《利益相关者、社会责任与企业财务目标函数——基于共生理论的解释》，《当代财经》2010 年第 6 期。

［87］李珊晖：《电子商务类平台型企业生态系统的构建》，《产业与科技论坛》2017 年第 12 期。

［88］李春发、冯立攀、韩芳旭、程云龙：《电子商务生态系统的动态演化博弈分析》，《系统科学学报》2015 年第 4 期。

［89］李东泉、韩光辉：《1949 年以来北京城市规划与城市发展的关系探析——以 1949-2004 年间的北京城市总体规划为例》，《北京社会科学》2013 年第 5 期。

［90］李芳、杨丽华、梁含悦：《我国跨境电商与产业集群协同发展的机理与路径研究》，《国际贸易问题》2019 年第 2 期。

[91] 李峰：《电子商务助推京津冀协同发展》，《光明日报》2017 年 5 月 2 日。

[92] 李汉卿：《协同治理理论探析》，《理论月刊》2014 年第 1 期。

[93] 李佳慧、赵刚：《基于大数据的电子商务用户画像构建研究》，《电子商务》2019 年第 1 期。

[94] 李建琴、孙薇：《电子商务对产业结构升级的传导机制研究》，《产经评论》2020 年第 4 期。

[95] 李金辉：《滨海新区产业空间布局演化路径与优化策略》，《特区经济》2009 年第 11 期。

[96] 李敬泉：《网络零售市场信用机制优化研究》，《中国流通经济》2014 年第 5 期。

[97] 李靖华、常晓然：《我国流通产业创新政策协同研究》，《商业经济与管理》2014 年第 9 期。

[98] 李军：《基于服务供应链的港口服务功能组成及天津港服务功能现状分析》，《物流工程与管理》2020 年第 10 期。

[99] 李黎炜：《新农村建设中电商发展的制约因素及发展路径研究》，《农业经济》2019 年第 12 期。

[100] 李琳、刘瑞：《创新要素流动对城市群协同创新的影响——基于长三角城市群与长江中游城市群的实证》，《科技进步与对策》2020 年第 16 期。

[101] 李琪、唐跃桓、任小静：《电子商务发展、空间溢出与农民收入增长》，《农业技术经济》2019 年第 4 期。

[102] 李胜连、曹少杰、杨兆廷：《信用机制重构与绿色金融支持雄安新区产业发展》，《金融理论与实践》2020 年第 8 期。

[103] 李松苗：《基于大数据的京津冀农产品物流需求预测分析》，《运筹与模糊学》2018 年第 8 期。

[104] 李向阳：《促进跨境电子商务物流发展的路径》，《中国流通经济》2014 年第 10 期。

[105] 李晓峰、薛二勇：《我国大学生就业政策协同问题研究》，《教育发展研究》2014年第5期。

[106] 李新庚：《信用机制对于市场经济运行的意义》，《中南林业科技大学学报》（社会科学版）2008年第6期。

[107] 李雪伟、唐杰、杨胜慧：《京津冀协同发展背景下的政策协同评估研究——基于省级"十三五"专项规划文本的分析》，《北京行政学院学报》2019年第3期。

[108] 李政、周希祯：《数据作为生产要素参与分配的政治经济学分析》，《学习与探索》2020年第1期。

[109] 栗俊杰、刘邦、赵良伟：《京津冀农地非农化政策协同及其治理框架》，《农村·农业·农民》（B版）2021年第1期。

[110] 连莲、叶旭廷：《京津冀协同发展需加强产业协同》，《人民日报》2015年4月7日。

[111] 梁爽：《北京非首都功能疏解的问题与对策》，《工业技术与职业教育》2020年第4期。

[112] 梁雯、柴亚丽：《电子商务与快递物流企业联动发展行为研究——基于动态博弈视角》，《贵州大学学报》（社会科学版）2019年第4期。

[113] 林小兰：《电子商务商业模式创新及其发展》，《现代经济探讨》2015年第6期。

[114] 林益敏：《大数据背景下电子商务营销管理的优化策略探讨研究》，《现代营销》（下旬刊）2020年第12期。

[115] 刘秉镰、孙哲：《京津冀区域协同的路径与雄安新区改革》，《南开学报》（哲学社会科学版）2017年第4期。

[116] 刘刚、熊立峰：《消费者需求动态响立、企业边界选择与商业生态系统构建——基于苹果公司的案例研究》，《中国工业经济》2013年第5期。

[117] 刘和东：《国内市场规模与创新要素集聚的虹吸效应研究》，《科学学与科学技术管理》2013年第7期。

[118] 刘鹤：《我国产业集群与跨境电商的融合发展：影响因素与路径》，《商业经济研究》2019 年第 2 期。

[119] 刘戒骄：《京津冀产业协同发展的动力来源与激励机制》，《区域经济评论》2018 年第 6 期。

[120] 刘晋飞：《电子商务采纳与跨境电商企业成长——基于 760 家制造业跨境电商企业的实证研究》，《中国流通经济》2018 年第 1 期。

[121] 刘静文：《京津冀金融合作的方式与路径研究》，《企业导报》2016 年第 15 期。

[122] 刘铭卿：《论电子商务信用法律机制之完善》，《东方法学》2019 年第 2 期。

[123] 刘荣增：《共生理论及其在我国区域协调发展中的运用》，《工业技术经济》2006 年第 3 期。

[124] 刘士忠：《京津冀区域电子商务协同研究》，《电子商务》2017 年第 3 期。

[125] 刘帅、李相如、赵润方、徐旭、张文杰、李艳娟：《基于数据挖掘对电商促销活动的销量预测研究》，《智能计算机与应用》2019 年第 9 期。

[126] 刘维跃、裴莉亚、曹溥晶、孔震：《京津冀城市群电子商务发展时空特征与演变——基于全局熵权法》，《天津城建大学学报》2018 年第 5 期。

[127] 刘翔峰、刘强：《要素市场化配置改革研究》，《宏观经济研究》2019 年第 12 期。

[128] 刘潇潇：《构建基于供应链的电商大数据战略生态联盟研究》，《现代经济信息》2019 年第 24 期。

[129] 刘晓洋：《制度约束、技术优化与行政审批制度改革》，《中国行政管理》2016 年第 6 期。

[130] 刘遗志、田靖雯、卢旋：《全产业链视域下农产品电商发展的运作模式及问题对策研究》，《物流工程与管理》2020 年第 9 期。

［131］ 刘勇、王光辉、刘洋：《京津冀土地管理一体化的现状、问题与创新机制》，《经济体制改革》2020 年第 5 期。

［132］ 刘志超、陈勇、姚志立：《大数据时代的电子商务服务模式革新》，《科技管理研究》2014 年第 1 期。

［133］ 柳天恩：《京津冀协同发展：困境与出路》，《中国流通经济》2015 年第 4 期。

［134］ 娄策群、庞靓、叶磊：《网络信息生态链链间互利合作研究》，《情报科学》2016 年第 10 期。

［135］ 娄策群、杨小溪、曾丽：《网络信息生态链运行机制研究：价值增值机制》，《情报科学》2013 年第 9 期。

［136］ 卢凤君、刘晴、谢莉娇、李晓红：《京津冀种业协同创新共同体建设的战略思考》，《中国种业》2017 年第 5 期。

［137］ 卢立新：《数字供应链共生实践》，《中国物流与采购》2019 年第 24 期。

［138］ 芦俊成、王思月：《关于京津冀协同发展中税收分享机制的探讨》，《税收经济研究》2019 年第 4 期。

［139］ 陆大道：《京津冀城市群功能定位及协同发展》，《地理科学进展》2015 年第 3 期。

［140］ 陆国庆、王舟、张春宇：《中国战略性新兴产业政府创新补贴的绩效研究》，《经济研究》2014 年第 7 期。

［141］ 栾江、马瑞：《京津冀地区经济协同发展程度的统计测度》，《统计与决策》2020 年第 16 期。

［142］ 罗珉、赵亚蕊：《组织间关系形成的内在动因：基于帕累托改进的视角》，《中国工业经济》2012 年第 4 期。

［143］ 罗琼：《电子商务与快递行业供应链协同发展研究》，重庆交通大学硕士学位论文，2013。

［144］ 雒倩倩：《京津冀新三板定向增发融资研究》，《合作经济与科技》2017 年第 21 期。

［145］ 吕铁、韩娜：《智能制造：全球趋势与中国战略》，《人民论坛·学术前沿》2015 年第 11 期。

［146］ 马骏、马源、高太山：《优化数字经济营商环境：政策框架与重点任务》，《发展研究》2020 年第 10 期。

［147］ 马茹、张静、王宏伟： 《科技人才促进中国经济高质量发展了吗？——基于科技人才对全要素生产率增长效应的实证检验》，《经济与管理研究》2019 年第 5 期。

［148］ 马飒：《生产要素国际流动：规律、动因与影响》，《世界经济研究》2014 年第 1 期。

［149］ 马振涛：《让文旅数字化智慧化更好服务老年群体》，《中国旅游报》2020 年 12 月 1 日。

［150］ 毛汉英：《京津冀协同发展的机制创新与区域政策研究》，《地理科学进展》2017 年第 1 期。

［151］ 毛园芳：《电子商务提升产业集群竞争优势机制案例研究》，《经济地理》2010 年第 10 期。

［152］ 弭元英、李松、张爽、袁佳春：《零售业电子商务发展规模的影响因素研究》，《经济纵横》2016 年第 10 期。

［153］ 苗成林、冯俊文、孙丽艳、马蕾：《基于协同理论和自组织理论的企业能力系统演化模型》，《南京理工大学学报》2013 年第 1 期。

［154］ 潘平平、牛大山、岳红新、回文静：《基于 5G 模式的沧州电子商务高质量发展策略研究》，《农村经济与科技》2020 年第 22 期。

［155］ 彭非：《电子商务生态链优化研究》，《北方经贸》2016 年第 5 期。

［156］ 彭芬、刘璐琳：《农村电子商务扶贫体系构建研究》，《北京交通大学学报》（社会科学版）2019 年第 1 期。

［157］ 彭纪生、仲为国、孙文祥：《政策测量、政策协同演变与经济绩效：基于创新政策的实证研究》，《管理世界》2008 年第 9 期。

［158］ 戚聿东、李颖：《新经济与规制改革》，《中国工业经济》2018 年第 3 期。

[159] 齐长安：《都市圈城市物流网络空间优化——以京津冀地区为例》，《商业经济研究》2020 年第 22 期。

[160] 祁明、刘威： 《从 "独立系统" 到 "生态系统" 再到 "价值系统" ——中国电子商务发展的新方向》，《科技管理研究》2016 年第 12 期。

[161] 祁文辉、魏丽华：《新常态下马克思分工协作理论对区域协同发展的启示——以京津冀地区为例》，《价格理论与实践》2016 年第 5 期。

[162] 乔哲、高文海：《电子商务对我国产业结构优化的影响》，《商业经济研究》2020 年第 2 期。

[163] 任亮、张海涛、刘雅姝、李题印：《商务网络信息生态链价值流动的关键影响因素识别研究》，《情报学报》2019 年第 9 期。

[164] 沈岿：《互联网经济的政府监管原则和方式创新》，《国家行政学院学报》2016 年第 2 期。

[165] 沈颂东、元秀秋：《大数据时代快递与电子商务产业链协同度研究》，《数量经济技术经济研究》2018 年第 7 期。

[166] 沈通：《电商企业自建物流配送、第三方物流配送及物流供应链配送对比研究》，《商业经济研究》2016 年第 19 期。

[167] 盛斌、高疆：《超越传统贸易：数字贸易的内涵、特征与影响》，《国外社会科学》2020 年第 4 期。

[168] 盛亚、徐璇、何东平：《电子商务环境下零售企业商业模式：基于价值创造逻辑》，《科研管理》2015 年第 10 期。

[169] 石易：《京津冀人才培养一体化刻不容缓》，《光明日报》2015 年 9 月 15 日。

[170] 史锦梅：《京津冀物流产业协同发展思路及对策》，《中国流通经济》2015 年第 11 期。

[171] 宋保庆：《金融发展、政府行为与地区产业结构高级化——基于京津冀地区面板数据检验》，《产业经济评论》2015 年第 5 期。

[172] 苏炜、彭晓静、杨珊：《河北省推进京津冀协同创新的路径分析》，

《河北金融》2016 年第 10 期。

[173] 孙久文、卢怡贤、易淑昶：《高质量发展理念下的京津冀产业协同研究》，《北京行政学院学报》2020 年第 6 期。

[174] 孙久文、姚鹏：《京津冀产业空间转移、地区专业化与协同发展——基于新经济地理学的分析框架》，《南开学报》（哲学社会科学版）2015 年第 1 期。

[175] 孙浦阳、张靖佳、姜小雨：《电子商务、搜寻成本与消费价格变化》，《经济研究》2017 年第 7 期。

[176] 谭晓林、谢伟、李培馨：《电子商务模式的分类、应用及其创新》，《技术经济》2010 年第 10 期。

[177] 谭晓林、赵定涛、谢伟：《企业电子商务采纳的影响机制研究——以企业网站建设中介效应为例》，《中国软科学》2015 年第 8 期。

[178] 谭晓林、周建华：《影响企业电子商务采纳的关键因素研究》，《中国软科学》2013 年第 1 期。

[179] 唐为：《要素市场一体化与城市群经济的发展——基于微观企业数据的分析》，《经济学》（季刊）2021 年第 1 期。

[180] 唐未兵、傅元海、王展祥：《技术创新、技术引进与经济增长方式转变》，《经济研究》2014 年第 7 期。

[181] 田培琪：《电子商务生态链协同竞争博弈模型构建》，《商业经济研究》2018 年第 20 期。

[182] 田学斌：《以京津冀产业协同发展推动河北高质量发展》，《河北日报》2018 年 9 月 19 日。

[183] 汪涛、谢宁宁：《基于内容分析法的科技创新政策协同研究》，《技术经济》2013 年第 9 期。

[184] 王超贤：《电子商务对中国经济的影响》，《中国流通经济》2016 年第 11 期。

[185] 王得新：《我国区域协同发展的协同学分析——兼论京津冀协同发展》，《河北经贸大学学报》2016 年第 3 期。

[186] 王德利、方创琳：《中国跨区域产业分工与联动特征》，《地理研究》2010 年第 8 期。

[187] 王德利：《首都科技引领京津冀协同发展存在的问题及对策建议》，《科技管理研究》2018 年第 14 期。

[188] 王定祥、李伶俐、吴代红：《金融资本深化、技术进步与产业结构升级》，《西南大学学报》（社会科学版）2017 年第 1 期。

[189] 王建冬、童楠楠：《数字经济背景下数据与其他生产要素的协同联动机制研究》，《电子政务》2020 年第 3 期。

[190] 王胜利、樊悦：《论数据生产要素对经济增长的贡献》，《上海经济研究》2020 年第 7 期。

[191] 王伟、龚畅：《电子商务环境下的信用机制分析》，《通讯世界》2016 年第 13 期。

[192] 王熙、李明彧、刘佳英：《京津冀创新型科技人才协同培养的意义与路径》，《经济与社会发展》2015 年第 13 期。

[193] 王耀德、许其彬：《电子商务价值生态系统的构建》，《技术经济与管理研究》2018 年第 2 期。

[194] 王银枝、仲伟霞：《平台型电子商务诚信生态失衡及其治理》，《学习论坛》2020 年第 9 期。

[195] 王勇、冯骅：《平台经济的双重监管：私人监管与公共监管》，《经济学家》2017 年第 11 期。

[196] 王渝、刘念、周大智、刘静、郭巍匀、许赟洁：《京津冀区域旅游协同发展的影响因素研究》，《旅游纵览》（行业版）2020 年第 2 期。

[197] 王智森、王心哲、周天宇、王樱子：《基于广义信息的现代供应链基本原理研究》，《供应链管理》2020 年第 11 期。

[198] 韦斐琼：《"一带一路"战略红利下跨境电商发展对策》，《中国流通经济》2017 年第 3 期。

[199] 韦建国、王玉琼：《基于网购平台大数据的电子商务用户行为分析与研究》，《湖北理工学院学报》2019 年第 35 期。

[200] 蔚超：《政策协同的内涵、特点与实现条件》，《理论导刊》2016年第1期。

[201] 魏房忠：《长三角地区政务服务"一网通办"的实践与思考》，《中国信息化》2020年第9期。

[202] 魏丽华：《京津冀产业协同发展问题研究》，中共中央党校博士学位论文，2018。

[203] 魏守华、王缉慈、赵雅沁：《产业集群：新型区域经济发展理论》，《经济经纬》2002年第2期。

[204] 吴爱东、李奕男：《京津冀协同发展背景下天津产业结构升级空间与路径分析》，《现代城市研究》2017年第2期。

[205] 吴丹丹：《京津冀城市物流网络协同演化研究》，北京建筑大学硕士学位论文，2020。

[206] 吴金铃：《大数据时代在线旅游企业网络营销改进策略探析》，《现代经济信息》2019年第13期。

[207] 吴宇、孔东梅：《京津冀科技金融的合作机制研究》，《经济导刊》2012年第3期。

[208] 吴振林、刘祥敏：《天津深入推进京津冀协同发展重大国家战略对策建议》，《天津经济》2020年第8期。

[209] 武淑萍、于宝琴：《电子商务与快递物流协同发展路径研究》，《管理评论》2016年第7期。

[210] 武义青、张晓宇：《京津冀产业结构演变趋势与优化升级》，《河北师范大学学报》（哲学社会科学版）2017年第3期。

[211] 向国成、韩绍凤：《综合比较优势理论：比较优势理论的三大转变——超边际经济学的比较优势理论》，《财贸经济》2005年第6期。

[212] 向国成、李真子：《实现经济的高质量稳定发展：基于新兴古典经济学视角》，《社会科学》2016年第7期。

[213] 肖红波、白宏伟：《京津冀农业一、二、三产业区域比较优势分析》，《中国农业资源与区划》2020年第12期。

[214] 肖静华、吴瑶、刘意、谢康：《消费者数据化参与的研发创新——企业与消费者协同演化视角的双案例研究》，《管理世界》2018年第8期。

[215] 肖丽平、娄策群、雷兵：《基于信息生态理论的县域电商共生利益关系研究》，《知识管理论坛》2020年第1期。

[216] 肖琦、洪丽萍：《河北农村物流现状及对策》，《商业文化》2020年第22期。

[217] 肖旭、戚聿东：《产业数字化转型的价值维度与理论逻辑》，《改革》2019年第8期。

[218] 谢康、夏正豪、肖静华：《大数据成为现实生产要素的企业实现机制：产品创新视角》，《中国工业经济》2020年第5期。

[219] 谢伟、李培馨：《影响企业电子商务采纳的关键因素》，《经济管理》2012年第2期。

[220] 谢专、张佳梁、张晓波：《京津冀的产业结构现状、变迁与空间资本流动——来自工商注册数据的证据》，《人口与发展》2015年第21期。

[221] 熊光清、熊健坤：《多中心协同治理模式：一种具备操作性的治理方案》，《中国人民大学学报》2018年第3期。

[222] 胥彦、秦耀民、胡新宇：《京津冀一体化背景下北京大兴新区功能定位研究》，《北京规划建设》2017年第5期。

[223] 徐金海、夏杰长：《全球价值链视角的数字贸易发展：战略定位与中国路径》，《改革》2020年第5期。

[224] 徐仕政：《基于比较优势的区域优势产业内涵探究》，《工业技术经济》2007年第2期。

[225] 徐滢、赵滨元：《优化天津港口岸营商环境对策研究——基于京津冀协同发展视角》，《中国流通经济》2019年第5期。

[226] 许爱萍：《区域科技创新人才聚集驱动要素分析——以京津冀为例》，《科技与经济》2014年第6期。

[227] 许礼刚、刘立刚：《基于生态链的有色金属企业电子商务研究》，《生态经济》（学术版）2011年第1期。

[228] 许其彬、王耀德：《电子商务价值生态系统的协同发展研究》，《情报科学》2018年第4期。

[229] 许又丹：《金融资本、金融虚拟化和虚拟资本之辨》，《西南林业大学学报》（社会科学）2017年第4期。

[230] 薛泽林、孙荣：《治理势能：政策协同机制建构之关键——台北与上海文化创意产业培育政策比较》，《情报杂志》2016年第10期。

[231] 严敏：《电商时代农产品网络营销渠道发展模式及对策》，《商业经济研究》2019年第2期。

[232] 杨晨、刘苗苗：《区域专利政策协同及其实证研究》，《科技管理研究》2017年第10期。

[233] 杨晨、阮静娴：《区域知识产权政策协同及协同运行机制研究》，《科技管理研究》2017年第16期。

[234] 杨晨、王杰玉：《系统视角下知识产权政策协同机理研究》，《科技进步与对策》2016年第2期。

[235] 杨金勇：《电子商务产业集群生态化系统结构分析》，《商业经济研究》2018年第9期。

[236] 杨聚平、杨长春、姚宣霞：《电商物流中"最后一公里"问题研究》，《商业经济与管理》2014年第4期。

[237] 杨龙、胡世文：《大都市区治理背景下的京津冀协同发展》，《中国行政管理》2015年第9期。

[238] 杨锿瑶：《电商背景下农产品滞销破解之道》，《山西农经》2019年第17期。

[239] 杨松令、刘亭立：《基于共生理论的上市公司股东行为研究——一个研究框架及设想》，《会计研究》2009年第1期。

[240] 杨伟：《电子商务生态系统主体及发展环境分析》，《电子商务》2011年第2期。

［241］ 杨亚萍、郑广成：《WEB 数据挖掘技术在电子商务中的应用》，《信息技术与信息化》2020 年第 6 期。

［242］ 杨瑶：《电子商务生态系统中资源流转机制研究》，《电子商务》2015 年第 12 期。

［243］ 姚辉、阙梓冰：《电商平台中的自治与法治——兼议平台治理中的司法态度》，《求是学刊》2020 年第 4 期。

［244］ 姚跃华：《金融支持农村电子商务发展的调查与思考——以湖南省桃江县为例》，《武汉金融》2017 年第 10 期。

［245］ 姚战琪：《数字贸易、产业结构升级与出口技术复杂度——基于结构方程模型的多重中介效应》，《改革》2021 年第 1 期。

［246］ 叶堂林、李国梁：《体制机制创新：京津冀协同发展的制度保障》，《学习时报》2019 年 3 月 11 日。

［247］ 叶堂林、祝合良、潘鹏：《京津冀协同发展路径设计》，《中国经济报告》2017 年第 8 期。

［248］ 叶振宇：《京津冀产业转移协作的实现机制探讨》，《当代经济管理》2018 年第 8 期。

［249］ 易飞：《电子商务与快递物流协同发展路径研究》，《时代经贸》2018 年第 12 期。

［250］ 殷利梅、赵令锐：《政企数据共享的现状及对策建议》，《中国信息化》2020 年第 7 期。

［251］ 于军党：《京津冀区域协同发展财政支出政策》，《区域治理》2020 年第 3 期。

［252］ 于立、王建林：《生产要素理论新论——兼论数据要素的共性和特性》，《经济与管理研究》2020 年第 4 期。

［253］ 于强：《京津冀协同发展背景下北京制造业的产业转移——基于区位熵视角》，《中国流通经济》2021 年第 1 期。

［254］ 于涛、刘长玉：《政府与第三方在产品质量监管中的演化博弈分析及仿真研究》，《中国管理科学》2016 年第 6 期。

[255] 余东华、张昆：《要素市场分割、技术创新能力与制造业转型升级》，《华东经济管理》2020年第11期。

[256] 余福茂、孙晓莉：《电子商务驱动产业集群供应链协同机制案例研究》，《科技管理研究》2018年第2期。

[257] 俞伯阳、丛屹：《京津冀协同发展视阈下产业结构与就业结构互动机制研究》，《当代经济管理》2020年第5期。

[258] 郁建兴、黄飚：《超越政府中心主义治理逻辑如何可能——基于"最多跑一次"改革的经验》，《政治学研究》2019年第2期。

[259] 袁纯清：《共生理论及其对小型经济的应用研究（上）》，《改革》1998年第2期。

[260] 昝梦莹、王征兵：《农产品电商直播：电商扶贫新模式》，《农业经济问题》2020年第11期。

[261] 曾佑新、聂改改：《电子商务与快递物流发展的协调度研究——基于距离协调度模型》，《江南大学学报》（人文社会科学版）2016年第4期。

[262] 翟云：《基于"互联网+政务服务"情境的数据共享与业务协同》，《中国行政管理》2017年第10期。

[263] 翟云：《政府职能转变视角下"互联网+政务服务"优化路径探讨》，《国家行政学院学报》2017年第6期。

[264] 张丙宣：《技术与体制的协同增效：数字时代政府改革的路径》，《中共杭州市委党校学报》2019年第1期。

[265] 张波：《2000—2015年中国大陆人才的空间聚集及时空格局演变分析》，《世界地理研究》2019年第4期。

[266] 张伯旭、李辉：《推动互联网与制造业深度融合——基于"互联网+"创新的机制和路径》，《经济与管理研究》2017年第2期。

[267] 张春飞、张倩：《以信用管理创新数字经济时代市场监管的思考》，《信息通信技术与政策》2019年第4期。

[268] 张恩众、张守桢：《金融资本、金融结构与区域创新能力》，《山东大

学学报》（哲学社会科学版）2017 年第 1 期。

[269] 张方华、陶静媛：《企业内部要素协同与创新绩效的关系研究》，《科研管理》2016 年第 2 期。

[270] 张刚：《北京城市副中心：加快智慧城市建设步伐》，《中国建设信息化》2020 年第 21 期。

[271] 张贵、刘雪芹：《京津冀人才一体化发展的合作机制与对策研究》，《中共天津市委党校学报》2017 年第 3 期。

[272] 张国兴、高秀林、汪应洛、郭菊娥：《我国节能减排政策协同的有效性研究：1997-2011》，《管理评论》2015 年第 12 期。

[273] 张海涛、李题印、徐海玲、孙鸿飞：《商务网络信息生态链价值流动的 GERT 网络模型研究》，《情报理论与实践》2019 年第 9 期。

[274] 张海涛、李题印、徐海玲、魏明珠：《商务网络信息生态链价值的研究展望》，《情报科学》2019 年第 8 期。

[275] 张海涛、许孝君、宋拓、张连峰：《商务网络信息生态链概念之内涵与外延解析》，《图书情报工作》2014 年第 16 期。

[276] 张赫楠、许正良：《跨境电子商务生态系统构架及演进研究》，《社会科学》2020 年第 2 期。

[277] 张洪岩：《对电子商务监管体制改革的几点建议》，《经贸实践》2017 年第 16 期。

[278] 张华：《协同创新、知识溢出的演化博弈机制研究》，《中国管理科学》2016 年第 2 期。

[279] 张建威：《电子商务生态链互利共生机制分析》，《商场现代化》2015 年第 28 期。

[280] 张俊梅：《基于客户价值的电子商务模式创新研究》，《思想战线》2009 年第 4 期。

[281] 张俊英、郭凯歌、唐红涛：《电子商务发展、空间溢出与经济增长——基于中国地级市的经验证据》，《财经科学》2019 年第 3 期。

[282] 张丽、王向向、李佳鑫：《电商生态系统中核心种群间信用机制的动

态演化博弈》，《运筹与管理》2020 年第 4 期。

[283] 张瑞、赵睿、傅巧灵、方可心：《京津冀协同视角下的 PPP 模式及其资产证券化》，《现代商业》2019 年第 1 期。

[284] 张世军：《电子商务价值生态系统的协同探讨》，《商业经济研究》2019 年第 12 期。

[285] 张姝、宣雅：《从京东"跑步鸡"看农村电商扶贫面临的机遇和挑战》，《农经》2019 年第 1 期。

[286] 张韬、李鸣涛：《数字经济时代网络市场监管创新的思考》，《信息通信技术与政策》2021 年第 3 期。

[287] 张薇：《电子商务监管研究——以天津市为例》，天津大学硕士学位论文，2015。

[288] 张玮炜：《电子商务与物流业的协调演化分析》，《商业经济研究》2020 年第 13 期。

[289] 张夏恒、陈怡欣：《跨境电子商务全产业链集聚的瓶颈及其破解》，《理论探索》2020 年第 1 期。

[290] 张夏恒、郭海玲：《跨境电商与跨境物流协同：机理与路径》，《中国流通经济》2016 年第 11 期。

[291] 张夏恒：《京东：构建跨境电商生态系统》，《企业管理》2016 年第 11 期。

[292] 张晓涛、易云锋、王淳：《价值链视角下的京津冀城市群职能分工演变：2003-2016——兼论中国三大城市群职能分工水平差异》，《宏观经济研究》2019 年第 2 期。

[293] 张修：《基于要素流动的京津冀区域内产业转移研究》，华北理工大学硕士学位论文，2017。

[294] 张雪、李爽、张靖轩：《京津冀区域人才开发合作机制》，《河北联合大学学报》（社会科学版）2014 年第 6 期。

[295] 张岩、王小志：《农村贫困地区实施电商扶贫的模式及对策研究》，《农业经济》2016 年第 10 期。

［296］ 张岩峰、王翔宇、孔维昊：《京津冀一体化生态补偿机制构建途径》，《时代经贸》2019 年第 1 期。

［297］ 张艳辉、庄贞贞、李宗伟：《电子商务能否促进传统制造业的创新行为?》，《数量经济技术经济研究》2018 年第 12 期。

［298］ 张逸群、张京祥、于沛洋：《政策二预对区域均衡发展绩效的检验——京津冀地区产业演化的历程解读》，《城市规划》2020 年第 44 期。

［299］ 张耘、毕娟：《首都科技引领京津冀协同发展的市场化路径》，《中国市场》2014 年第 32 期。

［300］ 张振华、许柏鸣：《基于网络口碑数据挖掘的电子商务物流服务质量问题》，《中国流通经济》2019 年第 1 期。

［301］ 赵爱香：《电子商务环境下物流管理创新发展路径研究》，《改革与战略》2016 年第 12 期。

［302］ 赵滨元：《以天津之为助力京津冀大数据综合试验区建设研究》，《北方经济》2020 年第 10 期。

［303］ 赵东平：《"家校企"三方联动的旅游电商人才培养与评价——基于协同教育理论》，《电脑知识与技术》2020 年第 5 期。

［304］ 赵睿、杨燚、雨虹：《科技金融促进支术创新的路径探析——基于京津冀与长三角的对比》，《银行家》2020 年第 1 期。

［305］ 郑巧、肖文涛：《协同治理：服务型政府的治道逻辑》，《中国行政管理》2008 年第 7 期。

［306］ 郑志新：《大数据时代电子商务产业数据管理与共享机制》，《信息技术与信息化》2016 年第 6 期。

［307］ 周建良：《基于电子商务生态系统的中小企业发展策略研究》，《企业经济》2011 年第 9 期。

［308］ 周静：《网络经济下电子商务新模式研究》，《经济问题探索》2015 年第 3 期。

［309］ 周强明：《京东物流：京东履约引擎——供应链管理标准化实践》，

《中国供应链发展报告》，2017。

[310] 周娅：《电子商务环境下的信用机制研究》，《郑州铁路职业技术学院学报》2014 年第 1 期。

[311] 周也琪：《京津冀区域经济合作的路径选择》，《经营者》2016 年第 30 期。

[312] 周一轩：《浅析"十四五"时期天津港建设世界一流港口的战略要点》，《天津经济》2020 年第 8 期。

[313] 周映伶、吴华安：《关于互联网信用交易机制的现状与问题研究》，《电子政务》2016 年第 7 期。

[314] 周志忍、蒋敏娟：《整体政府下的政策协同：理论与发达国家的当代实践》，《国家行政学院学报》2010 年第 6 期。

[315] 朱富强：《如何通过比较优势的转换来实现产业升级——评林毅夫的新结构经济学》，《学术月刊》2017 年第 2 期。

[316] 朱光喜：《政策协同：功能、类型与途径——基于文献的分析》，《广东行政学院学报》2015 年第 4 期。

[317] 左鹏飞：《信息化推动中国产业结构转型升级研究》，北京邮电大学博士学位论文，2017。

[318] Arthur, W. B., *Complexity and the Economy*, Oxford：Oxford University Press，2015.

[319] Büyüközkan, Gülçin, and Fethullah Göçer. "Digital supply chain：literature review and a proposed framework for future research", *Computers in Industry*, 2018：157-177.

[320] Flint, Daniel. J., Woodruff, et al., "The Initiators of Changes in Customers' Desired Value", *Industrial Marketing Management*, 2001.

[321] Kinnet, Creating a Digital Supply Chain：Monsanto's Journey, *SlideShare*, 2015：1 - 16, http：//www. slideshare. net/BCTIM/creating - a - digital - supplychain-monsantos-journey.

[322] Korpela, Kari, Jukka Hallikas, and Tomi Dahlberg. "Digital supply chain

transformation toward blockchain integration", *Proceedings of the 50th Hawaii International Conference on System Sciences*, 2017.

[323] Lee, K., Y. T. Leung, and M. L. Pinedo, "Coordination mechanisms with hybrid local policies", *Discrete Optimization*, 2011, 8 (4): 513-524.

[324] Moore, J. F. "Predators and prey: A new ecology of competition", *Harvard Business Review*, 1993, 71 (3): 75-83.

[325] Pierce, L., "Big Losses in Ecosystem Niches: How Core Firm Decisions Drive Complementary Product Shakeouts", *Strategic Management Journal*, 2009, 30 (3): 323-347.

[326] Vernonr, "International investment and international trade in the product cycle", *Quarterly Journal of Economics*, 1996, 80 (2): 190-207.

**图书在版编目（CIP）数据**

京津冀电子商务协同发展：体系重构与机制创新 / 何毅，欧阳日辉著 . -- 北京：社会科学文献出版社，2023.4

ISBN 978-7-5228-1494-0

Ⅰ.①京… Ⅱ.①何… ②欧… Ⅲ.①电子商务-产业发展-协调发展-研究-华北地区 Ⅳ.①F724.6

中国国家版本馆 CIP 数据核字（2023）第 040747 号

## 京津冀电子商务协同发展
### ——体系重构与机制创新

著　　者 / 何　毅　欧阳日辉

出 版 人 / 王利民
组稿编辑 / 邓泳红
责任编辑 / 宋　静
责任印制 / 王京美

出　　版 / 社会科学文献出版社 · 皮书出版分社（010）59367127
　　　　　　地址：北京市北三环中路甲 29 号院华龙大厦　邮编：100029
　　　　　　网址：www.ssap.com.cn
发　　行 / 社会科学文献出版社（010）59367028
印　　装 / 三河市龙林印务有限公司

规　　格 / 开　本：787mm×1092mm　1/16
　　　　　　印　张：18.25　字　数：278 千字
版　　次 / 2023 年 4 月第 1 版　2023 年 4 月第 1 次印刷
书　　号 / ISBN 978-7-5228-1494-0
定　　价 / 128.00 元

读者服务电话：4008918866